本书系贵州财经大学引进人才科研启动项目"西南边境地区外籍流动人口治理研究"（2020YJ042）阶段性成果

得到了四川大学马克思主义学院李兵教授、云南大学政府管理学院方盛举教授、云南大学经济学院郭树华教授以及太平洋证券王文召老师的细心指导和宝贵建议

中国沿边开放地区外籍流动人口治理机制研究

以云南省瑞丽市为个案

郭天一 ● 著

中国社会科学出版社

图书在版编目（CIP）数据

中国沿边开放地区外籍流动人口治理机制研究：以云南省瑞丽市为个案／郭天一著 .—北京：中国社会科学出版社，2021.7
ISBN 978-7-5203-8601-2

Ⅰ.①中… Ⅱ.①郭… Ⅲ.①沿边开放—边疆地区—外国人—流动人口—管理—中国 Ⅳ.①D631.42

中国版本图书馆 CIP 数据核字（2021）第 115672 号

出 版 人	赵剑英
责任编辑	王莎莎　刘亚楠
责任校对	张爱华
责任印制	张雪娇

出　　版	中国社会科学出版社
社　　址	北京鼓楼西大街甲 158 号
邮　　编	100720
网　　址	http://www.csspw.cn
发 行 部	010-84083685
门 市 部	010-84029450
经　　销	新华书店及其他书店
印　　刷	北京君升印刷有限公司
装　　订	廊坊市广阳区广增装订厂
版　　次	2021 年 7 月第 1 版
印　　次	2021 年 7 月第 1 次印刷
开　　本	710×1000　1/16
印　　张	13.75
插　　页	2
字　　数	233 千字
定　　价	88.00 元

凡购买中国社会科学出版社图书，如有质量问题请与本社营销中心联系调换
电话：010-84083683
版权所有　侵权必究

目　录

导论 ………………………………………………………………（1）

第一章　沿边开放地区外籍流动人口的现实状况 …………（39）
　第一节　外籍流动人口概况 ……………………………（39）
　第二节　外籍流动人口的行为特征 ……………………（46）

第二章　沿边开放地区外籍流动人口的形成原因 …………（52）
　第一节　当代沿边开放地区外籍流动人口形成的背景 ………（52）
　第二节　沿边开放地区外籍流动人口的成因基础 ……（56）
　第三节　沿边开放地区外籍流动人口形成的要素分析 ………（72）

第三章　沿边开放地区外籍流动人口产生的双重效应 ………（83）
　第一节　沿边开放地区外籍流动人口产生的积极效应 ………（83）
　第二节　沿边开放地区外籍流动人口产生的消极效应 ………（96）

第四章　沿边开放地区外籍流动人口的治理模式设计 ………（139）
　第一节　外籍流动人口治理的法律体系完善与法治践行 ……（140）
　第二节　外籍流动人口治理的管理体制健全化与
　　　　　效能保障 ……………………………………（152）
　第三节　外籍流动人口治理的"软治理"模式及其辅助性
　　　　　运用 …………………………………………（167）
　第四节　外籍流动人口合作治理模式的建构 ……………（182）

结论 ……………………………………………………………（195）

参考文献 ………………………………………………………（200）

附录　瑞丽市缅籍跨境流动人员状况调查问卷 ……………（212）

后记 ……………………………………………………………（216）

导　　论

一　问题的提出及背景

古往今来，人口跨境流动一直都是极为常见的国家与社会现象，以云南省为例，由于地处西南边陲，与东南亚地区的越南、老挝、缅甸三国直接接壤，因而成就了云南省区位因素的特殊性，使云南省成为中国面向西南地区乃至东南亚地区的"辐射中心"，此"辐射中心"发展定位正是基于兼顾西南地区开放与东南亚国家地区睦邻友好合作战略倡议的实际要求形成的发展方略。随着中国"一带一路"倡议及建设的不断推进，以及大湄公河次区域合作的深入开展，云南省在经济发展需求的带动和一系列战略举措的指引下，逐渐由相对闭塞和偏僻的地区转变为西南乃至东南亚国家地区经济贸易往来和文化交流的前沿地带。因此，云南省的边境开放需求对于带动整个西南地区经济的发展而言具有重要意义，也与中国经济发展战略的总体要求息息相关。边境口岸的开放正是在这种大的发展战略背景之下应运而生的战略举措，同时也是基于发展要求而形成的必然选择。云南省拥有从国家级到省级等不同层级的多个开放口岸，为西南地区对外开放与发展提供了源源不绝的动力，为境内外民众的互通商贸活动提供了沃土。

同时，与东南亚国家地区间的地理位置相接，导致了云南省与邻国之间地缘关系的多元性与复杂性。云南省是唯一与东南亚地区三国——越南、老挝、缅甸相接壤的地区，省境范围内存在着非常明显和普遍的跨境民族现象，形成了多个相应的边疆民族地区，基于宗族和其他亲缘关系的影响，云南省边境地区许多民众与境外民众之间存在着较为突出的亲缘与姻缘关系，这在一定程度上推动了境内外民众流动往来的频繁性。应当说，无论是出于正常的商贸因素还是姻亲关系因素，还是其他合法因素所导致的外籍流动人口现象，都可以从一定意义上促进境内外文化的交流与融通，也能够对经济发展起到相应的推动作用，尤其是在流动过程中，外籍流动人口不断激活流入国相应地区自身的经济发展活力，弥补该地区人力资源缺失的问题。然而，人口跨境流动同样会遇到一些潜在性的亟待解决的问题，否则随着这些问题的持续发酵，将会演变成边境地区社会安全稳定秩序和发展进步的隐患。

不可否认，人口的跨境流动一定程度上盘活了沿边开放地区的经济贸易，为当地的劳动力注入了新鲜的血液，有效维系了国家间的睦邻友好关系。但是，与此同时，沿边开放地区的人口跨境流动也带来了诸多问题，而这些问题的形成，是与人口跨境流动的许多特殊性息息相关的。

首先，沿边开放地区外籍流动人口的规模非常庞大，并且人员成分和背景较为复杂。仍以云南省为例，由于与周边国家山水相连，没有天然的屏障与阻隔，这种由地理状况所带来的便捷性使沿边开放地区的民众对国界和边界的意识淡薄，无法树立起正确合法的出入境意识，许多流动人口通过众多渡口和便道肆意游走和流动于边境地区。在德宏州瑞丽市、西双版纳州勐海县打洛镇、普洱市下辖孟连镇等商贸往来频繁，经济活力较强，人口基数相对较大的边境发达地区，外籍人口非法跨境流动的现象也更是异常突出。

其次，沿边开放地区人口跨境流动的动机各不相同，跨境方式也较为复杂。不同于中国东部地区和陆地疆域的沿海港口与空港口岸，正是因为云南省与周边国家之间天然屏障的缺乏，为跨境活动在手段和方式方法上营造了更多可能性，由此便捷的条件在某种程度上助推了非法跨境动机与目的催生。由于人口跨境流动一般会集中在经济状况较为良好、经济活力较强的边境市和县镇，因此境内外欠发达地区的民众往往会趋之若鹜，有意识地向较发达地区涌入，以寻找更多谋

导 论

生和发展的机会。在与经济发展的相互催动下，跨境交通设施和条件更为便利，加之其他便道、小道和渡口，由此沿边开放地区的非法出入境问题也就日趋严重；而在地势相对复杂，经济状况相对落后，人口密度较为稀疏的地区，外籍人口非法跨境的问题相对较低。

通过对沿边开放地区外籍流动人口现象特点的了解，我们深刻认识到对外籍流动人口治理所要面对的诸多问题。首先，人口的非法跨境流动，即"三非"人员问题尤其应当引起重视。由于地理环境导致跨境过于直接和迅捷，一些民众往往不会再通过合法的出入境手续进出两地，由此也就自然造成边境地区民众国界意识和边界意识缺乏的普遍状况，无论是从所涉及的人员数量上，还是人员成分和背景的复杂程度，乃至人员跨境动机和目的上，都牵涉出许多难以把控和管理的问题，甚至显现出不少社会层面的安全隐患，为中国境内公安边防人员的出入境协调与管理增添了包括防控措施、防控面积、防控人员配置在内的诸多困难。

而沿边开放地区外籍流动人口中最为特殊的是涉及民族因素和宗教因素的相关群体。由于受到民族和宗教等因素影响，该群体一般难以形成强烈的国界（边界）概念与国家主权意识，无法恪守正规合法的出入境手续，在被查处和强行管制时往往表现出不理解的态度，为具体治理手段的实施带来相应麻烦，甚至可能引发其他边境安全问题。少数跨境民族群体因为所处地理环境相对闭塞，文化程度较低，民族情结根深蒂固，所以不能排除其对国家意识和民族意识关系认知的不明确，以及由此造成的对民族的认同意识占据其思想和行为主导的情况。同时，还要重点关注境外的宗教群体，时刻提防可能存在的敌对势力借以宗教渗透等手段对沿边开放地区造成的文化安全隐患。

此外，是关于跨境流动人员群体对于云南边境地区的社区和民政管理部门、教育部门、医疗卫生部门的工作可能带来的压力和挑战。不同于人口迁移和移民群体"人随户走"的状况，流动人口群体很大程度上呈现"人户分离"的状况，由于缺乏必要的户籍与身份证明，这些"来历不明"的人员群体往往对边境地区政府部门的户籍管理工作的开展带来了较大困难，并由此引发一系列的麻烦。由于某些外籍流动人员长期居留于边境地区,而又缺乏相应的身份与户籍证明,因此该群体子女与新生后代的落户问题成为难点,幼年和少年年龄段的人群也由于户籍和身份的不明晰,导致入学手续无法正常办理,延误该群体接受正常教育。

最后,大量的人口跨境流动也会对我国边境地区医疗和卫生防疫工作的开展产生较大影响。边境地区跨境流动群体,由于自身文化程度、卫生意识、自制力等因素的限制,在一定程度上造成了许多疾病问题的滋生,而对规模庞大的流动人口,其疾病治疗和医护工作也进一步增大了当地医疗部门的压力和成本,造成了医疗综合资源的整体性紧张。

针对上述问题,笔者认为需要进一步思考边检管理部门的协作机制与管控合力该如何形成。正是由于沿边开放地区外籍流动人口现象较为普遍,且管控难度巨大,所以仅仅依靠单个部门的管制并不能有效发挥治理作用。在边防管理机构和部门当中,海关部门行使的是进出口监督管理职权,即重点对走私问题进行打击与防范;边防派出所的主要职能包括沿边地区边防管理、涉外边防合作、防范、打击沿边地区违法犯罪活动等;边境检查站是设在边境交通要道,对进出边境管理区的人员、交通运输工具和货物进行检查的边防工作机构;边防部队则主要负责对边境线沿线的巡防和管理。由于非法出入境问题治理的困难性极大,因此各边防管理部门应当积极协调配合,形成强有力的协作机制,避免可能造成的管理效能缺失与治理成本的增加,进一步提升外籍人口非法跨境流动问题治理的成效。另外,现阶段的法律法规与实际管控工作并没有对涉事人员造成必要的震慑效应,以至于使外籍人口非法跨境流动行为屡禁不止。在云南省沿边开放地区,除了《中华人民共和国出境入境管理法》外,还颁布了其他针对沿边开放地区出入境问题的法律法规,例如《云南省沿边开放地区中方人员出入境管理暂行规定》《云南省沿边开放地区境外边民入境出境管理规定》等,但是在面临对非法跨境人员实施相应管制和规范手段时则出现了问题,由于受涉事人员(主要为边境居民)自身的经济基础、文化水平、主权意识乃至民族心理等多种因素的影响,在对其违规违法行为实行警告、罚款、拘留时，往往出现无法缴纳处罚金、无法出示有效身份证件、无法有效接受教育劝导等状况，仅仅只能以批评和警告作为实际处罚方式，因而实难达成相应管控效果。

所以，从总体上讲，沿边开放地区云南段的人口跨境流动问题是一个由历史性、地理性、民族性、经济性、政治性、社会性等因素相互交织、互为影响所形成的综合性问题，在实际的管控与治理过程中必然会有无数的困难和挑战。并且由于全球化趋势的不断加强，人口跨境流动的趋势不但会持续存在，甚至可能愈演愈烈。于是，笔者立足沿边开放地区云南段的实际情况，不断探索针对该区域外籍人口跨境流动治理的方式方法，本书将着重对沿边开放地区云南段外籍人口跨境流动的产生因素做出必要梳理与分析，对现实状况与特点进行客观呈现，在立足中缅边境云南段客观情况的基础上，从总体国家安全治理角度出发，尝试设计出具有可操作性的应对举措，努力为沿边开放地区云南段外籍人口跨境问题提供更多的理论依据和决策参考。

二　研究现状综述与述评

人口流动作为普遍的国际现象和社会现象，始终被中外众多学者关注。从国界（边界）上划分，人口流动分为境内流动和境外流动两种情况。本书的案例地——云南省，地处中国西南边疆，是辐射东南亚地区，与老挝、缅甸、越南相毗邻，地理环境的特殊性使得外籍流动人口现象不仅普遍，而且相较于境内人口流动和其他一般意义上的人口流动来说更具复杂性，所以对于中缅边境云南段外籍人口跨境流动问题的研究也就更具价值。当然，在此之前，我们有必要对国内外关于人口流动与边境治理方面的问题研究，包括管理架构、治理经验以及针对这些问题的探讨角度和所形成的理论成果进行全面认知、梳理与把握。

（一）国外关于人口迁移和边境管理的相关研究

与我国对于人口流动（population motivation）问题的研究不同，

国外学者更多关注于对人口迁移或移民（population migration）问题的探讨，虽然同样都是对人口的地域性变迁和转移为切入点，但二者的差异也是显而易见的。当代西方人口迁移的理论和模式主要是为了有效迎合完全市场经济条件下自发性迁移和经济发展的关系而提出的，其中最明显的便是对迁移规律的探讨。例如，从经济因素角度切入，舒尔茨（Schultz）（1945）认为，个体期望迁移会为其带来更多收益，当收益大于成本时迁移行为才会发生。作为一种投资形式，迁移的收益在一段时间后可以得到。[1] 美国社会学家拉文斯坦（Ravenstein）（1960）提出的"推拉理论"指出，人口迁移并不是盲目的，是遵循在"推力"和"拉力"的作用下形成的规律，"'推力'指原居地不利于生存、发展的种种排斥力，'拉力'则是移入地所具有的吸引力"[2]。与之相类似的还有，在新古典主义经济学视域下，斯贾斯塔德（Ajastad）（1962）认为人们的移民意愿和动机应当是个人理性选择的结果，当中包含对移民所产生的一系列成本与利益的考量，即倘若移民所产生的各种成本与代价高于所得利益，那么民众将不会选择移民。[3]

新经济移民论者则从心理落差和相对剥夺感等角度分析了民众对于是否移民、迁移等行为的决断，他们认为，相较于流入地与流出地之间所得的利益比较而言，同类群体之间的比较所产生的心理变化更能够作用于人们对移民的决定。[4] 其后，推拉理论自身的局限性暴露出来，它无法对"城里虽然有大量的失业人口，但仍有大量农村人口涌入城市"的现象加以有效解释。对此，托达罗（Michael. P. Todaro）（1970）提出了预期收入理论，该理论认为迁移者将选择迁往能

---

[1] Stanton B. F., Schultz, Theodore W., *Agriculture in an Unstable Economy*, McGraw – Hill Book Co., 1988, 70 (2).

[2] 李明欢：《20世纪西方国际移民理论》，《厦门大学学报》（哲学社会科学版）2000年第4期，第14页。

[3] Sjaastadla, "The costs and returns of human migration", *Journal of Political Economy 70S*, 1962, pp. 80—93.

[4] Borjas G. J., "The new economics of immigration", *Atlantic Monthly*, 1996, 278 (4), p. 1677.

◆ 导 论 ◆

获得最大预期收入的流入点。① 泽林斯基（Wilbar Zelinsky）（1971）则把经济、现代化等因素与人口的转变过程、迁移类型、方向、规模等因素进行了整合，提出了"迁移转变假说"，即"大量农村人口流入城市发生在从前工业社会向工业社会转变的早期人口流动转变阶段，在这一阶段里经济中心和外围的差别出现，现代化从变革中心向外围扩散，人口再生产处于高出生率、低死亡率的高自然增长率生命转变时期"②。

当然，也有学者对托达罗模型的理论实效性提出质疑，其中，伊斯特林（Richard Easterlin）（1980）以相对经济地位变化假说作为对收入均等化理论的补充，从而对人口迁移的经济行为进行深层次探讨。③ 综合来看，在受经济、政治、文化等多方面因素作用的情况下，国际移民状况和人口流动状况也呈现出体系化的变革。针对这个问题，美国社会学家道格拉斯·梅西（Douglas Massey）（1998）做出了归纳和界定，他指出："至21世纪初期，国际人口迁移已明显形成五大体系，即北美体系、美洲南角体系、亚太体系、波斯湾体系和欧洲体系。"④ 其中，北美体系直接接纳的移民占比70%，单美国就已经占到60%。欧洲国家以往都是作为向其他国家进行人口迁移的重要输出源，但近年来也有接纳其他国家移居居民的趋势。

就人口迁移的具体样态来看，斯蒂芬·卡斯尔斯（Stephen Castles, 2001）进行了相应的分类与归纳，其中包括临时性劳力移民，即短期务工人员；具有一定技能素养的移民，这些人员往往会成为受雇于跨国公司和技术密集型企业的工作人员；非正规移民，即通过非

---

① [美] 托达罗：《第三世界的经济发展学》，印金强译，中国人民大学出版社1988年版，第350页。

② Wilbar Zelinsky, "The Hypothesis of the Mobility Transition", *The Geographical Review*, Vol. 61, 1971, pp. 240.

③ Betsey Stevenson, Justin Wolfers, "Economic Growth and Subjective Well－Being: Reassessing the Easterlin Paradox", *Brookings Papers on Economic Activity*, 2008（1）, p. 83.

④ 席婷婷：《边境人口流动：一个文献综述》，《石家庄学院学报》2018年第20期，第128页。来源于 DouglasMassey, Joaquin Arango, *World sin Motion: Understanding International Migration at the End of the Millennium*, Oxford: ClarendonPress, 1998.

法手段入境的人员；难民（或寻求避难者、被迫移民），一般是指因为战争因素和其他政治因素以及自然灾害等环境因素而受到侵害，从主观上或客观条件上无法归国的人群；另外就是以血缘关系等家庭团聚移民以及归国移民。[①]

李明欢在其文献中整理了国际人口迁移理论比较有代表性的观点，这些观点和理论致力于关注国际移民背后的内在驱动和各因素之间的相互影响与作用问题。迈克尔·皮奥雷（Michael Piore）（2001）从市场需求的角度对劳动力市场进行了分层，他认为："现代发达国家业已形成了双重劳动力需求市场，上层市场提供的是高收益、高保障、环境舒适的工作，而下层市场则相反。由于发达国家本地劳力不愿意进入下层市场，故而需要外国移民填补其空缺。"[②] 应当说，皮奥雷的理论从以往移民动机理论所宣扬的个人因素提升到整个市场需求的因素来考量。

除了对人口迁移方面的理论进行梳理外，笔者还对近年来国外针对边境地区管理的研究资料进行了收集。其中，笔者重点考察了针对边境管理部门的职能任务和管理效能方面的资料，学者们从不同地区多个维度进行了探讨。德文登（Katrina Vitol devindon, 2010）在其著作《国家边界的开放》一书中就针对18世纪至20世纪国际社会当中（主要为欧洲国家）关于人口迁移态度和边境管控所呈现出的特性做了归纳与划分，首先是在18世纪，当时的欧洲国家对于民众踏出国门的行为给予严重干涉，整体局面呈封闭状态。到了19世纪，为满足社会自身的物质生产生活资料的充足，国家鼓励民众向当时的殖民地迁移以获取更多资源[③]。相比之下，王卫平（2018）从更为细化的角度对欧洲地区的具体管理作了陈述，他指出，"欧盟的移民管理部

---

① ［澳］斯蒂芬·卡斯尔斯：《21世纪初的国际移民：全球性的趋势和问题》，凤兮译，《国际社会科学杂志》2001年，第27页。
② 李明欢：《20世纪西方国际移民理论》，《厦门大学学报》（哲学社会科学版）2000年第4期，第14页。
③ ［法］卡特琳娜·维托尔·德文登：《国家边界的开放》，罗定蓉译，社会科学文献出版社2010年版，第7页。

门的职责主要在于协调成员国在外部边境管理方面的合作，协助会员国培训国家边防部队，进行风险分析；进行欧盟外部边境的管理和监视方面的研究；帮助成员国获得外部边境管理和保护的技术与业务方面的援助；为会员国提供必要的组织联合返回行动的支持"[①]。

针对边境管理的信息化整合与管理水平的推进方面，崔傅权、秦旭针（2019）对欧盟边境地区情报机构职能谈道，"欧盟积极推动与成员国之间的情报预警和危机分析工作，依托欧洲边境监视系统和一体化危机分析，实现对欧盟外部边境危机的监控和分析。在情报搜集获取过程中，重视技术应用、渠道多元与合作协同，在情报分析处理中强调全要素分析、定量定性结合与分类定级"[②]。王亚宁（2019）则强调，作为欧盟边防局更高层次的形态，欧盟边境与海岸警卫局的成立不仅是欧盟应对难民危机的重要举措之一，而且是欧盟提高边境管理水平，发展一体化边防管理政策的重要途径。这是基于雷曼和艾尔尼等（Niemann, Arne, Speyer, Johanna, 2019）对早先边防局实际管理效能及一体化程度的质疑所提出的，即"欧盟外部边防管理一体化涉及成员国边防主权让渡与共享问题，属于敏感的安全领域问题，因此成员国大多从自身利益出发看待难民危机问题，难以形成有效地应对合力"[③]。此外，针对欧盟边防局的管理能力，费拉罗等（Francesca., De Capitani E., 2016）也提出，"边防局管控能力受制于成员国，且缺乏自己的行动力量，开展边防管理工作和遣返非法移民等活动都需要得到成员国的同意"[④]。

针对美国海关和边境保护局的职能任务，戴铭和杨淑学（2018）表示，该部门的主要职责在于加强边境安全与管理。在保护和推动合法贸易、旅游等活动顺利开展的前提下，有效防控来自境外的威胁。

[①] 王卫平：《欧盟移民管理机构》，《现代世界警察》2018 年第 6 期，第 44 页。
[②] 崔傅权、秦旭：《欧盟外部边境情报工作探析》，《国防》2019 年第 4 期，第 76 页。
[③] Niemann, Arne, Speyer, Johanna, "A Neofunctionalist Perspective on the 'European Refugee Crisis': The Case of the European Border and Coast Guard", *Jcms Journal of Common Market Studies*, 56 (1), pp. 23–43.
[④] Ferraro F., De Capitani E., "The new European Border and Coast Guard: yet another 'half way' EU reform?", *ERA Forum*, 2016, 17 (3), pp. 385–398.

海关与边境保护局制定了分层次管控人员和货物跨境流动风险的方案，严厉打击跨境非法金融活动和危害美国安全、妨害跨境贸易体系和重点货物及技术正常进出口秩序的跨境恐怖活动及恐怖分子，提高发现和打击跨国犯罪组织活动的能效，最大限度地确保人员、货物进出口安全。① 在针对防范美墨边境恐怖主义的管理体制建构方面，黄源申、张燕和雷凯（2019）指出，要坚持对边境的管控和对内部秩序的管理必须同时进行，即在外部边境通过严密的边境监测、严格的边境检查，特别是针对涉恐信息、身份、物件进行甄别，将恐怖分子拒于国门之外；在境内地区，要对入境人员的活动状况进行有效监控，利用大规模数据库提高管制的效率与能力，及时侦测、发现涉恐信息与人员活动，最大限度减少恐怖主义行为的发生。②

相比之下，在讨论利比里亚移民和边境管理工作特点时，赵雷（2018）反映了相关工作的一些突出问题。其中最为突出的是单列的一元化出入境边防管理体制不适应多元化社会的发展。纵观当今世界各国的出入境边防管理，多数国家实行多元化管理体制，而利比里亚仍然坚持将移民规划局作为唯一的职能部门。③

另外，在针对澳大利亚边境管理机构所存在的问题方面，谢唯祎和江悠畅（2019）指出该机构职责定位的不清晰。机关部门、工作团队的角色定位和责任义务含混不清，不同部门间的工作机制和操作系统没有打通。④

笔者认为，以上文献都从不同角度反映出对边境管理机构的管理模式——包括管理资源调配、管理功能性整合以及管理权威性保障等的重要性，尤其是管理结构设置的整体性并不全然意味着治理本身的

---

① 戴铭、杨淑学：《美国移民和边境执法工作》，《现代世界警察》2018年第6期，第31页。
② 黄源申、张燕、雷凯：《反恐视角下美墨边境管理合作探析》，《中国经贸导刊》2019年第29期，第168页。
③ 赵雷：《利比里亚移民和边境管理工作特点》，《现代世界警察》2018年第6期，第53页。
④ 谢唯祎、江悠畅：《澳大利亚边境管理机构改革述评》，《海关与经贸研究》2019年第40期，第73页。

整体性，倘若管制权力过分集中于一个部口，更有可能出现权责不清、管理混乱的情况，这对于沿边开放地区外籍流动人口管理部门的管理体制设计具有重要的参考意义。

（二）国内关于流动人口研究和边境管理方面的研究

国内学者重点集中于对东北地区和西南地区状况的关注和研究。在此，笔者将重点对学者们关于除云南地区以外的其他边境地区的人口流动类型、影响、管控等方面的研究内容进行梳理。

以东北地区为例，从流动人口自身的动机出发，学者们探讨了以经济婚姻、探亲和务工等因素所形成的人口流动现象。其中田步伟（2015）指出，"东北边境乡镇、村屯之间存在一定的发展差距，地区之间的不均衡发展推动人口流出，尤其是耕地面积小、整体经济发展水平低、距离县城较近，交通便利的村屯，人口流动的情况更为普遍"[①]。他还指出："朝鲜族作为聚居在东北地区人口比重较大的少数民族，在地理位置、语言、文化、生活习惯、社会关系等方面与韩国有着密切的关系，朝鲜族人口流动现象十分普遍，是研究东北地区人口流动中不能忽视的一个人群。"[②] 值得注意的是，边境地区的跨境婚姻在20世纪90年代后逐渐形成一种显性的社会现象，东北边境地区也不例外。由于当地的跨境婚姻风俗由来已久，并且随着改革开放以后中韩国家间在各领域交往与合作的不断发展，跨境婚姻数量也在不断增加，因此，婚姻因素是许多学者关注的重点。王化波、王鑫（2011）从年龄层次、婚姻状况和户口等角度指出，朝鲜族15—34岁人口群体迁移倾向最大，未婚者迁移到韩国的倾向比已婚者小，基础教育加大了人们的迁移倾向，拥有农业户口的居民迁移到韩国的倾向

[①] 田步伟：《东北边境地区经济社会状况和人口流动研究》，博士学位论文，吉林大学，2015年，第2页。
[②] 田步伟：《东北边境地区经济社会状况和人口流动研究》，博士学位论文，吉林大学，2015年，第6页。

较大，家庭人口数与迁移倾向呈正相关①。全信子（2012）则以嫁到韩国的朝鲜族女性为研究对象，通过访谈的形式剖析朝鲜族女性涉韩婚姻的模式、动机、现状及效应。②朴今海和王春荣（2015）也针对东北朝鲜族跨国婚姻做出了阐述，他们指出，"很多农村朝鲜族女性都希望能嫁给韩国人，这成为其改变命运的一条捷径。相当多的跨国婚姻功利性目的很强，结婚的目的是为了享受韩国的相关政策，如可以带国内的亲戚赴韩等。由此衍生出'婚姻为名，打工为实'的'假婚姻'"③。

此外，朴今海和王春荣还就探亲访友型跨境群体做出了阐述，并从探亲因素的历史纵向发展角度指出，东北朝鲜族最初去韩国是以探亲为主，1984年后，我国朝鲜族去韩国探亲开始兴起。1992年中韩建交，这一潮流骤然升温，以探亲、寻亲为主要动因的朝鲜族跨国流动人数激增④。除此之外，东北边境地区的人口流动现象还有较大比例属于务工型人口跨境流动。汤佳丽（2019）指出，"当看到韩国的经济发展和国民生活的相对富裕时，他们（朝鲜族人）把韩国作为获取经济利益的追求点，去韩国成为一种逐利行为，于是'出国热'逐渐形成。到1998年，到韩国工作的朝鲜族人不少于20万人，其中在韩国工作的韩国工人人数中，最保守的估计也超过10万人"⑤。

除了东北边境地区外，西南边境地区人口的跨境流动状况也值得关注。同东北边境地区类似，西南边境地区的人口跨境流动同样也是

---

① 王化波、王鑫：《延边朝鲜族人口迁移的影响因素研究》，《人口学刊》2011年第2期，第73页。
② 全信子：《论跨国民族认同的场景与差异——以中国朝鲜族婚姻移民女性为例》，《延边大学学报》（社会科学版）2012年第5期，第89页。
③ 朴今海、王春荣：《流动的困惑：朝鲜族跨国流动与边疆地区社会稳定——以延边朝鲜族自治州边境地区为例》，《中南民族大学学报》（人文社会科学版）2015年第2期，第13页。
④ 朴今海、王春荣：《流动的困惑：朝鲜族跨国流动与边疆地区社会稳定——以延边朝鲜族自治州边境地区为例》，《中南民族大学学报》（人文社会科学版）2015年第2期，第12页。
⑤ 汤佳丽：《跨国主义视角下赴韩务工者的身份认同研究——以东北地区为例》，博士学位论文，华东师范大学，2019年，第8页。

导 论

基于务工和婚姻在内的经济与社会因素而产生的。例如，谢雪莲（2015）认为，"广西边境多为少数民族生活区域，交通闭塞、信息不畅，社会经济发展水平较低。为了更好地生活，劳动力人口不断外流"[1]。当然，这主要是指当地人口向国内发达地区的流动。另外值得注意的是，由于与越南接壤，一些越南人员会通过非法跨境的方式向广西一带流动。李玉洁和牛继承（2017）列举了从2013—2016年以来越南"三非"人员流动的几个特点，即逐年递增且时段集中、地点和线路较为集中、活动的规模化和组织化突出以及"合法入境、非法出境"化趋势上升等。[2] 另外，赵晓光（2019）就越南"三非"人员当中的非法务工人员特点进行了阐述，他指出，越籍非法劳工具有文化素质较低、务工周期长短并存、女性务工人员居多等特点。此外，还存在边民界定困难的问题，因一些边境国家政府动乱，边民没有被赋予合法的公民身份，处于国籍不明或无国籍的尴尬状态。[3]

针对边境地区人口跨境流动所产生的影响，国内学者们大多从其消极效应的角度给予论述。其中，罗刚（2012）指出，边境地区的人口非法流动冲击了边境管理秩序，严重扰乱了社会治安秩序，诱发了各种违法犯罪案件，给边疆稳定造成了隐患。[4] 何跃（2008）认为，中国西南边疆境外流动人口流入给边疆安全带来了诸多潜在的威胁，在扩大边境贸易开放宽度和深度的同时，应对境外流动人口实施有效管理。[5]

边境人口流动的有序性要依赖有效的管理制度。许多学者根据边境地区治理和外籍流动人口治理的制度设计提出了相应观点。黄锐

---

[1] 谢雪莲：《桂越边境民族地区农村"留守群体"问题分析——基于社会化背景下》，《广西民族师范学院学报》2015年第5期，第49页。

[2] 李玉洁、牛继承：《广西边境地区"三非"越南人问题的现状与对策分析》，《武警学院学报》2017第11期，第5—6页。

[3] 张爱华：《中缅边境云南段外籍流动人口服务管理探析——以德宏边境地区为例》，《云南警官学院学报》2012年第5期，第115页。

[4] 罗刚：《非法移民对人口安全、国家认同的影响——基于云南边境民族地区的调查》，《云南师范大学学报》（哲学社会科学版）2012年第4期，第117页。

[5] 何跃：《中国西南边疆境外流动人口的区域管理研究——以云南为例》，《贵州社会科学》2008年，第43页。

（2016）指出，要"整合资源，集结多方力量，积极探索建立'三非'人员管控工作途径"[①]，高崧耀（2016）强调，要"进一步严格盘查出入境的人员和车辆，并加强巡逻"[②]。王东旭（2019）认为，"更新并健全移民管理法律法规、强化'三非'活动管控合力以及提高全民边防意识和国家安全意识都是提高对'三非'人员管控力度的有效途径"[③]。李丽和马振超（2018）谈道，"针对边境问题的治理，国家需要做出制度性调整，充分尊重边民的社会主体地位，通过边境治理与边境地方文化的调适，从而实现边民跨国流动与国家边境治理的有机整合"[④]。

边境的人口流动现象也带来了相应的积极影响，尤其在边境地区的经济发展、劳务填补、旅游业激活、婚姻挤压缓解等方面，其成果都是有目共睹的，如增加人口流出地人们的经济收入、发展旅游、发展边境贸易等。因此，如何将积极效应的作用放大，同时有力消解不良因素的影响，促进边境地区流动人口的有序性，有效维护边境地区安定和谐发展，是接下来研究的重中之重。

（三）云南边境地区的人口跨境流动治理研究

人口跨境流动是一种普遍存在的国际现象，是在经济、政治、民族、文化、亲缘等因素共同作用下的必然结果。从横向与纵向的线索考量，云南省由于受地理位置与环境的复杂性和特殊性，以及社会历史发展和民族渊源关系等多重因素影响，位于边境地区的外籍流动人口现象成为常态，而该现象所产生的一系列问题也是国内民族学、政治学、社会学、人口学等众多学术领域持续关注和研究的重点，也因此产生了许多富有参考和借鉴价值的理论成果。

[①] 黄锐：《西南边境跨界人口流动研究》，中央民族大学出版社2016年版，第27页。
[②] 高崧耀：《中越边境跨国流动人口管理机制探析》，《广西民族大学学报》（哲学社会科学版）2016年第3期，第103页。
[③] 王东旭：《中越边地区"三非"问题分析及治理对策》，《云南警官学院学报》2019年第6期，第82—83页。
[④] 李丽、马振超：《中越边民跨国流动的边境治理研究》，《贵州民族研究》2018年，第14页。

◆ 导 论 ◆

就云南边境地区人口跨境流动的成因来看。首先，边境两侧民众对于民族的认同性和归属感是导致云南边境地区人口跨境流动的主要原因之一。其中，鲁刚等（2011）提出，在云南的16个跨境民族当中，由于历史、血缘、信仰等因素的共鸣，特别是跨境民族在语言、心理之间的相通性，导致了跨境民族成员之间内在牢固的联系和天然的亲近与认同。① 卢鹏（2013）认为，通过地缘因素而导致的民族亲缘性，形成了中越边境地区人口跨境流动的普遍性。② 与卢鹏的观点相类似，黄彩文等（2014）也从地理因素的层面与民族因素相结合来探讨人口的跨境流动问题，在针对沿边开放地区人口跨境流动问题时，她谈道，由于中国与缅甸山水相连，民族同根同源，从古至今，沿边开放地区互市、通婚、探亲、节庆等友好往来与交流都成为边民之间跨国流动的具体形式。③ 另外，民族性的相通也不断推进境内外民众间的通婚，针对这个问题，莫力（2013）认为，正是由于民族的同源和文化的融通，成为人口跨境流动和跨境成婚的重要原因。④ 通过以上梳理可以看出，族源与亲人因素以及由此牵涉出的姻亲关系是造成云南边境地区跨国人口流动频繁的重要动因之一。

在许多学者看来，经济因素也是人口跨境流动的重要动因。前文在文献梳理时提到的国外学者拉文斯坦的重要理论，即"推拉理论"成为以经济因素来解释人口迁移问题的重要理论支撑，其理论观点表明，人口在地域上的变更，最主要的动因在于移民对生活品质改善的渴望，也就是说，当人口迁入国的生活条件比迁出国要更好时，它就具备了拉动人口进入其国内的力量；相反，迁出国由于自身经济状况难以满足需求，就形成了将移民向迁入国推送的力量。何跃（2008）认为，随着中国的改革开放，周边地区开始出现以边境贸易的互相往

---

① 鲁刚等：《社会和谐与边疆稳定》，中国社会科学出版社2011年版，第20页。
② 卢鹏：《滇越边民跨境流动及其特征——基于"江外三猛屯方"哈尼族的实证研究》，《红河学院学报》2013年第5期，第11页。
③ 黄彩文、黄昕莹：《沿边开放地区布朗族的宗教文化交流与国家安全》，《大理学院学报》2014年第7期，第20页。
④ 莫力：《跨国族内婚中"缅甸媳妇"的社会文化适应》，《广西民族大学学报》2013年第5期，第122页。

15

来为起点的跨国人口流动，逐渐形成次区域性贸易和旅游文化为一体的跨国流动潮，也形成了不同的境外流动人口流动态势。① 对此，鲁刚等（2011）也指出，市场经济的快速发展很大程度上成为其他国家和地区向中国进行跨境流动的最主要动因。② 由此可见，经济因素的影响在很大程度上推动了人口跨境流动的不断产生。

除经济因素外，许多学者还指出，政治因素同样是值得注意的人口跨境流动的动因。对此，何明（2016）认为，由于边疆地区地理位置特殊，属于国家与国家的连接区域，因此对于边境地区事务的管理，不仅仅是所涉及的某一国的任务，而且还会受到国家关系和邻国状况的动态影响。③ 白庆哲等（2004）将国家总体因素当中的政治因素，尤其是军事因素作用的进一步探讨来作为研究角度，他认为，一系列境外势力的干涉和本国军事力量之间的博弈，是导致国家政治局势和相关政策倾斜的诱因，而这恰恰能够作用于当地人口的向外流动与迁移。④ 就此，鲁刚等（2011）针对缅甸境内政府军与地方武装势力之间的矛盾局势做出阐述，他认为，当前中缅边境云南段沿线最具社会复杂性和隐患性的问题。⑤ 还从人口流入国边境管控治理措施的强度这一切入点对人口跨境流动状况做出分析，自 20 世纪 90 年代初，中越国家间关系进一步缓和之后，国家间的邦交区域正常化，中越边境的民众之间的互通与流动也逐步恢复，尤其是由于中国方面放宽了中越边境的人员跨境管制，也增加了越南边境地区民众向中国境内流入的状况。⑥ 从这个方面来看，边境管理措施的强度确实是影响边境地区人口跨境流动状况的又一制衡因素。

---

① 何跃：《云南边境地区主要贸易口岸的境外流动人口与边疆安全》，《云南师范大学学报》2008 年第 2 期，第 42 页。
② 鲁刚等：《社会和谐与边疆稳定》，中国社会科学出版社 2011 年版，第 43 页。
③ 何明：《边疆特征论》，《广西民族大学学报》（哲学社会科学版）2016 年第 1 期，第 132 页。
④ 白庆哲、阮征宇：《浅析跨国人口迁移的现实动因》，《学术论坛》2004 年第 6 期，第 58 页。
⑤ 鲁刚等：《社会和谐与边疆稳定》，中国社会科学出版社 2011 年版，第 20 页。
⑥ 鲁刚等：《社会和谐与边疆稳定》，中国社会科学出版社 2011 年版，第 21 页。

导 论

通过对近年来学术界关于云南边境地区人口跨境流动状况产生的民族（亲缘）性、经济性、政治性等动因的整理和认知，笔者进一步了解了云南边境地区外籍流动人口现象背后的复杂性。当然，在这些因素共同作用下，人口跨境流动自身也呈现出不同的类型与特征。

在经济、政治、民族和其他相关因素的持续影响下，外籍流动人口作为国家间的特殊群体，其群体成分、跨境流动手段、跨境流动动机和目的也都较为复杂，近年来，国内学术界的众多学者都对外籍流动人口群体以及跨境流动现象进行划分和概括，形成了许多宝贵的研究成果。

首先，从人口跨境流动的类型划分来看。鲁刚（2006）针对中缅跨境人口流动的现象进行归纳，他认为，就中缅边境人口跨境流动的现象来看，主要包括商贸类、旅游类、劳务类、探亲访友类等人口跨境流动类型。[①] 黄彩文等（2016）也提出，外籍劳务人员是一个无法被忽视的外籍流动人口群体类别。[②] 同时，何跃（2009）基于对云南边境地区的实际考察提出，除了商贸因素外，季节因素、跨文化交流因素、跨界民族因素和某些非正规渠道跨境因素所形成的外籍流动人口现象也值得关注。[③] 值得注意的是，作为西南唯一与东南亚三国接壤的边疆省份，云南边境地区与接壤国家民众之间的通婚也在一定程度上带动了人口的流动和迁移。对此，王晓丹（2011）认为："婚姻迁移是一种常见的人口迁移方式，它是基于自然性别关系和社会性别关系之上的社会人口流动，婚姻迁移在经济差距形成的推力和拉力中发生在这种流动中女性往往是婚姻迁移的主体。"[④] 何明（2012）也进一步表示，除了经济性迁移和宗教性迁移外，婚姻性迁移也同样值

[①] 鲁刚：《中缅边境沿线地区的跨国人口流动》，《云南民族大学学报》（哲学社会科学版）2006 年第 6 期，第 8 页。

[②] 黄彩文、和光翰：《沿边开放地区外籍劳务人员与边疆安全》，《学术探索》2016 年第 8 期，第 57 页。

[③] 何跃：《云南境内的外国流动人口态势与边疆社会问题探析》，《云南师范大学学报》（哲学社会科学版）2009 年第 1 期，第 19 页。

[④] 王晓丹：《中越边境跨国婚姻中女性婚姻迁移的原因和影响》，《楚雄师范学院学报》2011 年第 8 期，第 92 页。

得关注,并且经济性迁移还会有向婚姻性迁移转化的趋势。① 陈真波(2010)则以人口流动的向度为依据,概括了人口跨境流动应当区分为流入型和流出型两种。② 从对人口跨境流动的类型梳理上看,学者们大多以流动的动机角度,包括商贸、劳务、旅游、宗教、婚姻、探亲访友等来作区分,从法律角度和人口流向等角度的探讨则相对较少。

另外,就人口跨境流动本身所呈现的特殊性来看,鲁刚(2006)指出,它与一般意义上的人口流动最大的区别就在于其在地域或空间上必然涉及至少某两个主权国家共有的边境沿线。③ 他还强调,云南边境地区地理环境和社会环境的特点,导致人口跨境流动问题的历史性、群众性、民族性等鲜明特点,这些特点包括人员规模、人员成分、流动动机、流动方向、位置分布等一系列特殊而复杂的因素。④ 基于人口跨境流动的方向性因素,何明(2012)研究认为,中国西南地区人口跨境流动经历了大致三个主要阶段,其一为中国西南地区的边境民众大规模向周边国家单向流动阶段;其二为中国西南地区与周边国家边民双向流动阶段;其三为以周边国家边民向中国边境地区单向流动阶段。⑤ 张家忠和章春明(2014)则对务工状况和分布状况进行了细化研究,他指出,"沿边开放地区人口流动呈现出就业广、聚居集中、'三非'人口多、青壮年人口多等特点,其活动地域呈现出集中与散状分布并存的状态"⑥。

---

① 何明:《开放、和谐与族群跨国互动——以中国西南与东南亚国家边民跨国流动为中心的讨论》,《广西民族大学学报》(哲学社会科学版)2012年第1期,第2页。
② 陈真波:《西南边地区跨国流动人口的现状与问题》,《贵阳学院学报》2010年第1期,第105页。
③ 鲁刚:《中缅边境沿线地区的跨国人口流动》,《云南民族大学学报》(哲学社会科学版)2006年第6期,第8页。
④ 鲁刚:《中缅边境沿线地区的跨国人口流动》,《云南民族大学学报》(哲学社会科学版)2006年第6期,第9页。
⑤ 何明:《开放、和谐与族群跨国互动——以中国西南与东南亚国家边民跨国流动为中心的讨论》,《广西民族大学学报》(哲学社会科学版)2012年第1期,第3页。
⑥ 张家忠、章春明:《创新中缅边境外籍流动人口服务管理工作的路径分析———以德宏傣族景颇族自治州为例》,《云南警官学院学报》2014年第1期,第105页。

◈ 导 论 ◈

人口跨境流动是一个复杂而特殊的综合性问题，对于它所产生的影响，我们应当辩证地进行分析。如果得到有效的治理与管控，将人口的跨境流动向着秩序化、规范化、可持续化方向积极引导，那外籍流动人口现象从根本上来说是有助于边境地区的经济与社会发展的，同时也对国家间的睦邻友好关系产生积极的作用。然而，人口跨境流动在实际的管理过程中，也不可避免地遇到许多消极因素，这些因素所导致问题的产生为边境的管控甚至整个边疆地区治理带来了挑战。

针对人口的跨境流动显现所带来的积极影响，学术领域相关学者给予了相应的肯定与积极的评价。最为学者们公认的便是人口跨境流动客观上对边境地区社会经济发展起到积极作用。何明（2012）指出，在中国与周边国家关系、改革开放与经济建设等方面所取得的一系列成绩的背景下，中国西南地区与东南亚国家边境地区的少数民族群体的跨境流动呈现出了开放和谐与双赢互动的总体态势。[1] 应当说，这种态势是全面性的，涉及经济和社会发展的许多方面。比如，就中国边境地区劳动力匮乏的问题来看，张振伟（2016）在对西双版纳傣族自治州勐龙镇缅甸籍劳工跨境流动的研究后指出，由于地理环境差异相对较小，民族文化背景的融通，以及经济发展的显著差异，使一部分缅甸民众选择到勐龙镇进行劳务输出，尤其在劳动力分层之后，大量缅甸民众的介入有效填补了当地底层劳动力的空缺。[2]

尽管人口跨境流动的积极意义值得我们肯定，但我们更应该看到，人口跨境流动倘若得不到有效的管控和引导，其造成的隐患将是相当大的，尤其是其中显性或隐性的非传统社会安全问题将会是边疆治理最为明显的困难和挑战。关于对云南边境地区人口跨境流动所造成的社会问题，许多学者首要关注的是"三非"人员问题。"三非"人员，即非法入境、非法居留和非法就业人员，当然，边境地区的流动人员所涉及的非法行为远不止于此，但其典型性是毋庸置疑的，而

---

[1] 何明：《开放、和谐与族群跨国互动——以中国西南与东南亚国家边民跨国流动为中心的讨论》，《广西民族大学学报》（哲学社会科学版）2012年第1期，第3页。

[2] 张振伟：《中缅边境勐龙镇缅甸籍劳动力跨境流动与身份认同》，辽宁民族出版社2016年版，第25页。

且许多犯罪问题和社会安全隐患问题也正是由"三非"引起的。通过对云南省德宏州边境地区的调查，李玉洁（2012）表示，外籍"三非"人员通过非法手段穿越边境线，破坏了正常的出入境管理秩序，同时，一些外籍"三非"人员从事抢劫、盗窃、贩毒等违法犯罪活动，对边境地区社会安全秩序造成了极大破坏。[①] 杜彬（2013）也指出，"三非"人员所造成的一系列问题主要表现在对出入境管理秩序的干扰以及对经济建设和社会安全稳定的严重影响。[②] 吴喜（2013）从三个方面探讨了"三非"人员所产生的危害，其一是对出入境管理秩序的侵扰；其二是影响了边境地区社会的安全和稳定；其三是为边境地区人口管理工作带来了困扰和压力。[③] 在针对沿边开放地区跨境婚姻问题的研究中，张爱华（2013）谈道，沿边开放地区非法居留人员所带来的问题，为边境地区人口服务管理带来了非常大的困难，是边境地区社会稳定的极大隐患。[④] 在针对"三非"问题的管控和治理上，杜万鞭（2013）强调，应当将堵截和疏通的治理作用充分结合，才能做到对问题的根本性解决。[⑤] 以上学者们对"三非"问题的探讨，都是从宏观层面上进行的研究，另外学界还针对人口跨境流动所造成的一些其他具体问题进行了相关研究，其中最突出的就是毒品和艾滋病问题。

陆云（2012）认为，毒品的跨境流动导致吸毒人群的持续增长。[⑥] 方天建、何跃（2016）强调，"三非"人员问题的产生，也为

[①] 李玉洁：《德宏边境地区"三非"外籍人员现状的思考与对策》，《云南警官学院学报》2012年第5期，第117页。

[②] 杜彬：《沿边开放地区"三非"问题的原因及对策》，《兴义民族师范学院学报》2013年第5期，第18页。

[③] 吴喜：《沿边开放地区云南段"三非"人员管理及应对》，《云南警官学院学报》2013年第5期，第36页。

[④] 张爱华：《浅析滇缅边地区非法居留问题——以德宏边境地区边民入境通婚为视角》，《广西警官高等专科学校学报》2013年第6期，第40页。

[⑤] 杜万鞭：《论"三非"问题综合治理的对策》，《云南警官学院学报》2013年第2期，第48页。

[⑥] 陆云：《当前沿边开放地区非传统安全突出问题与应对策略》，《学术探索》2012年第12期，第79页。

跨境制毒贩毒以及相关犯罪分子提供了相应的保护链，为跨境毒品犯罪问题增添了更多复杂性，给毒品犯罪的打击带来诸多困难与挑战。[①] 针对毒品和刑事案件问题，程喜（2011）强调，"近年来贩毒发案数量迅猛上升，案件破获难度大，非法运输制毒物品打击难，使得边境地区贩毒现象难以根除，从而给云南边疆安全和边境管控带来了严峻的挑战"[②]。由此看来，不论是从社会安全还是经济发展角度，毒品问题始终是亟待解决的重大隐患。艾滋病问题也受到学者们的广泛关注。王璐等（2010）针对云南边境地区艾滋病感染状况进行了相关调查研究并认为，地理和民族等综合性因素所带来的复杂性，导致人口跨境流动从规模到频次上的居高不下，由此带来的毒品问题成为艾滋病扩散和流行的隐患。[③] 罗淳等（2012）通过对云南边境口岸关于外籍流动人口和艾滋病问题的调查研究指出，外籍流动人口群体成分较为复杂，且年龄段主要集中于青壮年，在脱离了家庭和相关环境的管制下，无法有效约束自身行为，导致了罹患艾滋病概率的增加，且某些病毒携带者可能因为持续的流动使病毒进行传播。[④]

虽然不能否认云南边境地区人口跨境流动的积极意义，但是该现象为西南边境地区治理带来的困难和挑战同样应该引起我们的高度重视，对外籍流动人口群体的管理、控制、疏导与协调也就成了当务之急。

何跃（2009）指出，从法律角度来看，边境管理制度不统一、边境民众国界（边界）意识的淡薄、正规的出入境手续意识不强、对境外人员的管理政策和法规滞后等都是云南边境地区人口跨境流动管

[①] 方天建、何跃：《非传统安全视角下的云南跨界民族毒品问题》，《曲靖师范学院学报》2016年第1期，第85页。

[②] 程喜：《云南中缅边境打击走私制毒物品战略及对策》，《云南警官学院学报》2011年第6期，第26页。

[③] 王璐等：《云南省跨境人口艾滋病病毒感染状况及影响因素调查》，《中华疾病控制杂志》2010年第10期，第109页。

[④] 罗淳等：《跨境人口流动的艾滋传播风险及其防范——基于云南边境口岸调研问卷的实证分析》，《昆明理工大学学报》（社会科学版）2012年第4期，第26页。

理所显现出的问题。① 通过对沿边开放地区的实证调查和研究，张爱华（2013）认为，边境地区的外籍流动人口服务管理存在的问题包括人员成分的复杂和部分人员国籍的不确定、外籍流动人口国籍身份难以认定、针对跨境流动人员的服务管理不到位，以及相关服务管理法规完善性的不足等。② 对于边境地区人口跨境流动的管理应该是边境线两侧国家共同关注和应对的问题，然而由于国家间对于该问题重视程度、治理能力、相关管理制度的设计等方面的非统一性，实际的管控措施不能发挥真正效能。同时，由于跨境流动人员群体成分的复杂，以及跨境方式、跨境动机的多样，许多管理与服务措施也难以落实到位。由此，为了有效应对云南边境地区人口跨境流动，尤其是针对边境民族成分复杂地区的非传统安全隐患，进一步维持边境地区出入境管理秩序和社会安全稳定秩序方面，许多学者进行了深入而细致的研究。

（四）研究综述述评

通过对人口跨境流动问题相关文献的梳理，笔者充分了解到学界对该问题的思考和分析。就研究的细致程度而言，绝大多数学者往往只是对人口跨进流动现象的成因、状况、问题和解决方式做出宏观层面上的阐述，对于个体案例的具体化阐释和深入剖析还不够，缺乏对问题更为聚焦的思考。同时，云南边境地区人口跨境流动问题，绝对不仅仅只局限于"三非"人员、毒品、走私等违法犯罪活动。相反，通过合法正规渠道进行的人口跨境流动，也同样会遇到一些潜在性的、亟待有效解决的问题，否则随着这些问题的持续发酵，依然也会成为边境地区社会安全稳定秩序和发展进步的隐患，而这些问题恰恰也是近年来相关文献当中着墨不多、关注程度相对较低的。

此外，学界对外籍流动人口"软治理"模式的研究还不够。尽管

---

① 何跃：《云南境内的外国流动人口态势与边疆社会问题探究》，《云南师范大学学报》（哲学社会科学版）2009 年第 1 期，第 23 页。
② 张爱华：《浅析滇缅边境地区非法居留问题——以德宏边境地区边民入境通婚为视角》，《广西警官高等专科学校学报》2013 年第 6 期，第 43 页。

"软治理"模式在我国边疆治理研究领域已经得到广泛关注,但是该治理理路尚未被有效纳入边境地区外籍流动人口治理的研究当中。沿边开放地区外籍流动人口治理,在面临对边境地区社会稳定和国家安全捍卫与保障的过程当中,必然牵涉包括边境地区社会经济发展、跨境民族、婚恋、宗教、教育、医疗卫生等复杂多元的治理问题,其背后都对应着各自纷繁复杂的细节和情况。因此,仅仅依靠规制性手段是无法有效应对当中更加微观和具体且又亟待解决的问题的。并且,针对跨境民族和宗教等敏感性问题,倘若一味强行规制,以各种"刚性"原则对其约法三章,势必会导致在实际治理过程中各种误会和矛盾的凸显乃至升级。针对外籍流动人口治理规制手段存在的局限性,必然要进一步拓宽治理思路和理念,以突出情感关切和文化价值感召力等相对怀柔的治理方式为必要辅助,建构出一种能够积极发挥情感治理和文化治理效能的"软治理"模式,进一步实现边境地区外籍流动人口治理的创新机制。

总之,云南边境地区人口跨境流动问题固然复杂,但正是由于问题的凸显,能够敦促我们进一步钻研和探索出更具优越性的边疆地区社会治理模式,同时不断鞭策我们对当前社会秩序的维持与边疆综合治理问题进行有效反思。为人口跨境流动管理和服务工作乃至边疆和谐稳定的总体性要求不断努力,做出具有实践性和效能性的研究成果,为我国边疆地区治理做出应有的贡献。因此,笔者正是立足于现有的宝贵研究成果的基础上,进一步对云南地区中缅边境人口跨境流动问题进行有针对性的关注和审视。在具体的研究方式上,笔者将深入边境地区,通过扎实的实地调查研究,做出更具聚焦性的个案分析,为进一步加强沿边开放地区事务管理,维护边疆和谐稳定提供决策参考。

三 研究方法和基本分析框架

(一)研究方法

本书涉及多个领域和学科的相关理论与研究成果。为了切实反映出沿边开放地区云南段人口跨境流动问题的现实状况，本书将以个案甄选、实地调研、资料收集等步骤和方法进行研究。

（1）在个案的选择上，本书以中缅边境德宏州瑞丽市为主。瑞丽市西北、西南、东南三面与缅甸山水相连，构筑了瑞丽市作为沟通与缅甸甚至东南亚国家和地区桥梁的坚实基础。正是由于地理位置的特殊性，使该地区的人员跨境流动现象极为突出和典型，因此也能为笔者对该群体的认知和了解提供较为便利的现实条件。同时，由于笔者先后两次在本地区进行调研，对该地区的总体情况较为熟悉，所以便于研究工作的深入开展。

（2）在调研和资料收集上，以实地调查和文献调查为主，以非结构式访谈和结构式问卷调查相结合为辅，以便获取第一手实证资料和数据。笔者于2018年11月至12月以及2019年6月至7月先后两次到瑞丽地区进行实地调研（访谈法和问卷法）。问卷调查主要采取概率和非概率抽样的方式来抽取样本。通过非概率抽样对瑞丽市珠宝市场相关人员构成样本总体。其后，在样本总体当中，以概率抽样的方式抽取50人构成样本框，共发放问卷50份，回收有效问卷50份。非结构式访谈区域则主要围绕勐卯镇（瑞丽市区）、姐告边境贸易区、弄岛镇等嘎、姐相乡贺赛等地进行，访谈对象涉及瑞丽市外籍人员服务管理中心部分干部、酒店服务员、珠宝商人、教师、红木雕刻师、珠宝加工培训员、货车司机、农户等。同时，查阅相关文献资料和历史资料，参阅政府部门编撰的相关地方志、民族志统计年鉴和经济社会发展报告等。

（3）在研究手段上，主要是综合政治学、社会学、民族学、管理学和国际关系学等学科的视角，结合国内外人口跨境流动和迁移治理的研究成果进行对比分析，归纳关于人口迁移和人口流动治理的经验、模式和成果，并通过分析、比较、归纳、鉴别，总结提炼并适当创新出可供沿边开放地区外籍流动人口治理借鉴的政策实践、有益经验和治理模式。

(二) 基本分析框架

沿边开放地区人口跨境流动问题的凸显，促使我们重新审视和关注边境地区的人口跨境现象，也对现有管控治理的手段与模式进行不断反思。因此，本书建立了一个初步的分析框架，从四个方面对该问题进行分析。

1. 核心概念界定和理论铺垫

笔者将明确本书核心概念，即对"人口跨境流动"概念本身进行清晰界定，并通过周期性与合法性等评判标准对其具体类别做出必要阐述。同时，针对人口跨境流动问题，笔者选取了与人口迁移和流动相关的著名理论为支点，对外籍流动人口现象及相应问题做出进一步的理论分析和阐释，并尽可能地将这些理论与中缅边境的人口跨境流动状况相对接。

2. 总体状况描述与宏观因素分析

笔者通过对各中缅边境州县市的调研和考察，以及所得数据资料的分析和总结，对沿边开放地区人口跨境流动的成因、特性及具体问题做出全面性的概述。具体来讲，包括对人口跨境流动的阶段特征、规模数量以及行为特点等现状的审视，对人口跨境流动的形成原因进行分析，涵盖经济因素、地理因素、劳动力市场因素、民族和宗教因素、婚姻因素、缅方政治因素等。同时，笔者将对沿边开放地区外籍流动人口现象所带来的积极效应做出必要阐释。例如，从社会层面来看，沿边开放地区的外籍流动人口现象为边境地区交通设施建设和国家间文化交流提供了良好的契机，同时，跨境人员往来还有效缓解了边境地区人员由于经济和区位等因素的影响所带来的"结婚难"问题。对沿边开放地区人口跨境流动所带来的积极效应的阐述，有助于我们辩证、理性地看待跨境人员流动现象，能够进一步为其中所存在的问题及其治理的思考和研究进行必要的逻辑铺垫。接下来，笔者首先对沿边开放地区外籍流动人口所带来的消极效应和问题进行思考，主要涵盖跨境人员的社会保障、户籍管理、社会心理等。另外笔者还对跨境流动当中的违法现象，即"三非人员"问题及其相关危害进行重点探讨,其危害性具体表现在对正常出入境秩序的破坏、犯罪问题的滋生、对社会安全稳定的威胁以及疾病防治难度加大等方面。

3. 对代表性区域具体案例的剖析

笔者以问卷调查和分析的方式重点对瑞丽市进行个案考察,进一步客观性地直观呈现当前沿边开放地区人口跨境流动的历史沿革、现实状况、治理实践以及相应困境。瑞丽市外籍人口的跨境流动现象在很大程度上涵盖了整个中缅边境沿线其他地区所同样面临的状况和问题,具有非常强的典型性与代表性。这些问题主要包括毒品问题、艾滋病问题、跨境赌博问题、"三非"人员问题、民族宗教问题以及跨境流动人员民生问题等。因此笔者认为,以瑞丽市作为个案研究对象,深入了解和分析瑞丽市的外籍流动人口情况及其治理现状,对于深入理解和认识沿边开放地区外籍流动人口的特定内涵和规律具有重要的参考价值,并且将对包括瑞丽市在内的沿边开放地区安全维护与社会协调稳定发展等治理措施的形成和完善起到进一步的借鉴作用。

4. 对进一步完善治理体系与治理能力的思考

首先,笔者结合西方国家以及国内其他地区关于人口跨境流动、人口迁移、移民(包括非法移民)的治理实践及其经验总结,提取具有借鉴价值的治理模式、治理原则和治理理念,形成相应的治理价值体系,为沿边开放地区外籍流动人口的问题治理提供现实参照。

其次,笔者结合相应的理论支撑,在现有治理模式和治理状况以及对中外其他地区治理借鉴的基础上,尝试进一步建构中国沿边开放地区外籍流动人口治理的新模式。笔者将对外籍流动人口治理体系的进一步完善进行探讨,包括治理结构设计、功能定位与运行机制等层面。从国家和地方的法律法规层面来探讨新型治理模式当中应当具备和完善的法律根基,同时思考结合边境地区实际需求而形成与变通的法律实践。除了法律层面外,在制度模式层面,本书将结合以往的治理经验和相关技术,探讨具有职能分工明确与功能整合性相统一的管理理路,不断完善跨境人口流动的信息化管理水平。治理的现实性目标,不仅仅需要通过一系列管理手段实现跨境流动群体行为的规范化和秩序化，还要时刻关切跨境流动人员自身的生活状况，并给予必要的服务措施，保障其基本的生活质量和水平。由此，笔者进一步引申出"软治理"模式在治理实践中的辅助功能，即以突出情感关切和文化价值感召力等相对怀柔的治理方式为必要辅助，建构一种能够积极发挥情感治理和文化治理效能的新模式，进一步实现边境地区外籍流动人口治理的创新机制。

最后，针对中国沿边开放地区外籍流动人口治理能力的探讨，笔者在已有研究成果的基础上，重点强调合作治理模式对治理资源整合、资源配置方式和有效使用所起到的现实意义。这其中包括政府之间的合作交流、对社会力量与市场功能的积极发挥等。当然，两国的合作治理也是必不可少的，所以加强双方对人口跨境流动的协同管制，促进外籍非法跨境流动人员遣返工作的开展，合力打击跨境犯罪行为，加强劳务市场和劳务机制的双边合作等，都是进一步建立健全外籍流动人口合作治理机制的必由之路。

综上所述，核心概念界定与理论铺垫、宏观状况分析、具体案例解读以及对相应治理体系和能力的进一步思考将成为本书对沿边开放地区外籍流动人口治理研究的基本分析框架。这四个部分主要是依照从理论层面到实践层面再到理论层面、从一般性到特殊性再到一般性的逻辑层次推进的。其中，外籍流动人口治理的价值理念往往决定了治理实践方式的选择范围，而相应治理体系的建构与治理能力的提升更是进一步实现边境地区治理效能的核心要素。因此，本书将在结合沿边开放地区外籍流动人口所显现问题的梳理以及对相应治理举措建议的基础上，尝试实现和持续完善外籍流动人口治理体系和治理能力现代化。

四 核心概念和理论工具

（一）核心概念

外籍流动人口是本书最为核心的研究概念，若要精确把握外籍流动人口的定义，就必须结合"边境""跨境"这一类特殊词汇，以便进一步形成和完善对外籍流动人口治理研究相关概念的界定。

1. 边境与边境地区

边境是沿边开放地区外籍流动人口治理研究所涉及的首要核心概念。边境在通常意义上，根据不同的语境和讨论对象，其含义的指向性也会有一定变化。第一层含义带有明显的"线性分割"属性，是指两个接壤国家划定的地理上的分界，具有更为浓厚的政治色彩。在这个意义上，边境与边界二者的内涵已经极为接近，强调的是国家领土的界限。第二层含义则是在其"区域"属性上讨论的[①]，指边界线两侧一定距离的区域范围。而本书选题所探讨的边境，是以第二层含义为主，即靠近国境线内侧，直接沿边的市、县、镇等经济社会区域。[②] 为更方便地理解，笔者在后文表述中多用"边境地区"来代表"边境"的第二层含义。本书所关注的沿边开放地区以瑞丽市为主，主要包括保山市、腾冲市、普洱市孟连县、西盟县、西双版纳州景洪市、勐海县、勐腊县、临沧市沧源县、德宏州瑞丽市、盈江县、陇川县、怒江州泸水市在内的12个县市。

2. 流动人口

流动人口的涵盖内容非常复杂，牵涉面较广，在《人口科学词典》中，流动人口被定义为："一个地区的非常住人口。包括寄居人口、暂住人口、旅客登记人口和在途人口。"[③] 并在其中引申列举了一些具体的人员群体，如临时从事建筑、运输和其他劳务行业的外地民工，以经商、创业、教育或服务行业为目的外地人口，还有以亲戚走访、公务出差、采购和游玩为目的非本地群体和个人，都被归结于流动人口的范畴之中。当然，正如拉文斯坦所总结的人口流迁规律，流动人口的规模和成分往往会以地理位置与环境、交通便利性以及迁入地的城镇化或工商业发展程度以及其他地区吸引力状况和条件为影响。也就是说，交通发达地区，各级政治、经济、

---

① J. R. V. Prescott, *Boundaries and Frontiers*, London: Croom HelmLtd, 1978, p. 33.
② 王哲:《中国陆地边境地区人口流出及对流出地的影响分析》，博士学位论文，吉林大学，2013年，第13页。
③ 参见吴忠观编《人口科学辞典》，西南财经大学出版社1997年版。

◆ 导 论 ◆

文化中心地区，以及风景名胜和具有地方鲜明特色的区域，更能吸引流动人口。由此来看，流动人口的产生是地区社会发展所形成的必然趋势，只是由于对该问题思考和审视角度的差异性，学术领域与社会公众日常对流动人口的认知与界定也不相同，尤其是学术界对该问题所凸显的研究视角和重点，更是将该问题进一步导向深刻化与细致化。

国外研究中虽然更多是强调人口迁移或移民（Migration）的概念，对人口流动（Floating）的讨论相对较少。但对人口迁移概念的理解和分析，有助于我们对人口流动概念的把握。国际上一般把人口迁移定义为"人口在空间（地理）上的位置变动"①，即指人口在两个地区之间的地理流动或空间流动，这种流动常会涉及永久性居住地由迁出地到迁入地的变化。在联合国于1970年编撰的《国内迁移衡量方法》当中，就谈到了流动或迁移人口"一方面，有一定低距离限度的从一个区域向另一个区域的移动，并在移动期间发生居住地的改变；另一方面，通过迁移改变其常驻地的人或在迁移期间至少一次有一定低距离限度的从某地移动到另一地的人"②。从这个意义上看，人口的流动和迁移现象着重以对空间或区位变更的考察为主。这一点得到 Henry S. Shryock（1976）等人的认可，并在此基础上进行进一步的研究。他们认为，人口的流动与迁移，一定要涉及人口常住地的地理单元变化，并且要给予对该地理单元移动和变化距离设立最低的限度，在这个限度之上根据不同的地理单元和空间变更距离来加以分析和界定人口的流动与迁移状况。③ 随后，在此基础之上，G. J. Lewis（1968）进一步表示，除了空间因素以外，时间因素也应当一并纳入对人口流动和迁移的界定当中。

时间因素的引入更加明晰地区分了相对于永久性的地理单元变更

---

① 段成荣：《中国流动人口研究》，中国人口出版社2012年版。
② United Nations, *Methods of measuring internal migration*, Manual VI. 1970.
③ Henry S. Shryock, J. S. Siegeland Associates, *The methods and materials of Demography*, Academic Press, New York, 1976, pp. 353–356.

而言的"流动"所体现出的时间和频度的差异。① 因此,对人口流动现象的界定在继空间位置的变动为主要参考因素的基础之上,时间界限上的划分进一步补充并使其趋于完整。当然,催生人口流动现象背后的动因各不相同,虽然跨越规定边界的人口流动或迁移是建立在变换居住目的基础上②,然而其中的"居住"意愿和动机则有着经济因素和非经济因素等多种角度和可能性来加以度量。

中国是人口流动现象频发的大国,因此许多国内学者也根据当前的人口流动现状对相关问题作了探讨。其中,从人口空间性变化这一角度的探讨成为重要方面。作为人口在地理单元上的迁移现象,其迁移向度涵盖着不同层次的划分规律则以当前我国的行政架构为主,即以东部、中部、和西部为基础地理单元区分,以省、市、县、乡为行政区划类别的人口流动考察范式,此外,经济发展速度较快,发展状况较好的长江三角洲地区、珠江三角洲地区以及渤海湾经济区等特殊区域也将被纳入人口流动的考察重点。当然,就人口流动趋势及其方向性而言,还可以将考察视角向城乡流动和乡城流动所呈现的具体状况转移,或者是从地区产业结构和产业布局等因素来进一步审视人口流动居于产业类别间的流转和变动。市场化与城镇化是国内学界对于流动人口研究的两个最为主要的关注点,也是较为突出的影响因素。③

值得注意的是,从户籍制度的角度对流动人口的考察也是较为主流的研究范式,对流动人口的界定很大程度上也以户籍状况为突破点。流动人口的概念和现象与我国户籍制度难舍难分,成为国际上独特的人口迁移。中国学者常常把人们的地区移动或空间移动区分为人口迁移和人口流动。人口迁移指户口随人走,人口流动则人户分离。④

---

① Population Association of America, "Migration statistics in the United States", *Report of the subcommittee on migration statistics of the committee on population statistics*, 1988.
② 翟振武、段成荣:《跨世纪的中国人口迁移与流动》,中国人口出版社2006年版,第31页。
③ 蔡新会:《中国城市化过程中的乡城劳动力迁移研究——根据人力资本投资的视角》,博士学位论文,复旦大学,2004年,第180页。
④ 席婷婷:《边境人口流动:一个文献综述》,《石家庄学院学报》2018年版,第125页。

从该角度上来看，流动人口以户籍的非变动性为重要特征，是指"暂时离开户籍所在地，前往其他地点且不时返回家乡的人口"[①]。这当中涉及的流动状态特指具有较为明显的区位变化的流动，即跨区域流动。到户籍所在地以外的其他地区进行流动行为的人员群体涵盖是非常广泛的，既包含了内陆地区居民，也囊括了港澳台同胞以及海外暂住居民。但是从流动向度上来看，流入的人口不仅仅是那些不具备流入地户籍的人员群体，也包括那些持有该地区户籍但已经向外流出的人员群体。

当然，需要进一步思考的是，户籍的变化与否是否能够作为我们认知流动人口最为重要而显著的依据。也就是说，除了户籍状况以外，还有没有其他因素能够对流动人口的含义做出更深层次的诠释，答案是肯定的。笔者认为，相较于户籍状态这一外在形式因素，人员流动对整个流出区域和流入区域所产生的社会影响和社会效应，更能够凸显流动人口或人口流动现象的特性。当一个群体的生产和生活环境发生变更，新的环境与该群体之间将会产生双向的影响和互动效应。也就是说，当该群体向一个地区进行流动时，该地区环境和条件对流入者的生活和心理将会产生不同程度的切实改变，同样，流入者对于该地区也将产生不同层面和角度的经济效应、政治效应、文化效应和社会效应等。[②] 因此，刨除户籍所在地变更状况等外在评判形式因素，流动人口对当地所产生的实质性作用与影响，应当更能够作为其特殊性供我们进一步了解流动人口本身。

除此之外，国内学界对流动人口概念还有从时间维度、心理维度和人员成分等角度的分析。不同的流动时间和频度，也将划分出不同的流动人口类别。从心理维度角度，能对流动人口的迁移意愿和社会融入状态等方面进行考量，并以此产生对流动人口含义的进一步分解和细化。

以上的论述和分析表明，人口的流动和迁移，最首要的便是人员

[①] 张庆五：《关于人口迁移与流动概念问题》，《人口研究》1988年第3期，第17—18页。

[②] 高轩：《当代中国政府组织协同问题研究》，博士学位论文，中共中央党校，2011年，第20页。

群体在地理单元和空间位置上的变更，当然，这种变更可能伴随的是在经济因素和非经济因素，以及外部作用和内在作用驱使下形成地理上的空间移动。尽管研究视角和侧重点不完全相同，但研究方法却基本类似。先前所谈到的户籍状态作为评判流动人口的依据，则是根据当前特有的户籍制度背景而展开的，因此，在本书研究过程中，需要通过外在形势和状况将流动人口界定在一定的属性范围以内，即重点以区位变动性，时间周期性和户口固定性为主要特质的人口现象。

3. 外籍流动人口与跨国流动人口

人口的流动一直以来都是最为普遍和常见的人类活动现象，流动人口群体也始终是人类文明传播与发展的中坚力量，然而值得注意的是，本书所重点研究的"跨境"流动人口，则是在国家生成之后的产物。因而"跨境"一词，无论是从历史的纵向角度，还是从同一时期与其他流动人口相区别的横向角度来看，都有着自己鲜明的特性。"跨"字的本意，是指以某种动因使事物超越一定数量、时间和地区的界限。"跨境"意为越过某一边境而到达其他地区。需要注意的是，外籍流动人口和跨国流动人口虽然表述上非常接近，但许多学者对二者的理解和区分还存在争议，甚至在一些文献当中，会把外籍流动人口与跨国流动人口概念加以混淆使用，把国与国之间的一切流动人口都统称为跨国或者外籍流动人口，其实这并不能一概而论。笔者认为，跨国流动人口的外延更加广泛，其中就包含着外籍流动人口。因为"跨国"一词不仅只代表从本国到相邻国家的交界地带，还可代表从本国深入到别国的其他内部地区。从这个角度来看，跨国流动人口大致可分为如下几个类别：首先是从边境地区跨入别国境内，同时就在别国边境地区活动的人员群体，即外籍流动人口；其次是跨入别国境内，但不在边境地区活动的人员群体；最后是国家间不相毗邻，由一国跨入另外一国的人员群体。

本书研究的沿边开放地区外籍流动人口，指的是居住在中国和缅甸国家间边境地区的人员群体，这种流动以非长期定居和国籍未改变为主。当然，人口的跨境流动一般为双向流动，包括我国向他国的人口流动，以及他国人口向我国境内的流动，而本书重点是以缅甸及周

◆ 导 论 ◆

边国家向中国边境地区跨境流动的境外人员群体为研究对象。

（二）理论工具

人口流动的历史与人类社会本身的发展同样久远，然而，人口的"跨境流动"则是国家形成并强化后的产物。20世纪以来，西方国家关于移民问题和人口迁移问题的著述不胜枚举，其中展现出了多学科、多方位相互借鉴、共同探讨的丰富内涵与多元构架。虽然这种"丰富"与"多元"仍然是西方话语模式下的延伸，但是，对西方国际移民理论的了解和学习，将有助于笔者在了解相关学术动态的基础上，以权威理论为支撑点，结合笔者自身调研所了解和掌握的情况，更有根据也更有效地展开对沿边开放地区外籍流动人口治理的研究。

1. 科学管理理论

作为西方古典管理学的实践经验理论，科学管理理论以优化组织秩序和提高生产效率为最终目标。马克斯·韦伯的官僚制组织理论——完善的组织结构和规范的组织制度建立，为"去人格化"管理模式树立了典范。无论是法律规制为基本实施手段的边境外籍流动人口治理，还是流动人口管理体制的有效建构，其最根本的核心原则便是尤其强调治理实施过程中的"去人格化"特性，也就是排除一切感性因素所实现的公平、公正、合理、合法的原则，强调不论国籍、民族、性别、从事行业及其他身份性质，在法律和制度面前一律平等。因此，科学管理理论当中基于官僚制组织理论"去人格化"的组织管理模式，能够为当前和未来沿边开放地区外籍流动人口治理的规制型治理实现提供有力的理论支撑和丰富的理论养分，是贯穿于针对外籍流动人口法律规制治理、管理体制设计以及合作治理建构等多个层面的理论基础和依据。

科学管理理论对于外籍流动人口治理的现实意义，正是在于对治理过程中科学严谨性和公平合理性的有效保证。只有这样，才能为沿边开放地区外籍流动人口现实性和创新性治理构建坚实的基础而不偏离正轨。从现实层面来看，由于沿边开放地区受到经济、政治、社会、民族、宗教、文化乃至国家安全等多重因素的深刻影响，因此在针对外籍流动人口的治理过程中，无论是基于政府在实际治理过程中规范程度的角度，还是从整体社会治理水平的角度来审视，都依旧具有很大的进步空间，与治理现代化所崇尚的科学化、高效化、秩序化等目标之间仍然存在差距。从这个角度来讲，科学管理的基本要求就是要建构起适应于沿边开放地区的外籍流动人口治理模式，努力实现效率的最大化和秩序的最优化，同时提升制度型治理模式技术手段的科学化程度，为治理实践和创新提供有利前提。

2. 文化"软实力"与"软治理"理论

文化"软治理"理论在于对文化本身所具有的特殊治理功能的发挥。而"软治理"本身与"软实力"概念关系紧密。"软实力"最早由哈佛大学的约瑟夫·奈提出，是指一个国家的文化、价值观念、社会制度等影响自身发展潜力和感召力的因素。其中，文化的作用力和影响程度是构成"软实力"的主要因素之一，由于文化资源对于国家建设与发展的全方位渗透与覆盖，因此文化"软实力"便成了有效整合国家各方面物质力量和精神力量的强力纽带。当然，文化有着极为丰富的内涵，其涵盖面非常广泛，且通常可以作为国家治理的重要方面，并与管控和规制性治理领域和治理方式相区分，在治理实践过程中形成自身独特的风格与功能。

作为文化"软治理"模式中的"文化"已经从治理客体的角色中转变出来，并被赋予"主体性"属性，在治理过程中被作为必要手段进行运用与发挥。也就是说，依靠文化在治理实践过程中的特殊作用，针对法律制度和公共权力规制手段的治理功能"短板"，发挥自身的治理效用。从这一点出发，文化治理功能的发挥过程也逐渐形成文化型治理模式本身，"国家通过一系列政策措施制度安排，利用和借助文化的功能用以克服与解决国家发展中问题的工具化，对象是政治、经济、社会和文化，主体是政府社会，政府发挥主导作用，社会参与共治"[①]。因此，文化"软治理"理论的核心原则是从国家政

---

① 胡惠林：《国家文化治理需让更多公民参与》，2013年，中国共产党新闻网，http://cpc.people.com.cn/n/2013/1114/c368480-23536254.html。

权系统主导公共治理实践的角度出发,对包括法律规制和行政体制健全等在内的传统治理方式的反思与突破。从这个意义上讲,文化"软治理"理论可以视为沿边开放地区外籍流动人口治理的坚实理论依据。

3. 行为科学理论

行为科学理论诞生于20世纪30年代,以美国学者罗杰斯和马斯洛为代表。行为科学理论最早来源于企业管理,该理论注重对人的情感需求的满足,并且强调人与人之间互爱共济、协同发展的积极动机,全力主张对个人权益维护以及价值关切,以此为企业员工塑造积极舒畅的心理状态,以及具有认同感、归属感和融入感的良好工作环境,由此使员工不断挖掘自身价值,有效激发出员工的工作潜力,切实发挥员工自身的主观能动作用。

行为科学是对以往管理学的突破与创新,它将原本停留在以"物"为关注重心的古典管理模式转化为以"人"为中心的管理模式。这种基本的行为科学理论倡导管理主体通过对客体的需求内容及其层次规律进行必要的探究与把握,并以关怀和激励的方法来满足客体的现实需求,即以积极正向的方式循循善诱,从而激发出客体的最佳行为动机,进一步引导和转变客体的思维模式与行为方式,并充分协调制衡管理客体自身的个性化与单位的组织化,使管理效能得到有效保障。沿边开放地区外籍流动人口治理以行为科学作为理论依据,其核心立场在于坚持以人为本的治理原则,立足于沿边开放地区特殊的社会生态和政治生态基础之上,深入探究和正确把握并切实满足沿边开放地区跨境流动群体,尤其是弱势群体和特殊群体的生活需求、精神需求和情感需求,从而为沿边开放地区安定、和谐、有序、健康的社会氛围的营造激发出其应有的积极性、自觉性和主动性。所以,行为科学范畴内的理论模块,对于沿边开放地区外籍流动人口"软治理"模式,尤其是情感治理模式的构建具有十分深刻的指导意义。

4. 多中心治理理论

随着社会经济多元化趋势的不断蔓延,社会治理结构的多元化转变也成为必然。在这样的大背景下,以美国学者文森特·奥斯特洛姆和艾莉诺·奥斯特洛姆夫妇为核心的一批研究者,在对以往"以强化层级节制、权责界限清晰、同一件事情必须交由一个部门完成的、集权的政府单中心统治"模式的治理效能表示质疑的同时,创造性地提出了多中心治理的理论思路。因此,包括对外籍流动人口治理在内的边境地方治理实践过程中,必须以更多现代公共治理理论为依据,积极迎合边疆地区治理体系和能力现代化的现实要求。

多中心治理理论的最大特点在于倡导公共权威的多元性转化,即政府与社会其他治理行为主体间构建起的信任与合作关系。从这一点出发,深入明确其他治理行为主体的政治属性与治理过程中的角色定位,是有效建立合作信任关系的重点,也正是实现多元化治理主体间形成有效合作,形成多元共治机制的前提和基础。因此,多中心治理理论是创新建构沿边开放地区外籍流动人口合作型治理模式的直接理论依据。多中心治理理论作为对边境地区多元治理行为主体合作机制的有益探索,强调政府、市场、社会组织和民间团体等多元主体建立完善的合作平台,并形成有效的合作关系,搭建细致的合作结构,同时订立明确的合作规则确立相应的治理责任。多中心治理理论所倡导的,是指政府和其他治理主体之间平等与和谐基础上的责任分担和治理互动模式。在面对边境地区社会繁杂多样的公共生活和公共事务,如何有效汇聚来自政府、社会、市场等多元治理行为主体的治理力量,实现公共治理最大化的目标追求,是其最值得关注的问题。所以从这一点出发,沿边开放地区外籍流动人口治理,也将是典型的系统化合作治理过程,必然离不开各个多元治理角色间的行为联动、功能调配以及责任分担。

五 创新点与难点

(一) 本书主要的创新点

1. 将边境地区外籍流动人口治理纳入国家治理视域

从古至今,边境地区人口跨境流动的情况早已屡见不鲜,随着社会历史的发展与变迁,当前边疆地区人口的许多跨境流动行为和趋势已经逐渐转变为具有内在特殊性的具体问题。以往学者在关注这些具体问题时，总是就边境情况来谈边境问题和边境治理，鲜有从国家治理的层面来进一步反思和定位边境治理对于国家治理乃至国际交往所产生的实质意义。因此，针对沿边开放地区外籍流动人口所产生的一系列问题，本书将对其上升到国家治理和国家安全维护的总体性视域和角度来进行审视，力图对沿边开放地区人口跨境流动及相应问题有更加全面性、细致性和深入性的治理模式设计。

2. 对跨境流动人员"民生"问题的关注

当前，中缅边境地区的外籍流动人口以缅方人员向我国境内流入为主，虽然外籍人口的流入从一定程度上为边境地区的商贸往来注入了活力，缓解了当地劳动力紧缺的压力，但同时也引发了诸多问题。在以往的研究成果中，聚焦度和关注度最高的通常都是对"三非人员"问题的治理，而对跨境人员"生计"方面问题的关注度还远远不够。民生是社会生活的一切动力来源，但由于各种复杂因素的影响，跨境流动人员可能会面临生活水平低下、教育和医疗保障缺失、劳动就业不稳定等现实问题的困扰，这些问题直接影响了流动人员对于当地社会的认同感和融入意愿，继而可能产生新的社会贫困群体，甚至引发犯罪行为的产生，危害当地社会稳定，增加社会治理难度和治理成本。民生是政治的中心，也是治理的重点，因此本书将跨境流动人员所面临的生活困难以及社会融入度与社会认同感问题作为思考和探讨的重要方面，以弥补以往理论成果针对该问题关注度的不足。

3. 对信息基础环境建设与治理模式构建的再思考

在以往相关文献和研究当中，也有对沿边开放地区人口跨境流动问题治理的探讨，但无论是对现实状况和问题的阐释，还是对相应解决方案的论述，都只是从最为宏观的角度上来进行的。而本书则希望基于前人的研究，对沿边开放地区人口跨境流动做进一步的思考和探讨，以切实的数据和翔实的材料对当前实际状况进行客观反映，同时力求以相应的政策建议和对体制机制创新的考量来作用于人口跨境流动问题的治理。这当中包括建立动态监测机制及监测指标；对大数据关联整合与治理能力精细化的思考；深化研究人口跨境流动产生的社会影响和作用；探讨实现外籍流动人口管理与境内人口流动管理在体制、机制方面的合理重构；进一步加强外籍流动人口创新管理研究等。

(二) 本书的难点

在对沿边开放地区外籍流动人口治理的具体研究过程中，势必会遇到各种各样的困难和问题，这些问题涉及概念界定、调研对象、理论建构、实际操作等研究的各个方面。具体来看，首先，是将人口迁移以及移民等概念与人口流动概念做出有效区分。同样是人口在空间和地理位置上的变动，但因人口流动可能出现的长期性、短期性、周期性、间歇性等流动频度的变化，某些具体状况势必会与人口迁移甚至非法移民等现象相混淆。

其次，在具体调研过程中，尤其是对外籍流动人口某些个案的专门调查和采访中，由于对其背景成分的不确定，可能导致对其跨境流动动机的理解产生偏误。并且，因为跨境流动群体本身规模非常庞大，而且不乏某些非法越境现象的存在，所以对跨境流动现象具体数据的调查将存在难度。同时，由于涉及"三非"问题的人员及其行为的隐蔽性和反侦查性，所以要对该问题进行深入考察是非常困难的。

最后，以往的许多治理理论，尤其是西方的治理理论，针对的都是对于西方社会人口跨境迁移问题的关注与解决，那么如何将其中有借鉴价值的理论和方法作用于沿边开放地区的外籍流动人口治理，并进一步升华现有的沿边开放地区治理理念，也是非常具有挑战性的。

第一章　沿边开放地区外籍流动
人口的现实状况

　　由于沿边开放地区缺乏有力的自然屏障，山川相接，江河相连，因此也就形成了不计其数的便道和渡口，边境地区民众尤其是外籍民众，基于各种生产生活需求时常穿梭于边境线内外。不可否认，人口的跨境流动在一定程度上盘活了沿边开放地区的经济贸易，为当地的劳动力生产注入了新鲜的血液，有效维系了中国和周边国家之间的睦邻友好关系。与此同时，沿边开放地区的人口跨境流动也带来了诸多问题，而这些问题的形成，与人口跨境流动自身的许多特殊性息息相关。因此，要实现对沿边开放地区外籍流动人口治理的切实研究，就必然要以对该群体的基本概况和行为特征的充分把握为前提。

第一节　外籍流动人口概况

　　沿边开放地区外籍流动人口是一个多元复杂的特殊群体。其中，庞大的规模数量、复杂的民族构成、多层次的年龄结构以及教育背景等都是值得关注的特征因素。在对瑞丽市的调研过程中，由于部分数据相对敏感，涉及保密问题，所以外籍人员管理部门仅提供了部分公开数据信息。值得庆幸的是，在笔者随后针对珠宝市场50名外籍人员的问卷调查和访谈中也获取了一定的数据信息。尽管受人力和物力等因素的限制，本次问卷调查覆盖面相对较小。但是经过对问卷信息的整理和比对后发现，数据所反映的包括实际数量比例在内的信息皆与以往文献资料数据信息相契合。所以，问卷信息为本次研究提供了较为真实、客观、有效的外籍流动人口状况反馈。

一 人口流量

跨境人员的具体数量是对沿边开放地区外籍流动人口实际情况最为直观的体现，精确的数据能够在很大程度上为外籍流动人口研究提供有力支撑。然而，沿边开放地区实际状况的复杂性导致大规模的非法跨境现象以及"三非人员"的产生，这在很大程度上增加了边境地区管理部门对实际跨境流动人员登记核查与管理服务的难度，同时也造成官方统计数据与实际数据存在一定的偏差。尽管如此，对权威数据的关注依然有助于我们对外籍流动人口的增长趋势进行有效的事实判断。据中缅各陆路口岸统计数据显示，仅2017年全年，出入境总数达2620.5160万人次，其中入境总人数为1329.9416万人次，出境总人数为1290.5744万人次。

2018年全云南省边境地区共检查出入境人员4584万人次，同比增长46.92%（其中，缅籍3038.3万人次，增长51.92%）。从停居留情况来看，缅籍人员占绝大多数。2018年，全云南省边境8州（市）共签发停居留证件27万人次，缅籍占比高达70%以上。以瑞丽市为例，目前瑞丽市长期居留的外籍人口达6万人左右，缅籍人员占比85%，占城镇常住人口的50%以上，每年还有8万多名季节工以及难以计数的短时务工人员和商贸人员频繁流动。[1] 据瑞丽市当地外籍人员服务管理中心提供的数据显示，自2013年中心成立以来至2018年年底，共为10余万人提供临时居留证办理服务，成立初年办证4000余本，近几年每年办证30000余本。2017年到瑞丽市进行务工登记的缅籍人员数量为24316人，其中男性12676人，女性11649人。2018年截至11月，务工登记的缅籍人员数量为24486人，其中

---

[1] 吴剑明、刘寒雁、马啸：《"微区域合作"架构下的中缅外籍流动人口治理研究》，《云南行政学院学报》2019年第6期，第51页。

男性为 13845 人，女性 10640 人。[①] 由此可见，外籍人员跨境流动的数量和频次呈明显的上升趋势，跨境群体的规模在不断扩大。

表 1-1 2017 年中缅边境陆路口岸出入境人数统计表

口岸类型	口岸名称	人员（万人次） 出境	入境	合计	同比（%）
陆路口岸	瑞丽	870.8776	897.5114	1768.3890	12.20
	畹町	44.4483	45.7154	90.1637	21.80
	腾冲猴桥	21.3722	22.6320	44.0042	14.90
	孟定清水河	45.1325	46.7324	91.8649	13.20
	打洛	51.2560	50.9230	102.1790	-0.70
	孟连	79.1179	80.4920	159.6099	28.00
	章凤	54.9061	60.4135	115.3196	3.20
	南伞	71.6725	72.3531	144.0256	-24.20
	沧源	12.4221	12.9394	25.3615	3.50
	盈江	32.2360	33.0514	65.2874	-6.60
	片马	7.1332	7.1780	14.3112	28.70
	合计	1290.5744	1329.9416	2620.5160	

资料来源：《中国口岸年鉴》2018 年。

二 民族构成

鲜明的民族构成是沿边开放地区跨境流动人群的一大特色。其中，跨境民族群体在跨境流动人员群体中占有一席之地，沿边开放地区所涉及的跨境民族包括景颇族和傈僳族（缅甸克钦族）、傣族（缅

[①] 数据来源于瑞丽市外籍人员服务管理中心，调研日期：2018 年 12 月 14 日。

甸掸族)、德昂族(缅甸崩弄族)、独龙族(缅甸日旺族)、拉祜族、佤族等。需要注意的是,通过对瑞丽市的调研数据统计后发现,除缅籍华人外,当地的外籍流动人口民族构成以缅族为主,掸族和克钦族等跨境民族群体数量总和仅占外籍流动人口总数的30%。在笔者针对瑞丽市珠宝市场随机50名外籍人员的调查数据显示,缅族人有37名,占比74%;克钦族9人,占比18%;掸族4人,占比8%。① 客观来讲,缅族人在外籍流动人口中的占比与缅甸国内的民族人口分布息息相关。据缅华网发布的消息显示,截至2019年4月1日,缅甸全国人口总数为5410万,其中缅族人口近3769万,占到总人口数量的68%。其后,主要的法定少数民族人口数量为掸族486万,占比9%;克伦族378万,占比7%;孟族108万,占比2%;克钦族、克伦尼族54万,占比1%;钦族108万,占比2%;若开族以及华人162万,占比3%。②

另外,中国境内复杂多样的少数民族人口分布也是沿边开放地区的显著标志。据2016年瑞丽市人口统计数据显示,在瑞丽居住半年以上的中国籍人口为205300人,人口自然增长率7.09%。城镇化率64.78%,人口密度为201人/每平方公里。在总人口中,少数民族人口为85305人,占总人口比重为41.5%,具体构成如下:

瑞丽市突出的少数民族人口分布特性不但有力反映出沿边开放地区社会复杂的民族群体构成,更延伸出我们对跨境民族现象和问题的关注。正如前文介绍,数据资料中所涉及的汉族、傣族、景颇族、德昂族、傈僳族、阿昌族等,在缅甸境内都能找到对应的同源族群或支系,虽然这些民族群体在境内外的名称有差异,但却有着悠久的历史渊源。尽管经济、政治、宗教文化、战乱等原因的迁徙导致族群内部有了国界的划分,然而这些族群同宗同源、一衣带水的关系显而易见,包括在语言、习俗、信仰等方面都有着诸多共同要素。所以,中缅边境沿线地区的少数民族分布,也应当纳入外籍流动人口针对民族

---

① 数据来源于调研问卷资料。
② 数据来源于缅华网,https://www.mhwmm.com/Ch/NewsList.asp?SortID=2。

构成的考察范围当中。

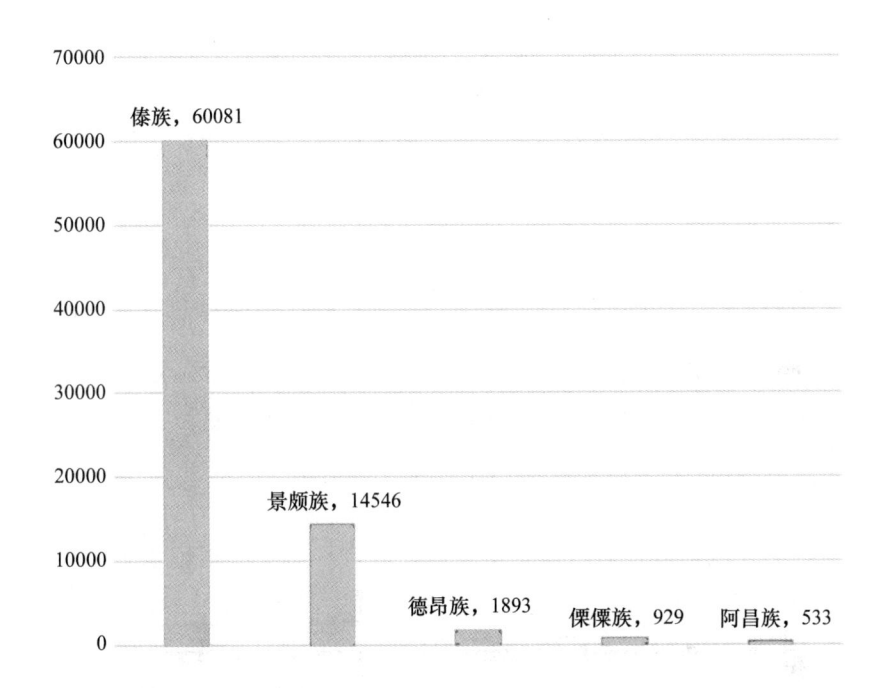

图 1—1 2016 年瑞丽市少数民族人口构成状况（单位：人）

资料来源于杨春征、杨进才主编《瑞丽年鉴》，德宏民族出版社 2017 年版。

三 宗教信仰

跨境流动群体的宗教信仰是笔者考察的重点之一。在调研过程中笔者发现，佛教信仰人数占比最大。以先前接受调查访问的 50 名外籍人员为例，佛教信仰者为 43 人，占总受访人数的 86%；基督教信仰者为 5 人，占比 10%；无信仰者为 2 人，占比 2.5%。[1] 和民族分布类似，外籍跨境流动群体的宗教信仰构成依旧与缅甸国内的宗教信仰比例息息相关。据缅华网 2019 年数据显示，缅甸佛教徒为 4815 万人，占总人口数量的 89.8%；基督教徒为 340 万人，占比 6.3%，伊

---

[1] 数据来源于调研问卷资料。

斯兰教徒为 124 万人，占比 2.3%；印度教徒为 27 万人，占比 0.5%；其他宗教为 10.8 万人，占比 0.2%；无信仰者为 5 万人，占比 0.1%。[①]

值得注意的是，外籍流动人口当中较为特殊的群体——罗兴亚人，是伊斯兰教信仰者群体的主要代表。此前，关于瑞丽市以及陇川县等地区罗兴亚人的实际数量一直存在争议。但据相关研究显示，瑞丽市有 700—800 名拥有明确身份的罗兴亚人在当地活动。[②] 中缅边境其他地区纷繁复杂的民族分支及其各自所信奉的宗教信仰，包括傣族、德昂族、景颇族的原始宗教等，都体现出边境地区深厚的民族宗教文化底蕴，加之边境跨境民族之间的密切联系，致命沿边开放地区外籍流动人口的宗教信仰始终保持着纷繁多元的现实状态。

四　年龄层次

沿边开放地区外籍流动人口的年龄层次有明显的年轻化倾向。以在 2016 年发表的题为"瑞丽地区缅籍人群生活现状调查及管理思考"的文献中，作者根据调研情况罗列出当地缅籍劳工的年龄层次分布，其中，18—28 岁人员占总人数的 50%，28—38 岁人员占比 30%，38 岁以上人员占比 20%。笔者 2019 年 6 月在瑞丽市地区针对 50 名外籍受访人员的调查显示，年龄 20—30 岁人员有 25 名，占比 50%；30—40 岁人员 17 名，占比 34%；40 岁以上人员 8 名，占比 16%。[③] 从数据的比对中可以发现，该群体的年龄层次分布基本保持着相近的比例，即 20—30 岁这一年龄区间的跨境流动人员数量占比最大，其余人员数量则随着年龄的增加而逐渐递减。要明确的是，跨境流动群体的年龄特征与其选择从事的行业和务工项目有着密切联系，即年轻的外籍人员群体的行业分布主要集中于建筑、服务、加工业等体力劳动行业，换言之，年轻的外籍跨境从业者在这些工作中更具优势。针对

[①] 数据来源于缅华网，https://www.mhwmm.com/Ch/NewsView.asp?ID=17303。
[②] 赵天一：《云南德宏州瑞丽市罗兴亚人现状调查》，《社会研究》2015 年，第 51—52 页。
[③] 数据来源于调研问卷资料。

更多跨境流动人员的行业分布信息，笔者将在其后外籍流动人口的行为特征中进行具体说明。

五　受教育程度

对跨境流动人员群体受教育程度的了解有助于我们对该群体特征进行进一步认知。在瑞丽市接受调查访问的50名外籍人员中，具有小学学历的有5人，占比10%；初中学历14人，占比28%；高中学历17人，占比34%；大学本科学历12人，占比24%；硕士研究生及以上2人，占比4%。[①] 此前，据针对缅籍务工人员的调查数据显示，"进入瑞丽市务工的缅籍人员普遍来源于偏远山区，受教育程度低，主要从事体力劳动。2016年缅籍务工人员受教育程度统计，小学学历人口16209人，占85.99%，中老年人群主要接受过小学教育，大部分青少年为初高中毕业，有大学本科学历的缅籍务工人群仅占0.04%，主要从事会计、翻译、教育类工作。"[②] 由此可见，在务工人员这一特定群体当中，所受教育层次明显较低，因此可以肯定，受教育程度与跨境流动人员的行业选择具有内在的关联性。当然，值得注意的是，2016—2019年缅甸国内的学校数量已经有了明显的上升趋势。

表1-2　　　　2016—2019年缅甸学校数量　　　　（单位：所）

学校种类	高中学校	初中学校	小学	共计
2016—2017年	3832	14304	27871	46007
2017—2018年	4002	15103	27389	46494
2018—2019年	4592	15517	26922	47031

资料来源于缅华网，http：//www.mhwmm.com/Ch/NewsView.asp? ID=37341。

---

① 数据来源于调研问卷资料。
② 朱立波、陆洁清：《瑞丽市缅籍务工人员现状分析》，《世界家苑》2018年第9期，第2页。

从调研数据以及缅甸政府公布的数据中可以看出，缅甸教育的普及程度在不断扩大，尤其是针对初中和高中的普及程度有明显的提升，同时针对中学教育硬件资源的投入也在不断扩大。笔者调研时还发现，在跨境流动人群中，大学本科及以上学历的人群占有一定比重，据瑞丽市当地人介绍，接受过高等教育和华文教育的外籍人员数量在逐年增加，这在一定程度上反映出来华的外籍人员文化素质的提升。另外，中缅国家间教育水平的显著差异，直接导致沿边开放地区外籍民众以子女教育需求为目的向中国"一边倒"式流动，因此，从缅甸到中国求学的中小学生数量有明显的上升趋势。正是出于对教育政策、环境和质量的追求，边境地区的外籍民众往往会在自身条件允许的情况下跨越边境将子女送到中国边境地区接受教育。

第二节 外籍流动人口的行为特征

外籍流动人口的行为特征是指该群体在跨境活动中所表现出的特定行为范式。这种行为范式的形成与跨境流动群体自身的生活资源条件以及个人的价值观念息息相关。而跨境流动人员的流动方式、社会交往以及行业选择等，恰恰能够有效反映出该群体在跨境活动中的基本特性，为我们对该群体的进一步了解提供必要的现实参考。

一 流动方式

客观来讲，沿边开放地区外籍流动人口的流动方式，是国家政治交往因素与自然因素共同作用的产物。换言之，政府的积极组织、自然交通便利所形成的边民自发的往来交流，是沿边开放地区外籍流动人口最主要的流动方式。从国家政治层面来看，中缅国家间自古以来便是友好邻邦，自中缅建交以来，中方始终重视维护与缅甸之间的友谊，尤其是在瑞丽市一带，中缅国家间民间的往来交流，也充分显现出国家间密切融洽的关系发展态势。

早在1957年，为发展中缅友谊，增进双方边民团结，加强边民睦邻友好关系，瑞丽市举行有5000多人参加的中缅边民小型联欢会，其间又举行文艺会演,召开茶话会,举办图片展览,小型物资交流会等。1963年,缅甸联邦芒黄、半贯寨群众由波喊斤、约喊带领5人代表团前来瑞丽贺腮乡人委会祝贺国庆,赠送礼品,中方由乡支部书记、文书、村长等7人前往接待。1965年12月,缅方边民2000多人入境避难,18户52人入境居住,在缅边民十分困难的时候,瑞丽按规定供应边民大量食盐。其中50%供应给缅甸边民,瑞丽粮食交易所的粮食70%左右供应缅边民。1967年9月30日至10月1日,中方开展国庆边民友好庆祝活动,分别在贺腮,弄岛、姐东三地邀请瑞丽江北岸16寨边民54人,与瑞丽乡社干部群众44人进行友好座谈,互赠礼品。同年10月又在贺腮、弄岛等地开展群众性庆祝活动,缅甸边民2000多人入境参加庆祝。① 类似的边民交流联谊与互市活动在20世纪七八十年代的瑞丽地区数不胜数。

由此可见,新中国成立后瑞丽地区国家间边民的流动往来已日趋密切,而且涉及文娱庆典、救灾帮扶、物资交流等多个领域。在国家间政府的支持、引导以及瑞丽市地方政府与缅方的通力合作下,形成了中缅双方在经济、政治、民族、文化、宗教等层面的双向交叉对流的人员流动趋势,并且主要聚焦于国家间边民和边境地区的交往。在国家间建交早期,由于中缅双方均处于经济社会建设与发展的初始阶段,以个体工商业和跨境务工为目的的跨境活动还相对较少,更多是以带有维护和巩固国家间关系的跨境交往活动为主。随着中国改革开放,国家经济社会发展速度的日益增长,特别是相对于缅甸地区而言,瑞丽市乃至整个中缅边境沿线地区的经济和社会状况整体上都有了非常显著的改善,这极大地带动了在工商业、劳务市场、通婚、教育等方面由缅方向中方大规模的人口单向流动。自改革开放后,瑞丽市成为国家最早的沿边开放城市之一,并且还设立了姐告边境贸易经济区以及开发边境旅游,并不断探索"境内关外"新模式。② 当前,瑞丽市已成为中国著名边境贸易、边境旅游城市,瑞丽口岸目前也是

---

① 资料来源于陈江主编《瑞丽市志》,四川辞书出版社1996年版,第233—235页。
② 数据来源于中国新闻网,http://www.chinanews.com/cj/2019/12-31/9048387.shtml。

中缅边境口岸中人员、车辆、货物流量最大的口岸。2019年，随着"一带一路"倡议下中缅经贸交流的持续快速发展以及中缅国家间边境旅游业的不断升温，瑞丽市出入境流量已经突破2063万人次，继续发挥着中缅经贸重要的桥梁和纽带作用。[1]

此外，沿边开放地区外籍流动人口的流动方式还有合法与非法的区分。以瑞丽市为例，由于特殊的地理位置，缅甸的木姐市和中国瑞丽姐告之间有着较为开阔的边界，是云南省边境界碑最密集和渡口通道最多的地段，这促成了中缅边境线上频繁的人员往来。2013年6月18日，瑞丽市外籍人员服务管理中心挂牌运行，外籍人员在瑞丽实行"一表审核"制度，派发边境通行证，外籍人员可以较为方便地持证于中缅国家间逗留、经商。自2012年起，瑞丽姐告边境贸易区内的缅籍暂住人口数已多于本地居民人口数，形成了典型的缅甸人社区。对于常常往返于国家间的人来说，国境和国家的概念已经不是很清晰。[2]

二 社会交往

笔者在瑞丽市调研过程中，曾向许多外籍人员了解过他们的社会交往情况。这些调研对象主要集中于珠宝街一带，他们来瑞丽生活的时间各有不同。在受调查访问的50名外籍人员中，入境半年以内的有10人，占比20%；半年到一年的有11人，占比22%；一年到三年的有11人，占比22%；三年以上的有18人，占比36%。[3] 值得注意的是，绝大多数受访人员都表现出对瑞丽地区的认同感和融入感。在问卷中，当问及"相比于自己的故乡，瑞丽地区有哪些方面吸引您"问题时，有70%的受访者都选择了优良的居住环境，其他30%的受访者则选择繁荣的市场、安稳的社会状况、稳定的工作收入、相近的社会文化以及可口的饮食等。由此可以看出，缅籍人员的社会诉求主要来源于对安全、稳定等良好人居环境的渴望。当问及"在生活

---

[1] 周东洋：《中缅关系向更高水平迈进》，《中国贸易报》2020年1月。
[2] 资料来源于：http://blog.sina.com.cn/s/blog_53b727c1010306wk.html。
[3] 数据来源于调研问卷资料。

和工作过程中，有没有与自己国家的其他民族伙伴或者中国伙伴发生过矛盾？您是如何解决矛盾的？"问题时，有90%的人选择从未发生过。而在10%选择发生过矛盾的人当中，都选择的是以耐心劝解和交谈的方式解决矛盾。事实证明，在笔者走访了解的包括红木家具商城在内的多家企业单位时，当问及缅籍员工是否经常发生矛盾，单位负责人都反映出缅籍员工普遍具有温和、朴实的性格特征，尽管在工作时可能出现慵懒怠惰、效率不高等现象，但很少会有与自己国家同胞以及中国工友发生矛盾的情况。

此外，笔者在问卷中还问及受访者是否愿意与中国人聊天和一起工作，仅有26%的人选择非常愿意，另外30%的人选择比较愿意，而44%的人选择一般。当问及受访者是否愿意与中国人通婚时，则有82%的人选择一般。从这一点上能够明显看出，尽管外籍跨境流动人员很热衷到中国经商或找工作，但这主要是出于对中国相对优渥的市场环境以及人居社会环境的考虑。他们对于自己国家、民族、家乡、亲人朋友的联系还是最为紧密，依赖感也最强。

三　行业选择

近年来，外籍务工人员数量呈持续增加的趋势。与缅甸受英国殖民前后华人大规模流入缅甸不同，缅甸人员群体是于1978年改革开放初期才逐渐开始以务工和劳动为动机流入中国西南边境地区的，并且当时的缅甸跨境务工人员数量较少，务工人员本身所从事的劳务并非规模化运作的相关项目，只是相对较为零散且变动性和随意性较大的帮工类工作。从20世纪80年代末到90年代初开始进入中国西南边境，尤其是德宏州地区从事劳务工作的外籍人员和其他外籍人员的数量持续增加。随着2010年瑞丽市黄金口岸和试验区建设工作的不断开展，人员、物流、信息和资金等各种必要因素不断聚集，瑞丽口岸通关越发高效和便利，来自缅甸克钦邦、掸邦和佤邦等地区以及部分缅北山区农村甚至是缅甸中部城市郊区农村的民众开始作为劳动力大规模向瑞丽地区流入。据瑞丽市外籍人员服务管理中心提供的资料显示，自2013年该中心成立以来至2018年年底，共为10余万人提供临时居留证办理服务，成立初年办证 4000 余本，近几年每年办证 30000 余本，其中人员构成包括缅族、克钦族、掸族、外籍华人和外籍印巴人在内的多个少数民族和群体。外籍人员的介入为包括瑞丽市在内的中缅边境沿线城乡提供了极为充沛的劳动力。在张家忠题为"瑞丽市外籍流动人口的特点"一文中关于 2014 年瑞丽市外籍流动人口行业构成所罗列的数据便有直观呈现。

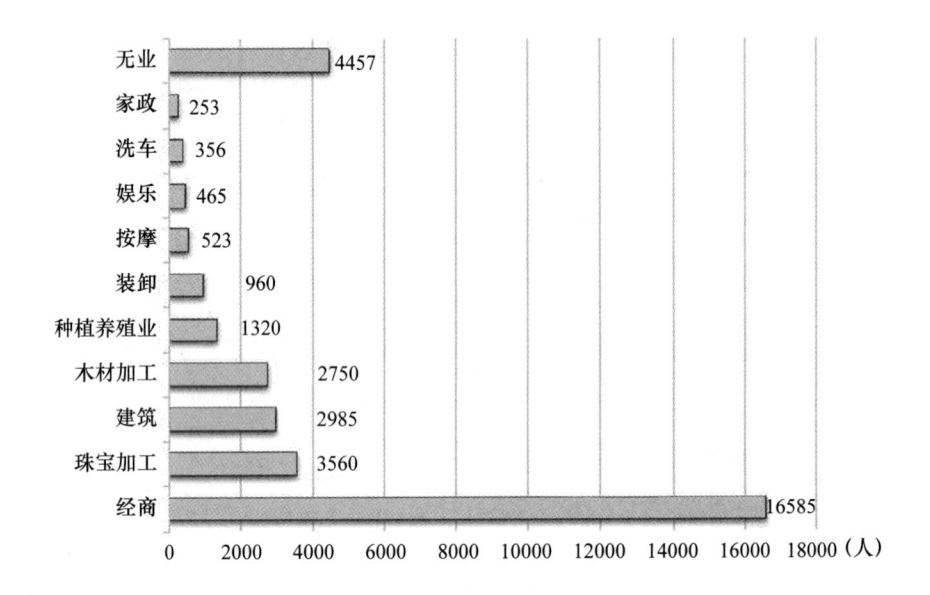

行业	人数
无业	4457
家政	253
洗车	356
娱乐	465
按摩	523
装卸	960
种植养殖业	1320
木材加工	2750
建筑	2985
珠宝加工	3560
经商	16585

图 1-2 2014 年瑞丽市外籍流动人口行业分布图（总人数为 35470 人）

数据来源于张家忠《瑞丽市外籍流动人口的特点》，《湖北警官学院学报》2014 年第 27 期。

从瑞丽市外籍人员所从事的行业分布来看，外籍人员数量最多的为经商人员，而劳务人员一般集中于珠宝加工、建筑、木材加工、种养殖业等，此外，家政服务、娱乐康体服务、汽车清洗与维修服务也均有分布。服务与加工行业占到外籍务工人员数量的近 90%，其次才是参与边境地区农业种植和养殖行业的人员，总之，几乎各行各业都有外籍劳务人员的身影。在瑞丽市居留的外籍流动人口主要分为三个年龄阶段,其中 18 岁至 59 岁年龄段人数最多,有 30504 人,占总人数比例的 86%,该部分人员以从事经商、建筑、加工等行业为主;18 岁以下人数次之,仅占总人数的 13%,该部分人员以从事餐饮、按摩等服务性行业为主;60 岁及以上人数最少,仅占总人数的 1%,该部分人员以投靠在瑞丽市工作的子女为主。[1]

---

[1] 张家忠:《瑞丽市外籍流动人口的特点》,《湖北警官学院学报》2014 年第 27 期,第 35 页。

第二章　沿边开放地区外籍流动人口的形成原因

中国和缅甸是世代友好邻邦，山水相连，交通便捷，地理位置上所呈现出的优渥条件为国家间人民的互通和流动带来极大的便利。同时，由于极为久远的历史渊源和社会因素，促成中缅国家间频繁的跨境往来和为数众多的跨境民族以及流动人员群体，成为连接国家间社会与文化的重要纽带。值得注意的是，无论是从地缘因素还是历史因素，抑或是经济、政治、市场、宗教、婚姻避难和犯罪活动等方面，沿边开放地区的人口跨境流动始终都是一个极具复杂性和多元性的社会现象，对于该现象，我们应该从纵向和横向等多个角度给予其全方位的审视与分析。

第一节　当代沿边开放地区外籍流动人口形成的背景

外籍人口在沿边地区的流动现象是历史长期发展的形成结果，无论是过去还是现在，外籍流动人口的脚步从未停歇，这当中所显现的国家间深厚的历史文化积淀，既是国家间一衣带水关系的有力佐证，也预示着未来国家间睦邻友好关系发展的必然趋势。

一　新中国成立后的中缅邦交

从历史的角度上看，沿边开放地区的人口跨境流动从未因社会的动荡与变迁而止息，相反呈愈演愈烈之势。当然，近代以来的外籍流动人口现象多与当时晚清政府的打压与西方列强的侵扰和干涉有关。"1948年1月4日，缅甸宣布独立，自此摆脱了长达半个多世纪的殖民统治。1949年12月16日，缅甸宣布承认新中国政府，并于次年6月8日与中国正式建立外交关系，就此，缅甸成为最早承认新中国的非社会主义国家之一，也是继印度之后最早与新中国建交的非社会主义国家之一。"[1] 在新中国成立初期以及缅甸独立伊始，国际环境依然呈总体复杂的态势，在这样的大环境与背景下，中缅国家间外交关系的建立也充满着各种挑战。但事实证明，中缅两国正确、及时且恰当地处理了所面临的问题，并且使国家间的外交关系迅速发展。1954年6月29日，国家间总理发表的著名联合声明当中便明确提到以"互相尊重主权和领土完整，互不侵犯，互不干涉内政，平等互利，和平共处"为内容的和平共处五项原则，这既成为中国同亚洲及世界其他国家关系建立的原则和准绳，也是中缅国家间友好关系最为关键性的历史见证。这使得缅甸同中国和印度一道成为共同倡导和平共处五项基本原则和重要外交理念的国际重要伙伴。自此开始，中缅国家间外交进入了史无前例的正常化轨道，无论是国家间经济还是文化上的交流都迈入了国际化标准，并且由于邦交政策的鼓励，国家间民众的跨境流动也得到了进一步推动，这使得国家间往来更加友好，交往也更加密切。

时至1954—1956年，中缅国家间政府就在缅华人及其国籍问题多次交换意见，经过双方共同努力，顺利解决了在缅华人的"双重国籍"问题。边界问题一直以来都是中缅两国间极为复杂和极富争议的棘手问题，对此，双方也曾开展多次协商和谈判工作，在双方相互理解和包容的情况下，英国在缅殖民时期所划定的"麦克马洪线"等边境历史遗留问题得到妥善解决，随后，中缅分别派遣工作组共同开展勘界工作。1960年年初，缅甸总理奈温访华，并与中国政府签署《中缅友好和互不侵犯条约》和《中缅边界条约》[2]，彻底为此前的

---

[1] 卢光盛：《中缅政治经济关系的发展、现状及其意义》，《国际关系学院学报》2009年第2期，第21页。

[2] 周建华：《中缅金融合作研究》，硕士学位论文，云南师范大学，2013年，第35页。

《中英续议缅甸条约》画上句号，就此，缅甸也成为第一个与中国签订边界条约及友好和互不侵犯条约的国家。[①] 中缅新的边境条约的签订，为国家间边民的友好往来提供政治保障，这极大带动了沿边开放地区跨境人口流动现象的产生，同时也进一步加快了国家间和平友好交往的步伐。

二 改革开放以来中缅关系的发展

随着1978年改革开放的兴起，中国对各边境地区口岸开放的力度不断加强，同时也制定了一系列与缅甸等周边国家互利合作的优惠政策，这在推动与缅甸经贸关系发展的同时，也进一步鼓励和带动了中缅双方的边民流动往来。当然，中缅双边经贸合作与人员往来的前进历程可谓一波三折。尽管双方都做出了努力，但由于缅甸国家政局的持续动荡所带来的社会环境的复杂形势，直接遏制了其经济基础的夯实。1988年缅甸军政府也实施过相应的对外开放政策，但规模和力度极其有限，与中国的商贸往来也受制于其较为严苛的外贸政策管制。

1988年对于缅甸而言极不平凡，甚至可以说是其历史发展的分水岭。由于同年7月吴盛伦上台后采取了强硬姿态，国内实行军事管制，因此自其就任国务委员会主席一直到9月，缅甸一直被规模不等的示威游行和社会运动所充斥，并在1988年8月8日达到高潮。缅甸政治因政府与社会之间的矛盾而跌宕起伏，最终，缅甸军队在9月18日发动了第二次军事政变，掌控了国家政权，将国名改为"缅甸联邦"，并成立了"国家恢复法律与秩序委员会"[②]。由于军事政变对社会的镇压，以及其后军政府的强势执政，尤其是对学生群体和民众所采取的强硬行为，引起了较为强烈的国际社会反响。其中，美国撤回驻缅大使，停止一切对缅方的经济技术支援，对其进行全面经济制裁，并呼吁其他西方国家一并参与到针对缅甸的制裁行动当中。随

---

① 卢光盛：《中缅政治经济关系的发展、现状及其意义》，《国际关系学院学报》2009年第2期，第20页。

② 周建华：《中缅金融合作研究》，硕士学位论文，云南师范大学，2013年，第35页。

第二章 沿边开放地区外籍流动人口的形成原因

后,澳大利亚和加拿大等欧洲共同体国家也以民主人权问题为由对缅实施经济制裁。1990年缅甸大选后,军政府拒绝将政权移交给在大选中获胜的"全国民主联盟"(National League for Democracy),导致西方国家始终对缅甸延续着严厉的制裁。[1]

客观来讲,尽管缅甸国内的局势较为严峻,但中缅国家间的往来依旧持续,国家间政府也始终维系着良好的双边交往环境。从瑞丽市的资料数据上看,自1981年后,瑞丽口岸进出人员数量便逐年剧增。据统计数据显示,1978年2月,瑞丽边防检查站开始实施检查,至12月底,共管理出入境人员101144人次,查获各种人犯11名。1985年,德宏州全境对外开放后,进出国境的人员逐步增多,全年共管理出入境人员1202013人次。其中瑞丽边防检查站管理出入境人员1091115人次,县[2]武装警察大队管理出入境人员110898人次。1988年共管理各类出入境人员2721354人次,其中瑞丽边防检查站2073775人次,县武装警察大队647579人次。管理华侨出入境人员303903人次,缅边民入境1039460人次,中国边民出入境414803人次。管理作为交通工具的自行车127412辆。在二线查车验证中,共检查进出车辆157272辆,其中客车25284辆,货车131988辆,验证164163人次。其中境内进出107807人次,境外进出56356人次。1990年,进入瑞丽和出入境人员猛增,从各个口岸进出的人员,超过历史上任何一个时期,日均出入境边民3000余人次。[3] 1993年,时任中国外交部长的钱其琛作为海外要人首个访问缅甸,中缅持续保持着"蜜月关系"。

1994年12月,时任国家总理李鹏应缅甸丹瑞的邀请对缅甸进行国事访问。次年12月,时任中国政协主席李瑞环访问缅甸,再次强调和平共处五项原则,并提出相互尊重、相互学习、相互支持、相互谅解的"四个互相"睦邻原则。1996年1月,丹瑞首次以"国家恢

---

[1] 卢光盛:《中缅政治经济关系的发展、现状及其意义》,《国际关系学院学报》2009年第2期,第21页。
[2] 瑞丽于1992年撤县为市。
[3] 数据来源于陈江主编《瑞丽市志》,四川辞书出版社1996年版,第233—235页。

复法律与秩序委员会"主席的身份访问中国。① 2000年6月在中缅建交50周年之际，缅甸"国家和平与发展委员会"副主席貌埃上将访华，并签订了确立国家间合作原则和方向的文件——《中缅关于未来双边合作框架文件的联合声明》。2001年12月12日，时任国家主席江泽民访问缅甸，国家间发表联合声明，表示加强发展睦邻友好关系、扩大经济合作、加强在国际和地区事务中的相互协调等。2003年1月，丹瑞第二次访华，国家间签署多个合作协定。2004年3月，时任中国副总理吴仪访问缅甸，双方签订21项协议、备忘录和换文。2006年2月，梭温总理对中国进行访问，在与温家宝总理会谈时，国家间总理表示要共同努力把国家间睦邻友好关系不断提高到新的水平。② 2009年12月19日，时任国家副主席习近平访问缅甸，高度赞赏中缅双方在各领域交流与合作所取得的成果，以及在国际和地区事务中所保持的良好协调与配合。2020年1月，国家主席习近平以巩固传统友谊、加强互利合作、促进共同发展的目的，同缅甸领导人就共同关心的问题深入交换意见。因此，从改革开放以后国家间邦交往来的政治背景可以充分了解，中缅关系的发展对促进地区和平、稳定和发展有着不可磨灭的作用，中缅国家间交往的历史和国家间山水相连的友谊为国家间边民的跨境流动奠定了深厚的基础。

第二节 沿边开放地区外籍流动人口的成因基础

值得注意的是，中国与周边国家关系发展和人员往来的加强，除了以纵向历史发展进程所产生的深厚政治交往积淀为缘由外，还充斥着诸多复杂而深刻的横向方面因素。就"外籍流动人口"的概念来看，是特指具有一定规模和数量，在空间范畴内发生运动现象的人员和社会群体，而其中的空间活动范围代表的是至少跨越了某两个主权

---

① 刘务、贺圣达、张添、宋清润：《中缅关系发展前景及影响因素研究》，国家社科基金项目（内部文件），2018年。

② 卢光盛：《中缅政治经济关系的发展、现状及意义》，《国际关系学院学报》2009年第2期，第19页。

国家共有的边界线。作为极具特殊性与复杂性的地缘人口流动方式，外籍流动人口现象以及跨境流动人员群体在边境地区特有的地理、经济、政治、社会、民族、宗教以及国际形势等因素交汇作用下，使其展现出与人口境内流动相区别的实际情形。因此，导致外籍流动人口产生的动因究竟有哪些，他们的流动方式和流动特性具体表现在哪些方面，这些都有必要进一步探讨。

一 地理与交通的便捷性

沿边开放地区中国境内共有13个国家级一二类边境水陆口岸，例如德宏州瑞丽、畹町、腾冲市猴桥等国家一类口岸和临沧市耿马孟定、镇康南伞、沧源以及德宏州盈江、章凤等国家二类口岸，此外还有普洱市思茅港、西双版纳州景洪港、勐腊县关累港和勐海县打洛镇等。

瑞丽口岸位于德宏州西南部，与缅甸木姐口岸相接，边境线长141.4公里，是中缅铁路通道（昆明—大理—瑞丽—腊戍—曼德勒—印度洋）、中缅公路通道（昆明—瑞丽—仰光）和中缅水陆联运大通道（昆明—瑞丽—八莫港）等通道上的重要口岸。瑞丽口岸于2000年经国务院批准实行"境内关外"（入境：货物车辆可入境不入关。出境：货物车辆出关不出境）特殊管理的口岸，这是全国唯一一个被国家允许以该模式进行管理的口岸。瑞丽口岸于1978年经国务院批准开放，是云南省较早开放的口岸之一，1985年，经德宏傣族景颇族自治州政府批准成立边境贸易区。1991年2月云南省政府批准瑞丽姐告设立边境贸易经济区，2001年10月，经国务院批准，瑞丽口岸对第三国人员开放。2010年，国务院将瑞丽批准为重点开发开放试验区。瑞丽因其东南面与缅甸棒赛、木姐和南坎三个城市相邻，所以瑞丽口岸是中缅边境口岸中车辆、货物流量最大的口岸，也是人员跨境流动规模最大的口岸。瑞丽东面有畹町经济开发区国家一类口岸，西面有章凤二类口岸。[1]

---

[1] 资料来源于瑞丽江网，http://www.ruili.gov.cn/Gailan/rlgk/。

姐告则是起于上海的320国道终点,是昆瑞公路与缅甸史迪威公路①的交接点,是云南省实施国际大通道战略的试验区和示范区,是中国大西南沿边开放的重要阵地,也是连接东南亚和南亚的重要门户。②瑞丽东南部为畹町经济开发区,与缅甸九谷口岸相接。在中国历史上,畹町是较早通向东南亚和南亚的贸易通道,是"南方丝绸之路"的重要驿站。抗日战争时期,滇缅公路通车以后,成为中国大后方对外联系的唯一国际陆运口岸。1952年8月,畹町被国家批准为首批一类口岸,1993年,畹町—九谷新桥建成,畹町口岸的优势得到更大的发挥,从畹町口岸出境,可直达缅甸中部的曼德勒市。畹町口岸为出入境交通带来了极大的便利,从昆明出发至缅甸仰光,经由畹町口岸至曼德勒市,要比经广州至马六甲海峡至仰光,总路程足足缩短了4651公里,同时,齐备的服务功能和完善的基础设施建设也是畹町口岸的重要优势所在。腾冲市猴桥镇的猴桥口岸,位于槟榔江畔,与缅甸甘拜地口岸相对接,2000年4月被国家批准为国家一类口岸,并于2003年正式对外开放。历史上,猴桥口岸是"南方丝绸之路"的重要通商口岸,抗日战争时期,曾作为史迪威公路的枢纽,为抗日战备物资的运送发挥着极为重要的作用,现如今也依然是云南省通向东南亚、南亚的重要大通道之一。临沧市耿马县孟定口岸,也于2004年10月经由国务院批准为国家一类口岸,与缅甸掸邦第一特区接壤,与缅甸清水河口岸相对接。作为我国西南地区通往东南亚和南亚的重要陆路通道,孟定口岸早在1957年便正式开展对外贸易进出口业务,半个世纪后,孟定口岸经国家验收,于2007年以一类口岸正式对外开放,并允许中缅双方人员、车辆持有效证、照、签证或边境通行证通行,并对各种贸易货物开放。此外,孟定口岸地理位置

---

① 史迪威公路是1944年中国军队在滇西和缅北大反攻胜利后修通的始自印度东北部终至中国云南昆明的公路。它从印度东北部边境小镇雷多出发至缅甸密支那后分成南北两线,南线经缅甸八莫、南坎至中国畹町;北线经过缅甸甘拜地,通过中国猴桥口岸、经腾冲至龙陵,两线最终都与滇缅公路相接。史迪威公路为中国抗日战场运送了5万多吨急需物资,被称为"抗日生命线"。

② 资料来源滇西行之瑞丽口岸,https://www.meipian.cn/cnb0442。

优越,热带自然风光和古朴的人文风情以及特有的热带经济作物使孟定被誉为"黄金口岸",由于当地边境贸易辐射面十分广泛,与缅甸境内的户板和滚弄等地区接近,成为国内外经济贸易的窗口,因此也吸引着大批缅甸民众跨境流动至此。

二 经济发展与地区吸引力

中缅两国建交以来,国家间贸易始终保持良好平稳且逐年递增态势。以2002年至2006年数据为例:2002年,中缅双边贸易额达8.62亿美元,同比增长36.4%,自此,中国已经成为除泰国以外缅甸最大的贸易伙伴。2003年,双边贸易额达10.80亿美元,同比增长25%;2004年,双边贸易额达11.45亿美元,同比增长6.3%;2005年,双边贸易额达12.09亿美元,同比增长5.6%;2006年,双边贸易额达14.6亿美元,同比增长20.7%,其中,中国对缅出口12.07亿美元,同比增长29.2%,中方实现贸易顺差9.54亿美元。2007年至2010年是中缅贸易增长最为迅速的几年。从数据上看,中国对缅甸的出口总额和进口总额均有显著增长。

2017年至2019年7月,中缅国家间进出口贸易依旧呈持续稳固增长趋势。2017年进口金额为45亿美元,出口金额为90亿美元;2018年进口金额为46亿美元,出口金额为105亿美元;2019年上半年,进口金额为37亿美元,出口金额为69亿美元。

在睦邻友好关系的带动下,中缅国家间的边境贸易持续走高,但值得注意的是,缅甸的经济发展水平依然有限,所以对中国的经济市场依赖度较高。具体来讲,由于缅甸国内的工业生产力不发达,日常所需的生产生活资料必须通过从国外进口才能得到满足,缅甸对中国商品进军东南亚和南亚市场具有重要的地理战略位置,因此中缅贸易关系的稳固成为必然。1997年7月加入东南亚国家联盟后,缅甸以其地区优势积极发展与其他成员国之间的关系,特别是注重进一步建立和稳固与中国、泰国等国家的贸易关系,中缅贸易合作领域的广泛性与多元性也正与缅方的积极态度和迫切需求密不可分。缅甸的市场需求非常庞大,无论是工农业机械、交通工具、化工材料、仪器设备，还是日常所需的纺织品、家用电器、医药和食品用品、五金材料和其他生活用品，都离不开向中国进口。当然，作为贸易合作伙伴，缅甸也充分展现出农业生产优势，并向中国出口大量农副产品，包括水果、玉米、大米、豆类、水产品等食品类以及皮革、橡胶、木材、珍珠、矿产等原材料和加工产品。

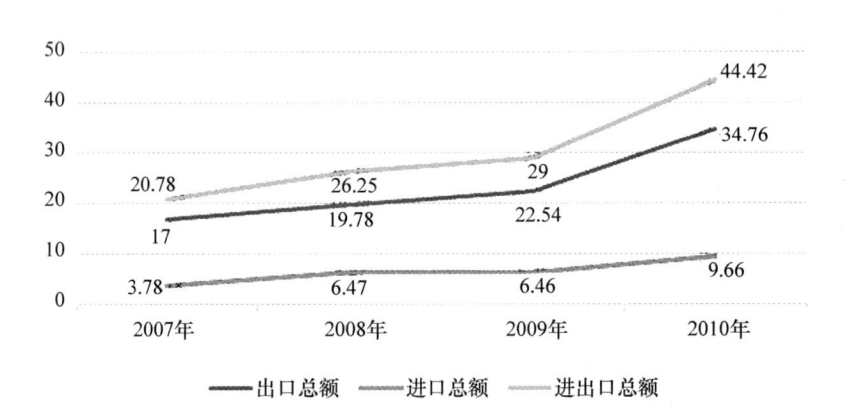

图 2-1　2007 年至 2010 年中国对缅甸的贸易情况（单位：亿美元）

数据来源于：《中国统计年鉴（2004—2011）》。

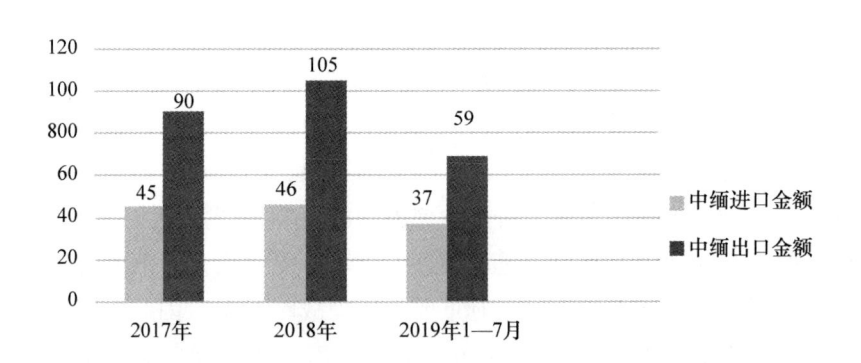

图 2-2　2017 年至 2019 年 1—7 月中缅进出口金额趋势状况（单位：亿美元）

数据来源于中国投资资讯网，http://www.ocn.com.cn/touzi/chanye/201909/sglht03100338.shtml。

缅方非常依赖对中国的进出口贸易，而中国商品面向整个东南亚和南亚的市场拓展也需要缅甸的支持，因此中缅国家间紧密的贸易关系带动了双方大量边境口岸的开通。以瑞丽市为例，2010年，随着黄金口岸和试验区建设工作的不断开展，人员、物流、信息和资金等各种必要因素不断聚集，边民互市贸易、边境小额贸易和一般贸易都有极大发展，出口商品种类突破2000种，进口商品也达200多种，对外贸易进出口总额同比增长44.2%。2011年，德宏州全州口岸总出入境人数达1271.74万人，比2010年增长18.51%。其中，出入境交通工具达280.45万辆次，增长近237%；出入境的货运量18198万吨，增长近136%；口岸进出口额19.6亿美元，增长13.12%。[1] 2015年起，云南省着重建设"面向南亚东南亚辐射中心"，这个全新的定位改变了云南的格局，给予云南崭新的发展空间，使云南从边缘地区变为开放前沿和辐射中心。[2] 在该建设目标和战略举措的指引下，沿边开放地区两侧的居民往来越发频繁，边民跨境流动性有了更明显的发展趋势，而国家间经贸往来因素为跨境流动现象的产生提供了坚实的基础和强劲的动力。

三　劳务市场需求与跨境务工

最近几年，由于国家政策的大力扶持，西南边境地区对外开放呈不断扩大的趋势，而边境口岸开放对于边境地区的经济发展有重要的作用。与此同时，中国对东南亚和南亚等周边国家的影响力也在持续增长，随之而来的便是吸引了大规模的周边国家民众从边境地区流入中国境内进行劳务、经商、求学、就医甚至短期居住等活动。作为边境地区的特殊社会群体，颇具规模的外籍流动人员对于我国西南边境地区流入地从经济贸易、社会结构、人文环境到国际政治发展等方面都产生了非常深远的影响。

---

[1] 数据来源于黄锐主编《西南边境跨界人口流动研究》，中央民族大学出版社2014年版，第100页。

[2] 朱黎、张爱华、崔恒良：《云南面向南亚东南亚体育辐射中心建设现状调查研究》，《保山学院学报》2018年，第103页。

根据国内新闻报道可以发现，外籍人员的在华流动可能会伴随着破坏社会治安、损坏公共基础设施、疾病预防管控难度增加等现象和问题的产生，这些都时刻警醒我们时刻保持对来华务工的外籍人员及其管理的关注。在长达近2000公里的中缅边境线上，所涉及的州市和区域各自的经济发展差异性较大，而在诸如瑞丽、腾冲等经济发展状况相对较好，同时与缅甸的商贸和文化交流较为频繁的地区，缅甸籍劳务人员的规模也就相对较大。大量外籍务工人员对这些地区的介入，从某种程度上是对中方边境地区劳务市场以及缅方劳务人员二者需求的双向满足，也就是说，外籍劳务人员在一定程度上缓解了沿边开放地区劳务市场的用工需求，而劳务市场所提供的用工平台和工作机会也为许多缅甸民众的生活来源提供了必要保障。因此，务工需求所形成的外籍流动人口现象成为必然。

外籍务工人员所从事的行业分布非常广泛。由于中缅国家间国情的巨大差异，双方民众基本收入的差距非常显著，几乎所有外籍跨境务工人员的跨境务工理由都是中国务工的工资比缅甸要丰厚，所以到沿边开放地区从事劳务工作的外籍跨境人员对于工资待遇和工作环境并没有十分高的要求，这也就导致该人员群体可选择从事的行业范围很广。

当然，值得注意的是，在技术层面要求相对较高的行业和领域，外籍劳务人员参与的比重就非常低，这充分反映出外籍劳务人员劳动技能水平和受教育程度普遍较低的现状。沿边开放地区外籍跨境劳务人员的情况较为复杂，外籍跨境劳务人员大多来自缅甸克钦邦、掸帮和佤邦等地区以及部分缅北山区农村和中部城市的郊区农村，包括木姐、南坎、腊戍、棒赛和密支那等偏远山村地区。由于受制于生活条件限制和教育资源匮乏等多方面因素的影响，外籍劳务人员文化水平普遍较低，语言沟通能力受到阻碍，劳动技能层次也较低。因此，绝大多数外籍劳务人员只能集中于劳动密集型行业，从事技术含量相对不高的，或是以体力劳动为主的工作项目，所以整体工资和薪酬水平也普遍偏低，大多集中于800—1000元人民币这一区间。而少数通过培训，掌握一定层次的生产和劳动技能的务工人员，或者从事销售行业类的人员，待遇可一度达到2000—5000元。但从总体上来讲，工作技能的欠缺始终是制约外籍劳务人员向更高层次岗位进行择业和进一步改善工资收入水平的重要因素，也是沿边开放地区外籍跨境务工人员存在的普遍弱势。

正是由于外籍跨境务工人员所从事行业的技能水平要求较低，人员可替代性强，因此便造成了务工人员流动性大、择业的随意性较为突出的特点。由于沿边开放地区外籍劳务人员群体的来源和成分结构较为复杂，且流动较为频繁，致使外籍劳务人员在用工单位行为比较随意和懈怠，能够轻易满足现状。据瑞丽红木加工厂管理人员反映，一些外籍劳务人员由于不愿服从单位较为严格的寄宿制管理制度，可能会出现擅自离岗和擅自离职的情况，或者是在领取薪水后大肆挥霍享乐，擅自休息甚至回到缅甸，等需要用钱时再到中国来找工作。笔者调研走访了几家用工单位，发现都存在类似的问题，都暴露了外籍员工的流动性、随意性和易满足性。由于用工层次较低，所以外籍劳务人员的务工固定性不足，很难长时间扎根于同一用工单位，并且由于口岸出入条件日趋便利，加之边境小道、便道众多，外籍劳务人员总是能够轻易且频繁地来往于国家间。据统计，瑞丽市姐告边贸区每日多达数万人次的跨境人群中，外籍劳务人员占了非常大的比重。

四 跨境民族与人文宗教活动

跨境民族的存在与发展是沿边开放地区外籍流动人口产生的又一重要原因，该现象的渊源由来已久。跨境民族是生活在国家间边境线地区的同一个族群，从人员分布状况上看并没有明显的地理区隔，语言和风俗习惯也相同，跨境民族及其成员的差别仅在于国别之分。由于是同一民族在历史因素影响下受不同国家经济、政治、社会、文化等差异性的主导所产生的民族与社会现象，因此也必然导致许多具体情况和问题的产生。与其他类别的外籍流动人口现象相类似，跨境民族群体的流动也同样受流出国和流入国政治状况、经济发展程度、文化与宗教因素、社会稳定程度等具体原因的影响。

正是由于国家间边境地区少数民族自身保留的季节性迁徙风俗，

以及后来殖民者的侵略与干涉，以及新中国成立后中缅国家间对边境部分地区管辖权的相互移交与调整等历史、民俗和政治因素的共同作用，致使所涉地区少数民族居民的国籍发生了许多具体变化，因此也导致了跨境民族群体和现象的产生。民族传统因素和政治因素的共同作用，使跨境民族成为具有共同血缘关系、民族情感、思想文化和民族认同但不具有相同国籍的特殊社会群体。由于国籍的差别，跨境民族中族群成员的国家归属意识也不相同，但需要注意的是，区位环境的相对闭塞，以及国家边境历史和民族传统观念等因素的介入，沿边开放地区的跨境民族群体所持有的地缘意识、亲缘意识和民族意识显然更具主导地位。例如我国众多跨境民族，由于他们与缅甸境内多个省市和地区当中的民族同根同源，因此一直以来秉承的民族语言、传统文化习俗甚至民族心理都非常接近缅甸的各个民族。

因此，跨境民族成员的国籍虽有不同，但民族亲缘和血缘关系却根深蒂固，这种牢固的民族关系以及所产生的民族认同感与归属感早已潜移默化为民族成员的自觉行为和意识。这些强烈的民族意识和自觉行为始终是跨境民族成员交往的主导。相比之下，国家意识和边界意识，以及具体的边防边检和其他边境管理机构，对跨境民族成员来说只是作为外在的规定性仅仅是就地理空间格局的划分而言的，从政治性和民族性上来看，并没有对他们造成更为深刻的规约和影响，毕竟在国境线和边界线没有明确划定之前，这些民族成员大都生活在同一区域范围以内，跨境民族成员对日常的跨境流动行为，更多持有的是理所当然的心态，因此，跨境民族的内在共通性，自然而然地造就了跨境民族成员跨境流动行为的必然性。

国家间跨境民族群体的同根同源，包含着跨境民族思想文化特性的趋同，所以人文宗教活动成为维系民族存在和民族生活的重要外在形式，这不仅仅是形成人员跨境流动现象的动因，更是跨境民族成员灵魂共鸣性的体现。现今，沿边开放地区的人文宗教跨境流动主要分为沿边开放地区民族群众以欢度共同节日为目的跨境流动和以相同宗教信仰所形成的跨境交流和集会为目的跨境流动现象。

跨境民族文化共通性的最佳表现形式，不外乎是对共有民族节日

第二章　沿边开放地区外籍流动人口的形成原因

的积极响应，这在中缅边境许多地区的跨境民族群体中都有鲜明体现。为庆祝布朗族一年中最为隆盛大而重要的节日——桑衎节，西双版纳州勐海县政府自2006年以来每年4月都要主持举办相应的民族文化节日，并积极联合下属各乡镇轮流举办"布朗弹唱"邀请赛，其间会邀请缅甸景康县地区的布朗族群众一道参与到活动当中，共同欢度佳节，同时，景康布朗族群众也会积极回应并邀请勐海各乡镇的布朗族群众共同联欢，交流互动非常密切。[①] 在临沧市沧源县，佤族人民会于每年五月的第一天举办"摸尼黑"狂欢节，节日当天，国家间境内的佤族民众会穿越国境线共同欢度佳节。怒江州独龙江地区的独龙族民众，也会于盛大民族节日来临之际，邀约缅甸日旺族（独龙族）同胞共同加入民族节日庆典中载歌载舞、祈祷祝福。沿边开放地区跨境民族的节日活动，不仅体现出其文化的同气连枝，更是中缅之间"胞波"[②] 友谊的良好证明。

除人文庆典活动之外，宗教活动也是形成沿边开放地区外籍流动人口的重要因素。作为典型的小乘佛教国家，缅甸的佛教信仰人数占全国人口的80%，然而，由于英国殖民者和其他因素的影响，缅甸尤其是边境地区有很多信仰基督教的少数民族群体。事实上，英国殖民者和其他西方国家的传教人员不仅仅只在缅甸地区传教，他们往往会跨越边境线，在中国境内向当地民众传教，导致许多边境地区少数民族群众都信奉基督教和天主教，这在怒江、保山、临沧、德宏、西双版纳等地都有比较明显的表现。以怒江州贡山县独龙江乡为例，由于缅甸受西方殖民者的西化影响，缅甸边境地区的日旺族绝大多数民众都信仰基督教，其影响力很快便传到贡山县独龙江地区并进一步蔓延开来，所以沿边开放地区的独龙族群众绝大部分都成了基督教信仰者。虽然自新中国成立前夕至20世纪80年代中期，独龙江地区由于政治因素影响，信奉基督教的民众数量及所在区位皆有所变化，但不可否认的是，宗教已经伴随着少数民族的社会历史发展步伐，充分融

[①] 黄彩文、黄昕莹：《沿边开放地区布朗族的宗教文化交流与国家安全》，《大理学院学报》2014年，第22页。

[②] "胞波"为缅语，即"语言和风俗以及血统都相同的兄弟关系"之意。

入少数民族群众的日常生活当中,其作用和意义对于少数民族群众而言非常重要。因此从这个意义上看,宗教对于边境地区社会而言,已经不仅是一种文化现象,而是归属于当地社会的意识形态范畴,很大意义上作用于边境地区民众自我观念、思维方式和价值倾向等要素的形成和发展,并形成认同意识。正是对同一种宗教的认同和信仰,使国家间人民形成了更多相互交流与互动的契机,无论是官方组织的宗教文化交流,还是民间自发组织的宗教集会活动,都在很大程度上促成了沿边开放地区外籍流动人口现象的产生。

五 婚姻挤压

随着边境地区开放步伐的加快,边境地区居民的跨境流动现象越发频繁,除了先前谈到的以商贸、务工、跨境民族和人文宗教活动等跨境动机之外,以跨境婚姻为目的的外籍流动人口现象也值得关注和思考。边境地区的跨境婚姻现象由来已久,尤其是自中国改革开放以来,边境地区的跨境婚姻数量急剧攀升,而且多以东南亚和南亚地区女性嫁入中国境内的状况为主。跨境婚姻数量的增加态势一直持续至今,已经有向云南省内部地区甚至中国其他省市地区不断蔓延和扩展的趋势。其实,就全国状况来看,周边国家和地区女性嫁入中国境内的"一边倒"状况较为普遍,只是由于区位和经济发展状况等因素的影响,不同地区的跨境婚姻状况也会存在从形式到影响上的区别。

就沿边开放地区来看,跨境婚姻现象非常普遍,这是基于国家间邦交和边境社会具体状况在内的诸多因素相互交织所产生的社会现象,是具有明显特殊性的人口迁移动态机制作用下的结果。因此,跨境婚姻现象的产生有其必然性与合理性,对边境地区的社会安定与发展有着不可忽视的作用。然而,许多研究者也同时看到,由于边境地区的跨境婚姻基本上都以事实婚姻(注:未经结婚登记机关登记即以夫妻名义同居生活的事实)为主,当这种事实婚姻的规模和数量持续扩大,必将带来许多现实或潜在的社会风险和不稳定因素,同时不断增加基层政府对边境地区治理和管控的压力与成本。当然,需要进一步思考的是,究竟是哪些因素促成沿边开放地区跨境婚姻这一人口流动类型的产生，其具体的动力机制是什么。

首先，中国和缅甸国家间的社会经济发展落差是导致沿边开放地区跨境婚姻现象，尤其是"一边倒"现象的首要原因。虽然中缅双方在新的国家和政权建立起来之前，各自都经历过极为坎坷的历史时期，但是中国自改革开放以来，整个国家的面貌发生了翻天覆地的剧变，社会经济发展和人民生活水平得到全面改善。根据调查，2017年，保山市城镇常住居民人均可支配收入为30164元，农村常住居民人居可支配收入为10321元。[①] 德宏州城镇常住居民人均可支配收入为27013元，农村常住居民人均可支配收入为9464元。[②] 由此来看，中国边境地区城乡居民的生活水平已经呈现出非常良好的态势，但是，在中缅边境线的另一边，仅从城乡的外在面貌便能发现其与中国地区社会经济发展的明显不同。缅甸自然环境非常优渥，但经济发展程度较低，直到现在，联合国都将缅甸归入全球最不发达国家之列。

1988年8月8日的缅甸民主运动，使缅甸政府与社会之间的矛盾不断加剧，由于军事政变对社会的镇压，以及其后军政府的强势执政，尤其是对学生群体和民众所采取的强硬行为，导致国际社会的普遍争议，并使西方国家对缅甸延续着严厉的经济制裁。在经济发展始终受到制约和影响的情况下，边境地区缅甸女性的生活条件不可避免地次于嫁到中国后的生活条件。况且，涉及跨境婚姻的缅甸女性，其家中一般都会有姊妹，少则2—3个，多的可能会达8—9个，由于家中长女或其他年长的适婚女性为了承担养家糊口的重任，所以她们往往会到中国边境地区务工，并结识当地的未婚男性与之成婚，当然也有一部分是通过其他亲缘关系与中国男性相介绍认识而嫁到中国。到中国生活的缅甸女性，往往会对当地的生活条件以及社会状况有亲身体验和了解，虽然这种婚姻迁移方式，尤其是许多跨境事实婚姻往往会面临一定风险和中方法律追责等后续问题，但是就生活环境和条件

[①] 数据来源于保山经济网，http://finance.jiulongw.cn/heb/85162.html?security_verify_data=313932302c31303830。

[②] 数据来源于德宏州政府网，http://www.dh.gov.cn/Web/_F0_0_046TUJXLX139R0N1KU7K14ZVL6.htm。

的相对改善以及可以预期到的收益对缅甸女性自身及其家庭而言，其实惠都是显而易见的。

其次，缅甸经济发展落后的动因还在于缅甸国内政治局势的不稳定，由于缅甸中央与各少数民族地方武装势力之间长期的武装对峙，缅甸边境地带控制与反控制之间的拉锯和斗争始终制约着缅甸社会经济的发展。正是出于对和平、稳定和脱贫的向往，缅甸边境地区广大妇女纷纷选择通过嫁到中国来改变先前贫穷和动荡的生活面貌，因此，通过婚姻流动和迁移至国外，改变当前自身的生活状况便成为她们最为必然和直接性的选择。

因此，中国和缅甸国家间的社会经济发展落差所形成的差异动力机制是导致沿边开放地区以婚姻为方式的跨境流动趋势产生和发展的重要因素。需要进一步关注的是，由于"一边倒"式的跨境婚姻是以缅方女性流入中国边境地区为主，那么从边境地区人口因素来看，大规模的女性流入态势恰好迎合了边境地区的性别占比和婚配状况需求。中国内陆地区当中部分发展相对滞后的区域，因为男性数量远高于女性，导致许多婚育适龄男子未能在当地寻求到合适的伴侣，而不得不到沿边开放地区和缅甸跨境妇女婚配，这种由内陆向边疆地区传递和蔓延的态势，正是男女比例失衡所引发的"婚姻挤压"现象，也进一步鼓励沿边开放地区的外籍妇女流动至中国境内进行婚配的行为不断产生。

另外，导致中缅边境跨境婚姻现象产生的动因，还在于边境地区社会、历史、文化传统的渗透和影响。沿边开放地区有多个少数民族跨境而居，无论族群主体在中国还是在缅甸，族群成员对于本民族都始终秉持着很强的归属感和认同性，国家和边界只能作为外在的政治规约，而并没有阻隔两境民族同胞共有的民族语言、民族习俗、民族心理和民族信仰。正是以鲜明的民族共有属性为基础和出发点，使生活在中缅边境两边的跨境民族成员始终保持很强的民族团结和民族传承意识，也促进了中缅跨境民族内部持续绵长的通婚传统和姻亲纽带关系。这种关系的维系和传递并没有因为中华人民共和国成立后国家间边界的明确划定和民族识别工作的开展而受到影响。即使受到公民的国籍身份差别和领土划定所形成的阻隔，跨境民族的族群意识也始终没有改变。加之改革开放以来，随着沿边开放地区开放性的不断增强，民族经济和文化交流也得到了进一步提升，包括双边跨境民族群体积极响应地方政府和管理部门所组织开展的跨境民族传统文化交流活动，致使跨境民族更进一步维系其民族生活，并为跨境婚姻的促成提供了良好的空间与平台。

六 教育环境差异

就沿边开放地区的外籍流动人口现象来讲，除了商贸、务工、人文宗教活动和婚姻等跨境因素，跨境教育也是导致跨境流动的重要原因。中缅国家间各领域的交流与合作正持续迈向深入，其中也包括教育方面。自改革开放以来，中国的经济实力不断攀升，尤其是在社会主义市场经济体制的持续完善和推进下，2010年中国的GDP已经达到7.2万亿美元，成为世界第二大经济体，也是目前为止全世界发展速度最快的经济大国，2018年中国的GDP已经达到13.6万亿美元。尽管就客观来看，2018年中国的人均GDP达到9724美元，居世界中等水平，也同时面临着社会贫富差距和资源短缺等问题和挑战，但就中国的总体发展水平而言是远超缅甸的。并且，在社会主义现代化建设的发展背景下，同时在对历史经验教训的不断总结和学习过程当中，党和国家明确指明了高质量发展、科教兴国和人才强国的发展战略。正是由于党中央和国家的高度重视以及在政治、经济和社会等方面的全面性大力支持和对教育的大力投入，中国的教育质量始终位于世界前列。

相比之下，中国无论是从对教育投入的力度还是规模来看，都是缅甸所不能企及的。据缅甸公共账目联合委员会的数据显示，2019—2020财年，教育领域的财政预算金额预计将增加至4600亿缅币（折合人民币约23亿元）。为增加对教育、医疗与社会保障方面的财政投入，2018—2019财年进行了改革。按照相关预估数据，2019—2020财年时，该领域的财政预算计划从22520亿缅币，增加至27120亿缅币（折合人民币129亿元）。① 虽然从总投入上来看，较往年已经有一定提高，然而缅甸全国范围内的总体教育投入和教育水平层次依然较低。相较而言，中国教育发展始终呈稳步而迅速的趋势，且普及至包括义务教育、高等教育、职业教育在内的各层次和各领域的扩展和延伸。教育部、国家统计局、财政部近日发布了2018年全国教育经费执行情况统计公告。公告显示，2018年全国教育经费总投入为46143.00亿元人民币，比上年的42562.01亿元增长8.41%。国家财政性教育经费为36995.77亿元，比上年的34207.75亿元增长8.15%，占GDP比例为4.11%。这是自2012年首次超过4%以来连续七年保持在4%以上，4%成果进一步巩固。全国一般公共预算教育经费为31992.73亿元，比上年的29919.78亿元增长6.93%；全国一般公共预算教育经费占一般公共预算支出220904.13亿元的比例为14.48%，比上年的14.73%降低了0.25个百分点。②

目前为止，中国城乡范围内已经实现对青少年九年义务教育的全面普及，中等职业教育免学费政策已经进一步延伸至农村学生群体。同时，针对家庭经济状况较为困难的学生，国家也在不断发展和完善相应的奖助学体系。自20世纪90年代以来，沿边开放地区就已经出现了外籍学生外流到境外读书和学习的情况，基于这一现状，云南省民族事务委员会、云南省政府提议、云南省教育厅和财政厅联合制订并出台了《云南省边境沿线行政村以下小学学生免费教育试行办法》，对所涉及地区村委会以下的小学学生实施课本费、杂费和文具费等费用的免除，即"三免费"教育。2005年，将"三免费"与免除课本费、杂费同时补助寄宿学生生活费的"两免一补"政策相对接。边境地区教育优待政策的实施与开展，不但为中国国籍的跨境民族学生减轻了负担，也惠及边境地区的许多缅甸籍学生。中国根据边境地区实际需求对教育政策所做出的优化和调整，进一步促进了沿边

---

① 数据来源于缅甸中文网，https：//baijiahao.baidu.com/s? id=1643165428060621667&wfr=spider&for=pc。

② 数据来源于：《2018年全国教育经费执行情况统计公告发布》，http：//www.moe.gov.cn/jyb_xwfb/gzdt_gzdt/s5987/201910/t20191016_403829.html。

开放地区跨境教育流动现象的出现。

随着国家间经济文化交流与合作的开展，沿边开放地区口岸开放力度持续扩大，不断激发了外籍学生来华接受教育的决心和动力。由于中国在缅甸以及东南亚和南亚等其他国家和地区的国际影响力的显著提高，汉语在东南亚国家经济文化交流中的实际作用也越发突出。在沿边开放地区，汉语已经成为非常重要的商业交流用语，许多外籍商人都操有一口流利的中文，而跨境务工人员当中，能以中文交流的员工也比其他员工的薪酬待遇更为丰厚。正因为意识到学习汉语所带来的优势，许多缅甸家庭都鼓励孩子到中国接受教育，尤其是经商者，更注重对自己和子女的汉语交流能力的培养，这不仅为生意的经营和市场的拓宽提供便利，也为孩子今后的发展奠定基础。因此可以看出，沿边开放地区跨境教育流动现象的出现，既是国际形势与环境发展的必然结果，也是缅甸边境地区民众生存发展要求的切实体现。

七 缅方边境政治局势的不稳定

在沿边开放地区，缅甸难民一直以来都是外籍流动人口当中不可忽视的特殊群体。前面谈道，中缅边境的外籍流动人口现象，是包括经济、政治、民族、宗教、婚姻、教育等问题在内的多元综合性因素共同作用的结果，因此，缅甸国内政治局势的不稳定，也进一步导致边境地区缅甸难民的产生以及向外流动的局面。从国际法的视角来理解，难民泛指"因自然灾害、战争、大规模内乱和各种政治迫害等原因被迫逃离本国或经常居住国而流亡到其他国家的人员"[1] 自摆脱殖民统治实现独立以来，缅甸国内始终充斥着民族矛盾和族际冲突，政府与地方之间乃至地方各民族之间的矛盾与隔阂几乎一直伴随着缅甸的社会发展进程。正是由于缅甸国内局势动荡不稳所带来的负面效应，使缅甸方面大批民众为了躲避战乱而涌入中国境内，所以导致沿边开放地区的缅甸难民问题非常严峻。

---

[1] 周洪均：《国际法》，中国政法大学出版社1999年版，第133页。

由于沿边开放地区地理环境便利，没有天然屏障阻隔，因此形成的小道和便道不计其数，为边境地区民众的出入提供了便捷性。但凡缅甸国内，尤其是边境地区发生交火和冲突事件，缅甸民众就总是会大规模涌入沿边开放地区和中国境内。在这些难民当中，绝大部分并不具有合法的出入境证件，也很难通过合法的出入境手续进入中国境内，只能以规模不等的群体通过渡口和便道非法入境，尽管出于人道主义精神，缅甸难民基本上都会得到中方的妥善安置，但是缅甸国内局势所造成的外籍人口非法跨境问题，也为云南境内的沿边开放地区社会管控与治理增添了非常大的压力。

第三节 沿边开放地区外籍流动人口形成的要素分析

沿边开放地区外籍流动人口现象证明了该社会现象的内在辩证性与复杂性。因为与通常意义上的人口流动相比，人口的跨境流动在地理空间上跨越了某两个甚至多个主权国家的边境线，所以该现象也必然牵涉国家间的经济、政治、民族、文化、宗教以及其他社会问题。中国沿边开放地区民众的跨境流动行为是自然性与人文性相统一的国际社会活动，在便利的地理区位条件与深厚的民族历史文化渊源共同作用下，国家间边境地区民众往来所呈现出的纷繁复杂的边境社会现象不自觉地折射出沿边开放地区独特的社会发展问题，同时也显现其内在的生成逻辑。

一 共性要素：地缘环境、双边关系与国家安全

由于涉及地理空间位移的群体性活动，因此人口的跨境流动必然与对流动距离和目的地等现实因素的选择密切相关。正是出于对时间和空间等流动成本与实际收益性以及地区文化相似程度等方面的考虑，跨境流动群体往往更倾向于向与自己原先所在地区位置更为接近的地方流动，所以一定地缘环境范围内人群相互流动往来的可能性最大。自民族国家建立以来，人口跨境流动涉及的问题便逐渐倾向化为

◆ 第二章 沿边开放地区外籍流动人口的形成原因 ◆

更具国家性和世界性的跨国界问题，介此，人口跨境流动的现代属性已经赋予了超越其本身的更为广泛的地理格局与多元性内涵，也增添了更为浓厚的地缘政治色彩。

与一切跨境流动或移民现象相同，沿边开放地区外籍流动人口现象所具有的跨国界特性决定了其不仅仅是中国或邻国某一方自身的内部问题，而是涉及国家间以及相应边界地区的国际与社会问题，一旦有矛盾产生或被激化，不仅国家间边境地区民众生活和社会发展会受到影响，对国家间长远友好关系的建构与维持也极为不利。不可否认，大规模流动人口的活动必将对中国边境地区的经济、政治、文化、安全等领域产生冲击，直接影响边境地区的社会生态，从而进一步影响边境地区治理的政策设计。安全问题一直是国际社会关注的重点，其态势与国家的稳定和发展息息相关，因此，无论是沿边开放地区治理，还是国家间关系的发展和完善，对国家主权和安全的保障都是首要前提。沿边开放地区外籍流动人口与安全问题的探讨涉及许多极其复杂和敏感的因素。就当下学术领域对国家安全问题的思考来看，传统安全（军事、政治、外交等领域）和非传统安全（网络、公共卫生、恐怖主义、跨国犯罪、自然灾害、核问题等领域）的明确区分，不仅使国家安全的内涵不断丰富和具体化，也使人们对中缅国家间人口跨境流动问题的解读从传统意义上的政治和外交领域向经济发展、民族关系、宗教问题、公共卫生、违法犯罪和国家安全等领域拓展与延伸。客观来讲，安全问题内在属性的多元化，是对当前国际关系格局和世界总体发展趋势的有效适应，也因此进一步扩充了对人口跨境流动问题探讨的全面性和深入性，在传统地缘政治关系维系和国家安全保障的基础上，实现对外籍流动人口问题的多角度审视。

具体而言，人口的跨境流动对国家安全的影响涉及多个领域，包括对人口流出国的影响、对人口流入国的影响，对双边文化的影响，对边境地区乃至国家间经济与社会发展的影响以及政治和外交等其他影响，以往学者们针对移民问题就有类似的探讨，"移民通过对输入国经济安全、社会安全和政治安全的作用来影响国家安全"[①]。就现实状况来看,外籍流动人口对国家安全的影响特别复杂,据前文梳理来看,外籍流动人口既可以对中国边境地区的社会安全与发展产生积极效应,也可能带来许多负面影响。就世界范围内的情况而言,许多牵涉人口跨国际流动或者移民问题的国家,其相应的人口流动历史发展轨迹都显现出吸收流动人口或移民与限制流动人口或移民交替发生的状况,这些状况的转化和变更完全是随国家间经济和社会的实际发展态势而决定的,当一些人口流入国处于自身发展情况相对较好的时期,这些国家就更倾向于加大开放力度来接纳流动人群,而流动人群对于流入国经济发展和劳动力市场的进一步充实产生了诸多正向的现实意义。

但是,如果人口流出国或流入国自身正经历社会经济发展低迷的时期,各式各样的现实矛盾很可能会转而指向流动人口群体,许多流动人口或移民对当地或该国造成威胁的论断便会产生,并逐步掌控社会舆论导向,继而对许多牵涉流动人口或移民问题的政治决策产生直接影响。值得注意的是,与一般性的外籍流动人口现象不同,由于移民现象具有跨区域位置变更后的稳定性特点,即所涉人员群体在移民后多半会定居于迁入国。况且,移民对迁移人群自身的要求较高,除具备对迁入国语言的掌握以及文化的了解与认同以外,还要具备一定的经济实力,才能很好地在迁入国生活和发展。因此,许多从发展状况相对落后的国家向发达国家和地区移民的情况,对发达国家而言是有益处的,因为大多数移民群体往往都是在流出国拥有相当财富、学历、技术或地位的人,简单来讲,流入发达国家的移民构成往往都是来自迁出国的精英阶层。从这一点上看,作为全世界最大移民现象受益国的美国便是很好的例子,"美国一直以自己丰富的移民遗产为自豪,移民对美国的经济建设和文化多元化做出了巨大的贡献"[②]。然

[①] 田源:《全球化时代的移民与国家安全:风险评估及其控制》,《武警学院学报》2008 年第 11 期,第 7 页。

[②] 鸿鸣:《当代中国入境非法移民问题研究》,博士学位论文,西北师范大学,2011 年,第 125 页。

而当面临经济危机或其他各种发展问题时，欧美等移民迁入国又会在针对移民群体的态度上发生消极变化，产生一系列针对移民行为的严控政策。

与移民状况具有显著差异的是，人口的跨境流动具有更加鲜明的非稳固性特征，也就是说，外籍流动人口在流入地区的滞留周期更短，变动性更为明显。不像欧美国家移民对迁移人群从经济、政治、文化和教育等多方面的要求，跨境流动的实际"门槛"较低，而且不同于移民群体在当地生活发展的长期目标，跨境流动人群的活动动机往往只注重于短期利益目标和机遇，因此人员往来的流动性和随意性较大，所牵涉的人员群体不仅规模庞大，且背景更为复杂。复杂的人员构成必然与许多复杂的现实问题相关联，所以"三非"人员一直被看作边境地区社会安全威胁的主要来源，而"三非"人员和边境地区各类跨国违法犯罪案件之间的密切联系也早已是不争的事实。

因此，人口跨境流动既可能成为改善和强化人员流出国和流入国之间关系发展的重要因素，也可能因为缺乏有效管制的庞大跨境群体的肆意活动而对流入国的边境社会安定秩序乃至国家安全造成巨大威胁，甚至影响流入国与流出国双边关系的发展走向。从这一点上来看，不论是积极效应还是消极效应，外籍流动人口对地缘安全的影响都具有明确的现实作用。从这个意义上讲，外籍流动人口问题的产生，一定是以地缘因素的考虑和选择为基础，并逐渐演化至对双边政治关系和国家安全关切的逻辑脉络。

二　差异性要素：经济基础、社会环境与国家政治建构模式

沿边开放地区人口跨境流动及其问题的产生，除了地缘、双边关系和国家安全等共性逻辑生成因素以外，国家间经济基础、社会环境和政治态势等差异性逻辑因素也是产生人口跨境流动问题的重点。从经济基础角度来看，当前对国家和地区经济状况的考量已经成为国际关系和地缘政治研究的重要方面，虽然国际环境的总体态势较为稳定，但国家发展与国家间关系建立所牵涉的因素却更为繁杂，当然国家与地区间各类合作和竞争往往都离不开综合国力的支撑，其中经济

因素更是最为基本的决定性因素。作为当前各国国际战略、区域经济和文化发展战略的重要部署依据,地缘经济成为在一定区域范围内经济发展内部因素与外部条件互动机制中发挥着根本性作用的生产综合体。由于地理因素以及其他经济要素的影响,相邻的两个或多个国家之间最有形成经济一体化合作趋势的可能,以此不断鼓励众多跨国和跨境商业行为的产生,并形成众多不同规模的经济发展实体。从这个角度来看,由于相邻国家和地区各种经济发展因素分布相对集中,因此往来经济实体之间建立牢固而紧密的关系,互动机制较为成熟,依赖程度较高,逐渐形成协同发展的潜在能力。

然而,需要注意的是,因为参与合作的各类经济实体自身所处的国家发展环境以及综合实力存在必然的差异性,所以经济发展状况的差距也不可避免。就此而言,人口跨境流动行为产生的根本性动因正是源于对人口流入国和流出国双边经济发展差异性的比较。拉文斯坦的"推拉"理论、拉里·萨斯塔和迈克尔·托达洛的新古典主义经济理论以及奥迪·斯塔克和爱德华·泰勒的新经济移民理论当中都从不同角度阐释了国家间经济发展差异导致的人口流动和迁移现象。其中,拉文斯坦特别强调人口流动迁移所具有的"发达地区趋向性",认为工商业的发展程度高,成为人口迁移的重要"吸引力"之一。新古典主义经济理论指出,人口的迁移或流动取决于人们对该行为付出与收益的比较和考虑,当预期所得明显超出所付出的成本或代价时,人口的迁移或流动行为就会产生,所以经济条件较好且收入水平较高的地区往往会成为人们流动或迁移的首选。此外,经济发展差异性所导致的民众心理变化也会成为跨境流动或迁移的重要因素,这一点在新经济移民当中便有了重点论述。经济的差距对于不同人而言意义也不同,但两地经济发展的绝对差距并非引发人口跨境流动或迁移行为的主要动因,而是基于同参照群体比较后可能产生的心理层面的"相对失落感",也就是所谓的"不患寡而患不均"。

在社会发展相对迟缓时,人们比较容易安于现状;当社会发生急剧变动时,"人们习惯于在自己熟悉的人中选择那些原先自身条件不如己、可现在处境却比自己好的人作为参照系,强烈的'失落感'

◆ 第二章 沿边开放地区外籍流动人口的形成原因 ◆

油然而生，成为出走他乡、寻求社会地位提升的动力"[①]。因此从这些依据上看，人口流出国与流入国之间的经济环境差异与收入状况差距是形成外籍流动人口现象的根本原因所在，虽然各种理论观点仅仅是就特定历史时期社会现象的一般性归纳为基础，不能形成全然的代表性，但确实提供了跨境流动现象逻辑生成因素的重要依据。就沿边开放地区的外籍流动人口现象而言，根据许多文献资料的反映以及笔者调研的亲身感受来看，经济发展因素确实导致大量外籍人员跨境行为的产生。许多外籍在华务工人员由于充分意识到相比于自己国家而言，中国地区用工单位所能给予他们的可观报酬，国家间薪酬所形成的强烈对比，恰恰是形成许多边民跨境流动至我国边境地区务工的重要原因。并且在案例中，缅甸境内少数民族种类极为繁杂，各民族间关系并不十分融洽，且不同民族群众之间的攀比行为非常突出，他们往往会争相到其他国家寻找更好的工作机会，以求经济实力与社会地位的提升来体现自我和本民族在当地的优越性，这恰恰成为许多外籍人员选择跨境流动的内在动因。

一个国家的经济基础状况，对整个社会环境和面貌有着直接的影响，因此，两国在就业、教育和医疗等社会公共服务乃至公共安全服务领域的发展差距是沿边开放地区外籍流动人口现象及问题产生的又一直接因素。虽然案例中近年来缅甸的经济发展取得了一定成就，但是和中国相比还存在着显著的差距。自近代以来，由于国际环境和自身发展状况的桎梏，中国曾是世界上最大的廉价劳动力输出国，在战乱和殖民侵略等因素的干涉下，当时的中国劳工遍布世界各地。而在改革开放以后，中国经济的发展速度举世瞩目，在广阔的市场需求和发展机遇多样化的时代，中国本土的劳动力已经不再廉价，即使在西南边境地区，许多中国的劳务人员已经很少从事简单、枯燥且辛苦的低端工作，反而对单位的管理制度、工作环境、薪资待遇和发展前景等因素提出要求，尽管当地用人单位也根据现实需求对工作的条件和待遇进行了进一步调整，但是这些改变往往并不能满足求职人员的主

---

① 位秀平、杨磊：《国际移民理论综述》，《黑河学刊》2014 年，第 4 页。

观愿望，因此边境地区出现了劳动力空缺，而外籍劳动者的介入很好地解决了这一问题。沿边开放地区大量外籍劳务人员的涌入，有其内在的产生机制。自20世纪90年代以来，由于缅甸政府以及联合国不断加大对缅甸境内毒品问题的肃清力度，尤其对与罂粟和其他制毒原材料有关的农业项目实施大规模禁止，农业生产受到有力整顿，因此一大批劳务人员失去了生产和生活来源。并且由于近年来中国边境地区经济发展态势良好，就业前景广阔，劳务所得较为丰厚，因此许多缅甸务工人员跨境至中国地区找工作。

外籍劳务人员普遍集中于劳动密集型行业，从事技术含量相对不高的或是以体力劳动为主的工作项目，所以整体的收入水平也普遍偏低，大多集中于800—1000元人民币这一区间，但这对于他们来说已经非常丰厚，在缅甸境内，其收入通常只能达到这个水平的一半。在边境农村地区，缅甸人常常会靠协助中国农民做农活获得报酬，同样的农务雇用中国本地人往往60—80元都未必有人愿意做，而仅仅30元左右便能雇用外籍劳务人员。中缅边境特殊的劳务现象在迈克尔·皮奥雷的市场分割理论当中有着相应的解释，该理论以分析发展状况相对较好的市场结构为逻辑起点，并进一步探讨人口跨境流动和迁移的起源问题。当前，经济发展状况良好的国家和地区已经逐渐形成劳动力需求市场的"分割"，上层市场提供的是高收益、高保障、环境舒适的工作，边境地区大量出走和外流到东部沿海经济发达地区务工，谋求的正是更高层次的市场供给机遇，而边境地区由于处于国内经济发展的末梢，其市场供给倾向于许多收益较低、保障不完善、环境相对恶劣的工作。出于更高层次的发展需要，中国边境地区民众不愿意进入下层市场，所以需要许多发展层次更低的国家和地区的外籍群体来填补劳务空缺，这便是中缅双边社会现状差异性所导致的人口跨境流动。

除了就业待遇与环境外，国家间教育投入和教育水平的差距也是形成大批外籍流动人口的重要社会动因。作为人类最基本也是最重要的生活和发展方式，教育不仅作用于个人的知识传播与人格塑造，也是社会发展和人类文明传承的主要方式，对个人、民族、国家乃至世

◆ 第二章 沿边开放地区外籍流动人口的形成原因 ◆

界的影响都极为深刻。自新中国成立以来，党和政府始终重视并致力于对国民教育的投入，向着教育大国和教育强国的目标不断靠近。就2013年数据来看，中国教育经费总投入为30364.72亿元人民币，比上年的27695.97亿元增长9.64%。其中，国家财政性教育经费（主要包括公共财政预算教育经费，各级政府征收用于教育的税费，企业办学中的企业拨款，校办产业和社会服务收入用于教育的经费等）为24488.22亿元，比上年的22236.23亿元增长10.13%。[①] 相比之下，由于经济发展、政治局势等因素的限制，缅甸的教育发展程度和投入程度都相对滞后。而在案例中，就2012年到2013年来看，缅甸用于教育的经费支出为6170亿缅元（折合约45亿元人民币），较上年增长了0.78%。[②] 由此来看，即使数据上有一定提升，但是仍强烈地反映出缅甸国内教育投入和水平与中国之间的巨大差距。尽管就近年来看，缅甸基础教育级别的学校数量有了稳固增长：2016年，缅甸境内基础教育类学校共计46007所，其中高中学校3832所，初中学校14304所，小学27871所；2017年共计46494所，其中高中学校4002所，初中学校15103所，小学27389所；2018年共计47031所，其中高中学校4592所，初中学校15517所，小学26922所。[③] 从数据上看，缅甸基础教育类学校的总体数量在逐年上升，但是也存在部分学校，尤其是小学出现因办学资金不足而合并和关停等情况。正是由于总体教育状况的持续低迷，直接造成大批各年龄层次的缅甸学生跨境至中国边境地区读书的状况。

当前，随着全球化趋势的不断蔓延，商品、资本、信息的国际流动越发频繁，这必然推动着国际性的人口流动现象的不断产生。在全球化浪潮的积极带动下，许多发展中国家民众除了在经济领域紧跟趋势的意识不断增强以外，在教育问题上也积极转变观念，他们认为对子女后代教育层次的提升，不仅对于个人今后的长远发展有不可替代

[①] 中华人民共和国教育部网站数据，http://www.moe.gov.cn/srcsite/A05/s3040/201410/t20141031_178035.html。

[②] 黄锐：《西南边境跨界人口流动研究》，《中央民族大学出版社》2016年，第120页。

[③] 缅华网数据，http://www.mhwmm.com/Ch/NewsView.asp?ID=37341。

的积极意义，而且从国家层面上来看，也是社会人力资源质量的提升，从而为国家输送高端型人才，促使科学技术和经济的长足发展，而这一切的生成前提在于必须掌握良好的教育资源。缅甸的社会历史发展状况异常艰辛曲折，曾经遭受的殖民统治极大地干扰了其自主发展的节奏。其后，由于军政府上台后带来的一系列铁腕和封闭的政策和治理措施，以及西方国家的经济制裁，直接导致缅甸在全球发展格局中的滞后性。随着中缅国家间各领域交往的日益密切，尤其是商贸和旅游往来程度的不断加深，越来越多的缅甸民众在感到学习中文重要性的同时，也深切感到中国教育领域的显著优势，他们越发渴望借助中国更为优秀的教育资源和完善的教育体系来为自己的家庭、社会和国家培养高层次人才。因此，沿边开放地区以教育为目的的跨境流动现象日趋频繁，且规模持续扩大，在为边境地区教育注入活力的同时，也带来当地学校和教育机构办学压力以及管理困难等种种问题。由此看出，教育领域所显现出的社会环境差异性，成为中缅边境民众跨境流动及相关问题出现的重要诱因。

　　环境的差异性因素还体现在公共卫生服务体系的发展和完善方面。对一个国家医疗卫生总体水平的评估，涉及对该国医疗卫生所涉及的人力资源、资金筹集、信息系统、服务覆盖等多方面的考量。中缅边境公共卫生服务体系发展的差异，并不代表中国边境地区的公共卫生服务建设已经很大程度领先于缅甸；正相反，中国边境地区的公共医疗服务也面临着许多复杂而严峻的挑战。沿边开放地区由于特殊的地理环境和气候以及复杂的社会环境，成为各类传染疾病的"重灾区"。由于吸毒和卖淫等社会乱象的屡禁不止，加之当地民众和跨境群体缺乏必要的卫生习惯与意识、对疾病的预防和控制意识以及积极正确的治疗态度，直接导致当地艾滋病和其他高危传染性疾病的传播与蔓延。虽然中国边境地区的传染病防控和相应的卫生服务体系经历了较长的发展时期，但近年也逐渐暴露出许多问题。

　　在疾病预警和应急方面，中缅边境尤其是山区由于地理区位的特殊性和复杂性，交通相对闭塞，信息整合与传输受阻，加之人员配备和卫生服务机构欠缺，一旦发生较大规模的疫情，势必无法在第一时间得到有效的疫情应急和控制，为应急处置和管理带来极大挑战。同时，由于传染病防控工作涉及区域较广，多部门联合防控将是必然趋势，但是，部门内部的条块分割机制从一定程度上制约了部门自身工作效能与合力的形成，加之部门之间缺乏有效的沟通与协调，要实现多部门的有效参与和联合整治还存在一定问题。另外就是边境地区卫生医疗服务普及与覆盖程度参差不齐，尤其是各辖区和居住地跨境婚姻群体所接受与艾滋病有关的公共卫生服务情况差异显著，并且总体上呈服务水平较低的态势，这也从很大程度上制约了传染病预防和控制的力度。

缅甸境内针对各类传染病的防控和整治也面临着各种问题。东南亚气候炎热湿润，蚊蝇肆虐，且缅甸民众对卫生和蚊虫的防控意识不到位，以及公共医疗卫生服务发展层次较低，因此缅甸境内疟疾和登革热等虫媒传染病问题的严峻性不言而喻，其影响的恶劣程度不亚于艾滋病。缅甸农业化程度较高，全国近70%的人口都居住在农村地区，虽然缅甸政府始终重视对农村医疗卫生服务体系的建设，然而实际状况依然不容乐观。缅甸地方性分裂倾向的严重性使省邦之间疾病防控和卫生联合整治无法实现，加之政府治理在实际治理过程中的渗透性不足，直接导致省邦和城乡公共卫生服务水平差异性的显现。在公共卫生服务发展水平较低的地区，卫生服务的供给明显不足。在缅甸，由于复杂的社会政治环境，政府无法做到对卫生服务供给的"一手包办"，在部分地区，除了政府派遣的卫生防疫人员和卫生服务机构外，一些地方性的非官方组织，包括各个社区、各少数民族领地、各医疗慈善机构等都会不同程度地提供医疗卫生服务，而由于区位和医疗资源等因素的限制与影响，各机构和组织针对各地区提供交叉服务的现象也时有发生。例如在一些类似暂时休战区域或是少数民族聚集区等相对敏感的地带，政府往往不会直接介入当地的医疗卫生服务和管理当中，而是通过提供必要的卫生医疗资源，并由这些非官方组织出面来进行服务供给。这种交叉式的服务供给带来的最显著问题就是对地区之间卫生服务的实际效果无法建立规范而统一的标准，服务质量以及覆盖范围存在纰漏，可能出现重复服务或服务遗漏等现象。尤其是在缅甸边境这类少数民族众多、战乱频发、治理薄弱的地区，卫生公共服务的类似问题更有可能出现。随着以各种原因穿梭于中缅边境流动人口规模的不断扩大以及人员构成的纷繁复杂，传染性疾病的预防和控制难度也更加显著。

国家间政治局势的差异性也是导致边境外籍流动人口现象和问题产生的逻辑因素。笔者认为，政治局势稳定性的差距，涉及国家建构和少数民族地区稳定的内在逻辑关系。民族国家政治态势的优劣，一定与国家和社会、国家和民族之间关系处理的实际状况密不可分。从某种意义上讲，民族国家的建构一定要实现社会成员与国家之间的双向互动，也就是社会成员对国家的政治认同和国家以政治权力为手段对社会成员的监督和管控，国家行为的有效性则通过对经济的持续稳定发展和社会力量的凝聚与培育来显现。在这个过程当中，民族关系的处理，以及民族国家统一性意识的培养，都将成为民族国家自身政治稳定和发展的根基。中国历史上经历无数次分化融合的民族关系变迁，然而最终还是形成具有文化共同性特质的统一性，即中华民族属性，而各个民族对于中华民族的归属感和认同感具有历史性的深厚积淀，也秉承着共同的历史文化记忆，这从很大程度上消弭了民族身份的固化边界，无论是哪个民族的同胞，其统一的公民身份都得到了认可。

当然，除了致力于市场经济发展和社会力量的培育外，国家权力合法性认同在政治、经济、社会、文化等层面的有效建立，以及对少数民族地方自治权利的充分尊重，都成为中国国家政治建构和社会整合，以及实现边疆和民族地区稳定团结的重要基础与保障。相比之下，缅甸在民族关系处理中所显现出的问题，从根本上看就是族群认同和政治认同之间的裂隙。正是由于中缅国家间在处理国家和民族关系问题上的不同态度与措施，导致国家间政治局势差异性的显现。缅甸境内突出的政治矛盾问题所引发的战乱产生了大量的难民跨境至中国地区，并由此产生一系列难民问题。因此，国家政治建构模式和路径成为构成沿边开放地区外籍流动人口及其问题的又一差异性逻辑因素。

第三章 沿边开放地区外籍流动人口产生的双重效应

以辩证角度来看,任何事物的产生都必将伴随着其对周遭事物不同方向、层次和程度影响的生成,外籍流动人口现象也不例外。从对瑞丽市的实证调研中不难发现,规模庞大的跨境流动群体对沿边开放地区社会的影响是全方位的,既有效带动社会发展,繁荣地区经济,促进多元化交流,同时也带来社会各领域的压力,滋生出违法犯罪、地区安全稳定和国家安全隐患等诸多问题。外籍民众的跨境流动现象,是自然性与人文性相统一的产物,在地理区位条件与民族历史文化因素的共同作用下,国家间边境地区民众往来所呈现出的纷繁复杂的边境社会现象不自觉地折射出沿边开放地区独特的社会发展问题。

第一节 沿边开放地区外籍流动人口产生的积极效应

不可否认,沿边开放地区的人口跨境流动,确实为当地社会带来积极作用。国家间边境民众在商贸、劳务、婚姻、民族宗教活动、教育等层面的互通往来,不仅为边境地区的经济注入了活力,填补了当地劳务市场的空缺,还进一步促进了国家间的民族宗教文化交流,同时也缓解了中国境内的"婚姻挤压"问题,更推动了边境地区青少年教育环境和体制的不断发展与完善。

一　助力边境地区经济发展

近年来，由于中国—东盟"一带一路"合作的引领，有效促进了中缅国家间经济要素的自由流动与经济良性发展。2010年，中国已超越泰国，成为缅甸第一大贸易伙伴，作为国家间最为主要的贸易往来形式，边境贸易在中缅经济交流与合作中的作用非常突出，而云南地区更是中缅边境贸易区域的最前沿。和其他东南亚国家与地区相类似，缅甸境内的自然资源非常丰富，然而，由于落后的基础设施条件和开发技术，导致缅甸国内的工业生产力不发达，工业自主能力较弱，这从很大程度上阻碍了缅甸对自然资源的开发与利用，无法将自身资源优势有效转化为推动经济增长的内驱力。正是因为缅甸自身生产力的限制，所以其日常所需的生产生活资料必须通过向国外进口才能得到必要满足。相较而言，与缅甸相毗邻的云南省地区工业化发展水平相对更高，资源开发和利用的技术发展程度也更加成熟，所以缅甸往往会通过边境贸易的形式不断收纳各式各样的生产设备和技术，以及各式各样的生产成品。同时，基于缅甸对中国商品进军东南亚和南亚市场而言所具有的重要地理战略位置，对缅甸的出口贸易也很大程度推动了云南边境地区对周遭有效资源的整合与利用，在互惠互利的经济贸易境况下，云南和缅甸的边境贸易得到了快速发展，中缅贸易关系的稳固也成为必然。

中缅国家间的边境贸易具有非常强的互补性，双方经贸合作关系广泛。缅甸的市场需求非常庞大，无论是工农业机械、交通工具、化工材料、仪器设备还是日常所需的纺织品、家用电器、医药和食品用品、五金材料和其他生活用品，都离不开从中国进口。当然，作为贸易合作伙伴，缅甸也充分展现出自身的农业生产优势，并向中国出口大量农副产品，包括水果、玉米、大米、豆类、水产品等食品类和皮革、橡胶、木材、珍珠、矿产等原材料和加工产品。缅方非常依赖对中国的进出口贸易，而中国商品面向整个东南亚和南亚的市场拓展也需要缅甸的支持，同时，在矿物资源、贸易市场和劳动力成本等方面，缅甸也展现出自身不可替代的战略发展优势，因此中缅国家间紧

◆ 第三章 沿边开放地区外籍流动人口产生的双重效应 ◆

密的贸易关系带动了双方大量边境口岸的开通,国家间边境地区因贸易经商而往来流动的人群规模非常庞大。

沿边开放地区人口的跨境流动,对整个中缅边境经济贸易发展的作用非常突出。以商贸为目的人员跨境交流规模不断扩大,各经济要素流动活力显著增强,边境地区贸易基础设施建设也在进一步积极完善和优化,这些因素持续助推了中缅边境贸易产品的结构转型与升级,为中缅边境的开发开放程度和经济联络与交往水平的提升提供有力支持。2010年,随着"中国—东盟自由贸易区"的正式全面启动,中缅边境自由贸易得到更为广泛而全面的发展。中方在与缅甸的贸易经济合作的不断深化当中,积极谋求营造更为开放和稳定的贸易投资环境,这不仅有利于国家间经济和政治关系的向好发展,同时也对我国加快改革开放以及边疆民族地区的经济建设提供坚定和持续的保障。

从德宏州总体情况来看,自1985年开放为边境贸易区以后,对外贸易发展始终作为其主导经济发展的着力点,全州的经济建设也因此得到稳步提升,据相关数据显示,全州每年财政收入的30%—42%来自边境贸易税收。德宏州对外贸易经济的发展,也从很大程度上拉动了当地交通、旅游、通信及能源和加工业等各领域水平的提升,并进一步促进了对外经贸体制改革,加强了相关领域的人才培养,当地群众的物质生活得到了很大改善,这极大地促进了边境少数民族地区的稳定和发展。因此,中缅边境贸易的迅速发展,有力推动了边境地区乃至云南省经济社会的发展。值得注意的是,中缅边境贸易为边境地区民族商品经济发展和产业结构的调整带来了积极效应,边境贸易的多元化属性,有力促进了包括商品生产、流通和技术开发等互为关联且依赖的经济单位,它们以互利互惠的原则建立起相应联合,推动边境地区的全方位开放。由此可以看出,沿边开放地区以跨境人口流动为载体的规模化、全面化的经济自由流动和贸易往来,充分释放出边境地区巨大的市场潜力,并为中缅国家间扩大经济贸易合作提供了广阔的市场空间。

以瑞丽市为例,在国家对边境地区各口岸开发开放力度不断增加的背景下，瑞丽市在社会经济各领域——农业、工业、建筑业、固定资产投资、国内贸易和对外经济、旅游、财政金融、教育、科学技术、卫生和社会保障等——的发展都取得了瞩目成就。2019年8月30日，中国（云南）自由贸易试验区正式落成，中国（云南）自由贸易试验区涵盖昆明片区、红河片区、德宏片区，总面积119.86平方公里。"德宏片区共29.74平方公里，德宏片区四至范围：东至芒良村民小组，南至瑞丽江、姐告国境线，西至贺哈村民小组、乘象路，北至北门村民小组、芒喊村民小组、帕色村民小组、允岗村民小组、姐勒村民小组，重点发展跨境电商、跨境产能合作、跨境金融等产业，打造沿边开放先行区、中缅经济走廊的门户枢纽。"[①]

  相较于缅甸而言，瑞丽市在经济社会发展和开放水平等方面呈现的良好态势直接导致大规模外籍人员流入瑞丽市境内。瑞丽市绝大多数外籍流动人员的流入，都是以经济活动为首要目的。这些外籍人员的流入充斥在瑞丽市各个领域不同行业当中，最为集中的是个体经营、体力劳动和企业机构单位三个领域。其中，在个体经营领域，许多外籍人员通过在瑞丽市区，尤其是姐告边贸区等贸易往来较为密切的区域租住铺面或摊位，贩售诸如玉石和木材工艺品、装饰品等，这些个体商户的加入极大地推动了瑞丽市城镇市场消费品零售总额的提升。当然，也有部分外籍人员通过非正规的方式在社区附近街边摆小吃、贩卖廉价日用品或水果蔬菜等农产品来维持生活。另外，瑞丽市农业、工业和建筑业的发展与外籍务工人员的参与息息相关。笔者走访了包括畹町、姐相、勐秀在内的农业作物种植面积较大的地区，以季节性往返于中缅边境的农业劳务人员数量庞大，且重点集中于水稻、玉米、甘蔗和油料作物的种植。据了解，当地农村留守的老人、妇女和儿童居多，日常劳动力缺口较大，农忙时节往往只能通过雇用缅甸跨境而来的外籍劳工维持，这些劳工的具体工作以耕作和收割为

[①] 资料来源：《中国（云南）自贸实验区昆明片区的变化》，https：//www.sohu.com/a/337665248_248772。

主，日平均工资在30—50元。从事建筑行业的外籍劳务人员也有很多，笔者走访了多家楼盘施工工地，外籍农民工务工人员数量通常占到总施工人数的40%—60%，他们主要从事建筑材料搬运、水泥浇灌、粉刷和装修等工作。

此外，各企业和机构的在职员工中，外籍人员，尤其是外籍华侨的数量也很多。瑞丽市边境贸易的发展带动了各领域产业的蓬勃兴旺，尤其是酒店餐饮、玉石加工、木材加工、交通运输以及教育行业等，这些行业催生出各式各样规模庞大的"跨境上班"和"跨境求学"群体。如市区内各大酒店的外籍服务人员数量皆占总服务人员数量的30%以上；再如，各红木家具企业所雇佣的外籍务工人员数量也较多，在笔者走访的多家红木家具企业当中，外籍红木加工人员数量占比常年在40%左右。[①] 值得注意的是，跨境教育和跨境求学的现象在瑞丽市也屡见不鲜。由于务工需要，许多流入瑞丽市务工的青年男女往往会选择到中文学习班进行学习，以掌握基本的中文交流技能，而这些培训机构的教师很多也是外籍华侨。在姐相乡的银井小学，许多缅甸儿童早上来学校学习，放学后又回到缅甸家中，每天通过边防站来回辗转。

中缅国家间关系的持续发展为国家间在各领域的交往提供了许多便利和优势，而瑞丽市地区社会经济的建设和发展也让相邻的缅甸边境地区民众看到了机遇，从而不断鼓励他们来到瑞丽以寻求更为优越的生计和发展条件。其实，也正是外籍人员的流入，使瑞丽作为联结中缅国家间的最前沿地区焕发出自身蕴含的活力与潜能，充分展现出边境地区开放性、包容性、多元性的地域特色。

二 劳动力资源压力的缓解

大量外籍务工人员的介入对中国边境地区劳务市场以及缅甸劳务人员二者需求产生了双向满足作用。这也就是说，外籍劳务人员在一定程度上缓解了沿边开放地区劳务市场的用工需求，而劳务市场所提

---

① 相关资料为调研所得。

供的用工平台和工作机会也为许多缅甸民众的生活来源提供必要保障，因此，因务工需求所形成的外籍流动人口现象成为必然，也为沿边开放地区劳务市场带来相应的积极作用。

当然，外籍人员跨境务工现象的产生是以中缅国家间边境地区各自的具体社会情形和需求为内生因素的。自改革开放以来，特别是20世纪90年代以来，云南境内的沿边开放地区始终呈现出快速良好的发展境况，当地民众的平均生活水平要远远优于边境线另一边的缅甸边境地区民众。虽然区位接近，但是强烈的生活水平差距对比促使当地很多外籍民众萌生到中国就业务工赚钱改善生活的想法，"一国国民对国内经济状况的不满并进而希望谋求更好的就业机会和更高的经济收入，促使他们移居或进入经济发展势头良好、社会稳定的国家，这就形成了一股推力"[1]。所以，大量缅甸民众甘愿作为低廉的劳动力涌入中国边境地区务工，主要还是趋于利益的吸引，也就是他们所得的工资普遍高于在缅甸务工所得。

具体来看，就中国用工单位的薪酬支出而言，外籍劳工所得远远低于中国本地务工人员，许多企业和用工单位为了最大限度地降低成本，更加青睐聘用外籍劳工。据了解，近年来中国本地务工人员的月平均工资大多集中于1500元至2000元人民币区间，相较而言，外籍务工人员的工资则普遍比中国务工人员低500元左右，一些零时活计所开出的薪酬甚至只有200—300元人民币。然而，外籍劳务人员对于这样的劳务工资待遇水平比较满意，因为这已经相当于在缅甸境内几个月的劳务所得。虽然缅甸国内的总体教育水平不高，但是也有80%左右的缅甸人接受过不同层次的教育，尤其对缅甸的青年群体而言，每年都会产生大学和中专毕业生近40000人，其中很多都能以较为流利的英语进行交流。笔者在调研走访过程中，曾对瑞丽市50名外籍流动人员进行了问卷调查，据收集结果显示，接受过高中和大学本科教育的人数占了较大比重。

---

[1] 徐军华：《非法移民的法律控制问题》，华中科技大学出版社2007年版，第39页。

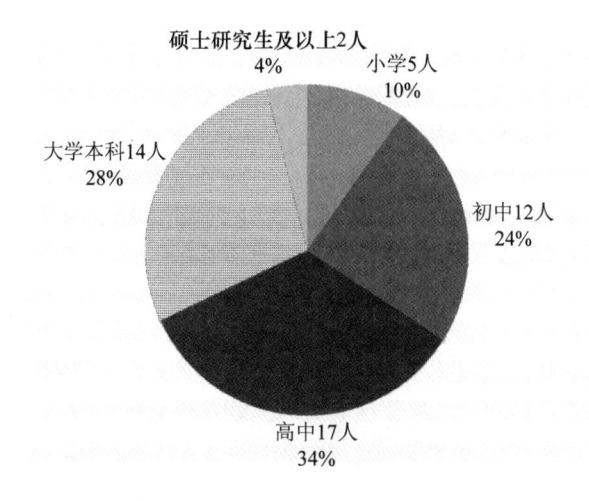

◈ 第三章 沿边开放地区外籍流动人口产生的双重效应 ◈

图 3—1 外籍人员受教育情况调查

数据来源于调研问卷（详见附录）。

由于缅甸政治局势动荡，经济发展状况相对落后，国内无法提供更多的就业机会来满足所有民众生计和发展的需要，况且工作单位的整体工资水平普遍较低，因此，至少有10%的务工人员会选择跨国务工。据缅甸劳工部公布的数据显示，自1990年到2017年间，已经有30万人出国务工。对于许多外籍务工者来说，跨越边境到中国务工是最直接也是最为便捷的出国务工选择，由于中国的经济发展良好，因此在中国务工不仅能增加收入，解决生活困难，还可以免于战乱侵害和被迫参军，享受安全稳定的社会秩序，同时还能给自己的下一代提供稳定良好的生活环境和教育资源。

外籍民众的跨境务工不仅能为其自身的生活和发展需要提供良好条件，同时也有效填补了沿边开放地区的劳务市场空缺。近年来，中国社会经济始终保持着持续快速发展的势头，其中东部地区的发展状况相较于西部地区而言更加良好，因此，西南片区许多青壮年群体纷纷涌向东部地区务工，谋求更加丰厚的收入以及更为广阔的发展机遇。大量青壮年群体的东迁导致我国西南地区尤其是边境地区孤寡老人和留守儿童问题越发凸显，并且当地的劳动力资源和劳务市场需求也受到严重影响。由于西南地区社会经济发展相对滞后，所以改善当地生产生活条件，促进当地社会经济建设与发展的任务也更为艰巨和繁重。云南省虽地处中国内陆边陲，但却是与东南亚和南亚国家地区交流互动的桥梁。为打造面向东南亚和南亚的辐射中心，最近几年，云南边境地区不断加大对各企业建设和扶持的力度，因此企业对劳动力的需求也相应增加。截至2018年年底，云南省共有经国务院批准的对外开放口岸18个，其中，中缅边境仅公路运输口岸，就有包括瑞丽、畹町、猴桥、孟定、打洛等。以猴桥口岸所坐落的保山腾冲市为例，其总面积5845平方公里，国境线长148.075公里，辖11镇、7乡，据2014年统计数据显示，腾冲市总人口（常住人口）65.99万人，囊括汉、回、傣、佤、傈僳、阿昌等25个少数民族。腾冲北部和西北部与缅甸克钦邦相连，自古就是重要的商埠前沿和边防重镇。但是，在当地的招商引资当中，依然存在当地青壮年劳动力大量向东部省区流动的状况，数量约为年平均1万—3万人不等，这直接导致当地劳动力的紧缺。这种情况在中缅边境各地区和城镇皆有发生，就其原因来看，因为有中东部地区更加优良的状况和条件作对比，西南边境地区许多本地民众更向往流动于发达地区务工，而不愿意投身本地劳累、艰苦且待遇不高的工作当中，所以本土的劳动力资源远远无法满足实际的劳动力市场和建设发展需求。

正因如此，外籍跨境务工人员对当地劳动力市场的介入，正好有效填补了劳动力短缺这一短板，满足了当地对劳动力资源的渴求。基于对本地劳务人员招聘难得现象，边境地区政府部门和相关用工单位积极看待跨境外籍务工人员流入对当地劳务市场所产生的实际作用，并制定和采取了一系列规范跨境外籍务工人员的规章与举措。在瑞丽许多红木家具制造厂和珠宝加工厂等生产企业当中，缅甸跨境务工人员通常占到总务工人员数量的30%—70%之多。另外，除企业单位以外，外籍务工人员还填补了云南边境地区村寨农业生产的劳动力空缺，由于农作物播种和收割皆有季节性规律，而该部分外籍跨境务工人员也根据农务季节性需求周期性地进行跨境作业，协助当地农民在短期内完成较为繁重的农业任务。由此可以看出，沿边开放地区外籍人员的跨境流动务工，确实有效缓解了边地用工紧缺的难题，为促进当地社会经济发展带来了积极影响。

三 边境地区民族宗教文化交流的促进

新中国成立初期，时任国家总理周恩来曾多次访问缅甸，国家间边境地区民众始终维系着深厚的"胞波"情谊。为了进一步贯彻中央关于"和平共处五项原则"的外交路线，增进国家间边境人民的友谊，1956年12月15日，正在缅甸进行友好访问的周恩来总理，陪同应邀前来我国德宏傣族景颇族自治州首府芒市参加中缅边民联欢大会的缅甸联邦总理吴巴瑞一行，取道缅甸九谷，进入滇西边陲重镇畹町。瑞丽畹町是周恩来总理外交生涯中唯一的一次步行入境回国的通道，也是缔结中缅国家间深厚友谊的地方。作为拥有169.8公里国境线的中缅边境重要组成部分，瑞丽市有着"一寨国家间""一院国家间"和"一井国家间"等极具边境特色的景象。多年来，沿边开放地区民众始终保持着密切的商贸、通婚、民族文化交流和宗教交流等往来关系。为了进一步维系和保持中缅友好关系，同时充分展现国家间丰富多样的民族文化艺术，经国家间共同协商决定，自2001年起，每年10月2日至5日期间，将在瑞丽举办"中缅胞波狂欢节"活动。作为沿边开放地区民众最为盛大的联欢庆典活动之一，"中缅胞波狂欢节"历经多年至今，始终秉承着"和平、发展、吉祥、共欢"的主题。而该活动的承办地点也是在象征着国家间一衣带水亲密关系的瑞丽江畔的文化广场，以此呼应时任国家副总理和外交部长陈毅访问缅甸时所提"我住江之头，君住江之尾，彼此情无限，共饮一江水"的诗句。在每年的活动参与者当中，有近一半为缅甸地区的民众，此外便是瑞丽当地民众和游客。"中缅胞波狂欢节"的举办得到瑞丽市政府的鼎力支持，每年在举办活动的前一个月，当地的民族宗教事务管理机构便积极配合活动的筹备工作。同时，瑞丽市政府相关部门也会一同参加，并且还会邀约缅甸一些政府官员参与，节日庆典的场面热闹非凡。

沿边开放地区类似的跨境文化交流还有很多，例如各式各样的文化艺术节和文艺团体互访、运动会、团拜会等。作为"请进来"和"走出去"相结合的跨境文化交流互动方式，国家间边境地区的节庆活动带动木姐、南坎、腊戌、曼德勒甚至缅甸中部城市的民众热情，他们纷纷跨境而至，积极参与中方举办的泼水节、目瑙纵歌节等节日活动当中。同时，中国边境地区往往也会有由官方或民间群众组成的艺术代表团或访问团，到缅甸各地参加缅甸的国家和民族纪念日以及各种传统节日。沿边开放地区由官方举办或民间自发组织的国家间跨境文化交流活动丰富且广泛，如勐海县政府为庆祝布朗族重大节日——桑衎节，联合缅甸景康布朗族群众所举行的"布朗弹唱"邀请赛，沧源县民众和缅甸边境佤族民众每年五月一日"摸尼黑"狂欢节，以及怒江州独龙江地区的独龙族民众和缅甸日旺族群众共同欢庆的盛大民族节日等。总体来说，沿边开放地区国家间的跨境文化交流与互动，既突出了边境地区丰富的民族文化元素，也充分展示出中缅文化的魅力与风采，同时还彰显了国家间边境地区悠久的亲诚往来情谊与传统。在中缅国家间关系不断密切，交流与合作日趋深化的总体态势下，以文化交流为方式的人员跨境流动现象将越发普遍，也越来越能够为促进国家间迈向更高层次交往平台发挥积极作用。

除跨境文化交流活动外，中缅跨境宗教交流活动所带来的积极影响也是显而易见的。作为人类社会发展到一定程度所产生出的社会文化现象，宗教与许多人的生活息息相关。宗教是人们自我内心对超然事物或理想主体形成的对象化活动，其内在表现为精神上的畏怖、神圣、信赖、归属和尊崇，外在则形成相应的仪礼、信条等系统化规范模式。由于是一种特殊的意识形态，因此宗教对人们的信念、思想和价值取向等要素的影响都是极其深远的。从这个意义上来看，相同的宗教信仰确实能够激发不同地区、国籍和种族的民众群体之间思想和文化的去差异性，产生精神层面的共鸣。所以沿边开放地区民众的宗教交流活动也一直较为活跃。

缅甸作为典型的小乘佛教国家，始终非常重视佛教在本国的传播与发展以及与周边国家和地区的交流，因此，以中缅国家间官方承办或民间自发组织的佛教文化交流活动也非常多。在1955年、1994

年、1996年和2011年，应缅甸官方诚挚邀请，中国国宝级文物佛牙舍利曾四度到缅甸境内巡礼，并在缅甸各大城市接受供奉。2013年6月，在由瑞丽民族宗教事务局所承办的中缅佛教典礼上，中方将舍利复制品赠予缅方，并邀请缅甸官方人员共同参与，当天与会人员共近600人，其中缅方人员占到50%左右。由此可见，虽然国籍不同，但沿边开放地区佛教人员的交往和相处皆十分和谐融洽。由于社会历史发展和传统民族宗教文化等复杂因素的共同作用，沿边开放地区的宗教种类呈多样性态势。除佛教外，基督教和天主教等宗教团体与协会在边境地区的影响力也非常深远，尤其是基督教传入以后，其跨境宗教互动始终作为不可忽视的历史事实存在于中缅跨境民族地区，为当地社会与民族文化发展、边境稳定情势以及地缘政治关系带来了持续性的作用。自改革开放以来，随着国家社会经济实力的全面提升，边境民族地区的发展虽然相对滞后，但也有了极大改观，因为切实感到发展变化所带来的生活品质提高，边疆民族地区民众对于国家的认同感也有积极的改善。

在宗教问题上，党和国家始终强调并积极落实宗教信仰自由政策，这为边境地区各宗教团体与协会以及成员的宗教活动和生活营造了宽松的信仰氛围。同时，在党和国家与地方政府的引导和鼓励下，云南西部边境地区的跨境民族宗教团体，尤其是基督教和天主教等外来宗教的教会积极开展神学建设，提升神学水平。随着我国综合国力的不断提升以及开放程度的持续扩大，"引进来"和"走出去"战略不但作用于对外经济商贸领域，同时也对边境地区文化和宗教领域的发展产生了良好的引导作用。中缅国家间的跨境宗教交流活动为国家间宗教界人士的交流与往来构筑了相互学习、理解和支持的平台。不可否认，无论是在官方或是民间的外交层面，宗教都是对外沟通和交流的重要载体。因为宗教自身所持有的内在思想和精神属性，能够在很大程度上作用于双边互动往来的积极性，其产生的宗教情感与自然流露出的共鸣，成为国家间各民族共在与共识观念生成的良好基础。因此，跨境宗教互动的正向功能和作用必须得到承认，并且积极发扬下去。

四 对婚姻挤压状况的改善

除了经济性迁移和宗教性迁移外,婚姻性迁移也同样值得关注,并且经济性迁移还有向婚姻性迁移转化的趋势。[1] 就沿边开放地区而言,跨境婚姻现象非常普遍,这是基于国家间邦交与边境社会具体状况在内的诸多因素相交织所产生的社会现象,是在人口迁移动态机制作用下所形成的结果。民族国家的建构使跨境婚姻现象成为社会常态,然而,从该现象在沿边开放地区所显现的成因、状况和发展趋势而言,其特殊性也充分体现出来。改革开放以来,随着中国与缅甸交往和联系的日趋深化,沿边开放地区跨境婚姻既成为象征国家间和平友好关系与稳定以及边境和谐社会环境的良好印证,也是国家和边境地区政府实施惠民惠边政策给当地带来巨大发展变化的积极反映,同时还是外籍人口跨境流动以及国内因性别比例失调所产生的"婚姻挤压"社会问题的有效调适。据有关资料显示,自20世纪80年代初期以来,中国的出生性别比持续超出正常值上限,1990年为114.86,2000年为119.42,2004年上升至121.06,虽然截至2017年,出生性别比回落至114.52,但是仍高于107的正常值。同时,据2017年统计数据显示,包括天津、浙江、广东、海南在内的多个省区,出生性别比都超过正常值,其中天津为111.10,浙江为111.48,广东为113.46,海南为110.02。[2]

跨境婚姻以及因此出现的人口迁移现象始终都是较为普遍且备受关注的热点问题。前文所列数据显示,按照目前中国出生婴儿的总体性别比来看,到2020年,中国处于适婚年龄段的男性群体人数将要比适婚女性群体人数多出约3000万—4000万人,也就是说,由于性别比例失衡导致成为"光棍"的适婚男性数量将占到适婚男性总人数的五分之一。具体来看,男女性别比例的失衡造成社会上大规模单身男性群体的出现,这必然会引发相应的社会消极效应。首先,适婚

---

[1] 何明:《开放、和谐与族群跨国互动——以中国西南与东南亚国家边民跨国流动为中心的讨论》,《广西民族大学学报》(哲学社会科学版) 2012年第1期,第4页。

[2] 数据来源于《2018年中国统计年鉴》。

男性的婚姻选择会受家庭或个人的经济状况、工作状况、居住地区条件等主导婚姻迁移和推拉力因素的作用和影响。各方面条件较为优越的男性，择偶与婚配的"门槛"和阻碍就相对较低，因此单身压力往往就会偏向于向相对贫困与发展相对滞后的地区转移，这些地区的适婚男性群体在择偶和婚配中必然处于"弱势"地位，居于"婚姻挤压"状况下的最末端。"婚姻迁移是一种常见的人口迁移方式，它是基于自然性别关系和社会性别关系之上的社会人口流动，婚姻迁移在经济差距形成的推力和拉力中，发生在这种流动中女性往往是婚姻迁移的主体。"[1]

21世纪以来，云南省总的男女性别比例始终呈不断升高的态势，而且已经高于全国平均水平，并且在以因婚姻嫁娶向外地流出的男女群体当中，女性数量要远远高于男性。据相关数据显示，2000年，云南省向外地流动的总人口当中，以婚嫁为由向外流出的人口数量为50470人，其中男性人数8621人，占婚嫁外流总人口数量的17.09%，女性人数则达到41849人，占比82.91%。2010年，婚嫁外流人口总数为392686人，男性人数为105017人，占比26.74%，女性人数为287669人，占比73.26%。[2] 从这两年的数据对比上看，虽然2010年婚嫁外流的男女性别比略有下降，但是外流人口数量相较于2000年增长近8倍。因此，从数据证实，滞留于云南边境贫困地区生活的适婚男性群体，受"婚姻挤压"现象所带来的困扰最为严重，遭受适龄未婚、晚婚或终身不婚等婚姻问题的风险也显著增加。并且由于大量适婚女青年向往更加优渥的生活条件，嫁往发展状况相对良好的地区，长期在外地定居不愿意返乡，这种现象不仅导致边境贫困地区适婚男性婚配困难的境况，还进一步加剧了当地男女性别比的扩大，严重影响当地社会人口结构的完整性，并且还会带来其他一系列社会问题的发生。

---

[1] 王晓丹：《中越边境跨国婚姻中女性婚姻迁移的原因和影响》，《楚雄师范学院学报》2011年第8期，第93页。

[2] 数据来源于戴波《跨境婚姻的多维透视：基于云南案例的解析》，中国社会科学出版社2016年版，第216页。

具体而言，由于男女比例差距过大，择偶和婚配失利的群体将会发展为成规模性的生理需求"饥荒"人群。正是由于无法通过合法婚姻这一渠道获取生理需求的满足，因此将会引发和助长卖淫嫖娼等社会不良风气，甚至还会进一步滋生出强奸和拐卖妇女等违法犯罪问题，破坏安定和谐的社会秩序，增加社会治理成本。另外需要注意的是，择偶"弱势"群体自身迫切的婚配愿望和诉求，往往会为某些不法分子提供可乘之机，形成有组织和有目的性的婚姻诈骗活动。犯罪分子往往会物色某些单身适婚男性，扬言为其与缅甸、越南等地的外籍女性牵线搭桥以从中收取高额中介费用，结婚前夕，这些"外籍新娘"也会借"彩礼"之名，向男方套取大量财物，在婚后又设法逃离回国。

虽然就目前来看，性别比例失衡和"婚姻挤压"所产生的"跨境婚姻"可能带有一定程度的风险，但对于该婚姻模式的选择，确实是当前适婚"弱势"男性群体的被迫之举。从客观来讲，这种跨境流动与通婚扩大了边境地区的"婚姻圈"，从生理意义上看，有助于积极推动人种基因的混合式交流，对于当地人口生理素质的改善大有裨益，[①] 而且这种"外溢"式的婚配方式也确实从一定程度上缓解了个人压力以及两性社会问题。

第二节 沿边开放地区外籍流动人口产生的消极效应

无论是出于商贸、务工、宗教与文化交流还是跨境婚姻，外籍流动人口群体为沿边开放地区所带来的积极影响必须得到承认。然而，随着外籍流动人口规模和数量的不断扩大，一些潜在性的问题也渐渐显露出来。其中毒品、艾滋病、跨境聚赌、非法跨境以及罗兴亚人等问题始终都是困扰瑞丽市外籍流动人口治理乃至整个地区

[①] 李光灿、沈淑珍：《论边境开放口岸流动人口的作用及其管理》，《人口学刊》1994年第3期，第40页。

社会治理的顽疾。这些消极状况和影响的产生，其背后的生成逻辑既涵盖国家、社会、民族自身所蕴含的普遍性问题，也具有这些因素内部显现出的差异性和复杂性等深刻的个性化特征。而这些问题的形成与持续发酵，不仅会为当地的社会治理增添成本，带来严峻的治理挑战，甚至还会持续演变成为边境地区社会稳定秩序、发展进步和国家安全的隐患。因此对中缅边境的外籍流动人口治理提出了新的要求。

一　非法跨境问题

一直以来，非法跨境问题都是在边境地区治理中困扰着各个国家的一道难题，这主要是由于特殊的自然和地理区位因素以及社会历史发展所遗留的各种复杂因素的相互影响。尤其是在瑞丽这样发展状况较好的边境城市，非法跨境流动现象较为普遍，但是，正因为存在流动人员的非法跨境行为，就可能产生出诸多无从估计、不可控制的非稳定性因素，继而造成一系列显性或潜在的社会隐患与问题。从地理位置上看，瑞丽市与缅甸木姐市最为接近，从姐告边贸区经由瑞丽口岸便可很快到达对面缅甸境内。正因如此，国家间的边民往来十分方便，中国公民只凭借自己的护照和由缅甸政府签发的签证就能顺利入境缅甸，而出于对边境地区居民出入境便利性的考虑，边境当地居民还可以到边防部门办理边民通行证。同样，缅方居民要进入中国境内，也只需要凭借其缅甸护照或者边民通行证，并且接受边防部门的入境检查即可。正是由于中缅国家间地理位置相互毗邻，又有着一衣带水的睦邻友好关系，所以国家间政府对于边境地区民众互相往来所设的门槛也非常低，由此营造出和谐友好的口岸氛围，在这样的环境下，中缅双方绝大多数边境民众也都能按照正规的程序依法出入境。

然而，无法回避的问题是，瑞丽地区边民非法跨越国境的问题也较为突出，许多缅甸居民会翻越或设法破坏国境护栏和铁丝网跨至中国境内。据数据统计，仅在瑞丽市边防检查站管辖的 1.5 公里的边境线上，平均每天翻越护栏非法跨境的缅甸边民数量就有百余人，而瑞丽市边境线长169.8公里，整个中缅边境云南段总长则有1997公里，如此长的边境沿线范围，可想而知每天会有多少非法跨境现象发生。在针对边境治理、人口流动以及移民的研究当中，讨论得最为普遍的便是"三非人员"问题，即非法跨境、非法居留和非法就业人员问题。可以说，非法跨境很大程度上成为非法居留和非法就业的先导条件，正是因为不具备正规的入境手续，入境后的滞留居住以及就业务工也必然无法得到合法性保障。尤其是一些非法入境的年轻人，由于自己不具备相应的证件和证明，在寻求务工机会的过程当中也会处处碰壁，一些"黑心"企业主正是抓住了这些人非法入境的"小辫子"，不与他们签订劳动合同就将其招入务工上岗，而在他们辛勤工作后不仅工资无法得到保障，甚至还会遭到不同程度的虐待。正是碍于自己非法入境的身份，这些人不敢向当地管理部门申诉，更不敢报案，无法忍耐后往往偷逃回国，或流动于当地社会，更可能走上抢劫偷盗、吸毒贩毒的歪路，不但断送了前程，还对整个瑞丽边境地区产生不良的社会影响。

在调研过程中，笔者始终带着一个疑虑，即现在瑞丽市边境口岸的氛围很好，可为何还有人不选择正规渠道入境，依旧存在非法跨境的行为和现象呢？针对这个问题，笔者与所住酒店的三名服务人员了解过相关情况。

案例1　阿梅、阿香、阿静（化名）女　瑞丽市酒店服务员

三人都来自缅甸境内，傣族，缅甸华侨，阿梅来自芒散；阿香和阿静来自班卡，两人是同村，但是三人都是在酒店工作以后才熟识，酒店一共有二十多名服务员，缅甸来的有8人。在来酒店工作之前，阿梅曾在商场当过服装销售员，阿香当过饭店服务员，阿静则是直接到该酒店当服务员的。问及她们为什么来瑞丽时，回答都是因为有更好的工作收入。在她们老家，来瑞丽和陇川打工的人很多，不仅收入高，而且城区环境也相对较好。三人对目前的生活现状比较满意，酒店每月的工资是2000元，和中国员工待遇一样，三人每日的工作量并不大，工作时间为早上八点到下午三四点,之后就能回宿舍休息。当问及她们以及身边认识的朋友或同乡是如何进入瑞丽的,她们也都表示是通过边民证在口岸接受检查后顺利入境的,而且也都在外籍人员服务管理中心办理过三样证件。由于是缅甸华侨,三人的中文基础比较好,所以找工作很顺利。但是据阿梅说,在她们村,由于跟中国的姐相离得非常近,经常有村民直接就到了姐相。阿香去年交了一个男朋友,是瑞丽人,现在在工地当工人。据她男朋友讲,一些缅甸过来的工友就因为入境手续问题,被遣返回缅甸,后来又在街上遇到过他们,很明显是没有通过正规渠道回来。当问及三人,既然来到中国,有没有想到去瑞丽以外的其他地区看一看或者到其他地区找工作的打算时,三人都表示不愿意。阿梅是因为已经办不起中国的护照了,往年只需要300元人民币的暂住证,已经涨到了1000元。当问及有没有酒店负责人替他们向办理暂住证的相关机构反映并争取适当下调办理费用时,她们说目前还没有,暂住证都是酒店替她们去统一办理的,她们表示,如果相关证件的办理依然还是这么贵,就可能会选择返回缅甸。

由于三位受访者皆是通过正规入境渠道来瑞丽市工作的,所以笔者无法从她们的讲述中了解更多直接性和具体性的有关非法跨境人员的情况。但是从交谈中,多少还是能够透露出当前瑞丽市边境地区一些外籍人员非法入境的客观事实和行为缘由。笔者认为,非法跨境现象之所以始终存在,与许多缅甸边境民众自身的生活环境有关。尽管中缅国家间边境交往的民族历史发展因素从一定意义上促成跨境民族群体国界和边界意识淡薄,使得非法跨境成为常态。但是根本还在于边境地区民众所处的生活节奏较慢,逐渐养成其慵懒怠惰的性情,做任何事情都希望以最少的代价达成预期效果。在面对入境手续时,很多缅甸边民往往会将正常入境与非法入境在时间成本、经济成本和方式的便捷性等因素上作比较,于是他们认为,不用排队、不用花钱办理证件、走几步就能踏出国门的方法似乎更好。况且,由于缅甸边境地区的教育水平长期滞后,许多边民根本无法通过教育途径树立起必要的法律意识，而且对于既有的处罚，他们也表示无所谓，所以总会出现许多被反复遣返的外籍非法跨境人员。另外，法律意识的淡薄还会导致这些人容易受到吸毒贩毒、抢劫盗窃、走私拐卖甚至极端组织等违法犯罪团伙的蛊惑和利用，最终走上犯罪道路，严重侵害瑞丽边境乃至整个沿边开放地区民众的人身财产安全，威胁整个边境社会乃至国家安全。

目前，瑞丽市相关部门已经针对外籍人员非法跨境问题的有效遏制展开了进一步的措施。比如通过巡逻临检、日常管控和集中清理清查等手段，加强对辖区内"三非"人员的查处力度。同时，针对"三非"人员经常出入的区域加强管辖力度，尤其对辖区内宾馆、饭店、出租房屋、企（事）业单位内部管理，全面掌握辖区内外籍务工人员和暂住人员基本情况。同时，瑞丽市宣传部门还以不同方式积极引导外籍人员，开展法律宣传，让其知晓、遵守中国法律法规。当然，笔者认为，在针对"三非"人员遣返工作问题上，难度最大的莫过于中缅国家间合作机制的有效建立。由于缅甸国内政治状况并不稳定，特别是政府与缅北地区少数民族地方武装势力之间冲突不断，导致缅甸政府或地方势力无暇顾及对遣返工作的协调。因此从这个角度看，中缅国家间就"三非"人员问题的进一步协调和解决还存在一个漫长的协商和对接过程。

除了缅方人员的非法跨境外，中方人员非法跨越缅甸边境的情况也非常值得关注，而跨境赌博现象是目前瑞丽地区乃至中缅边境沿线区域具有共性特点的又一突出问题。与一般外籍流动人员跨至中方境内并对边境地区社会造成的影响不同，跨境赌博往往是由中国公民在遭到蛊惑利诱的情况下，非法跨越至缅甸境内赌场参与赌博的行为。值得注意的是，开设赌场的除了缅方当地的武装势力高层以外，还有相当一部分是中方境内人员，他们通过一定的募资行为积累启动资金，并寻找场地和招收员工，在境外开设赌场后，又以不同方式诱骗中国公民非法跨境参赌，并最终以赌资纠纷问题为由非法关押拘禁参赌人员，以各种暴力和残忍手段加以虐待，实施敲诈勒索，其恶劣的行径严重侵害了中国公民的生命和财产安全。据相关资料指出，沿边开放地区跨境赌博问题自20世纪90年代中后期便已出现在由民族地方武装势力布控下的缅北掸邦第四特区小勐拉一带，随后该现象又有向整个中缅边境乃至中越和中老边境蔓延的趋势。尽管自2000年以后，中方先后组织多次边境地区的禁赌专项斗争对跨境赌博问题实施严厉打击，然而状况一直没有实质性的改善，况且跨境赌博问题虽然在中国境内属违法行为，但在境外已经呈合法化蔓延趋势，在缅甸当地，一些赌场还会受到当地民族地方武装势力的保护。因此，跨境赌博问题已经成为整个西南边疆民族地区社会问题治理中非常棘手的"顽疾"。

瑞丽市处于中缅边境沿线，由于地理位置特殊，包括弄岛、姐相、户育等区域，其外方一侧离边境线不算很远的地方就有大大小小规模不等的赌场，因为跨境条件便利，所以非常有利于中方赌客的跨境参赌。中方人员跨境参赌的行为在20世纪90年代末到21世纪初的几年最为普遍，而他们得到的教训也是非常惨痛。笔者在瑞丽姐告边贸区的玉石珠宝市场调研时，与一位长年在该地做珠宝生意的商户进行交流，记录了他朋友跨境参赌的经历。

案例2　全×× 　男　姐告边贸区翡翠玉石经营商

全××，老家在广东茂名，2003年来到瑞丽地区做生意。刚到瑞丽时，他只是在瑞丽市区找一个合适的摊位进行买卖，后来姐告的珠宝街越来越繁荣，他索性也想办法将摊位入驻其中了。早在2005年，他就听一位姓易的浙江老板说过境外有很多赌场，他也想过去试试手气，但是当时我国公安部门一直在严查，他就打消了念头。半个月后，全××再次联系易某时，却发现一直联系不上。直到几天以后，他才在市场内看到易某的身影。经了解，易某当时和同行八个人一起去的，有人因为钱的问题跟赌场起了争执，结果一行人全部被赌场扣押，赌场负责人一直用言语威胁他们把输的近8万元补上，他们被扣在赌场里近两周，直到公安人员解救了他们。

据了解，沿边开放地区公安部门对中方人员非法跨境赌博行为实施了有效遏制，同时也在进一步对中方人员在境外开设的赌博场所以及相关犯罪行为进行有力打击。自2003年"利剑行动"后，跨境赌博现象得到一定程度的遏制，但2014年以来，境外赌场聚赌状况又有明显的回升趋势，并相继引发赌场对参赌人员非法拘禁、绑架、敲诈勒索、故意伤害等违法犯罪活动，边境地区紧靠瑞丽姐告边贸区和畹町经济开发区的一侧开设了28家赌场，经过公安机关打击，目前已经萎缩到10家。2018年以来，5个境外非法拘禁和绑架团伙被摧毁，10个非法拘禁窝点被铲除，打掉"外联"团伙2个，抓获违法犯罪嫌疑人134人，解救被拘禁中国公民430余人，堵截劝返被诱骗群众140余人，迫使关闭赌厅13个。[①] 接下来，边境地区公安部门还会继续突出专项打击、强化边境管控和源头防控，积极跟进各项措施，深入推进打击整治跨境赌博犯罪的行动和犯罪团伙。值得注意的是，跨境赌场问题不仅仅是瑞丽市乃至沿边开放地区的社会问题，境外赌场行业背后也牵涉着包括缅北地方武装在内的各种势力，尤其是控制着勐拉地区的"掸东同盟军"。中缅国家间对待赌博问题所持的态度存在根本不同，这其中将必然牵涉国家间司法管辖权限范围以及国家间政府与地方法律体系上的差异性，所以，要从根本上实现对缅甸边境地区赌场的实时监控以及对跨境赌博现象的遏制存在较大难度。

二 就业资源的过度占有

沿边开放地区人口跨境流动规模的不断增加是国家间边境贸易繁荣发展和边境经济开放进程的必然结果，因此，一切形式和动机的跨境流动行为都将成为可能。其中，沿边开放地区大量外籍劳务人员对当地劳务市场的介入，既满足了其自身的生活与发展需求，同时也积极填补了中国边境地区劳动力短缺的现状，有效推动了边境地方经济

---

① 资料来源于《云南警方打击跨境赌场》，https：//baijiahao.com/s？id = 1601660507398857391&wfr = spider&for = pc。

和社会的正常运转及发展进步。然而需要注意的是，外籍劳务人员向边境地区的不断流入，在一定程度上对当地原本的社会空间和社会组成结构产生了较大影响，也为边境地区的社会治理与当地和谐稳定带来许多挑战。

缅甸人员跨境谋求发展，在一定程度上占有中国边境地区本土务工和从业者的发展资源。随着缅甸来华人员规模的持续扩大，无论是对当地的劳务市场还是经济市场都形成了不同程度的冲击。外籍跨境人员涉足的行业极为广泛，其中尤其以经商所占比例最大。在边境地区许多城市，随处可见贩卖廉价饰品和手工艺品、特色小吃、饮料、水果等外籍"小本生意"经营者，他们不但对当地大街小巷了如指掌，而且操有一口流利的中文。这些外籍商贩的介入，在一定意义上抢占了本地商人的生意，对本地的市场经济运行产生威胁。另外，其他行业的外籍务工人员，在有效填补当地劳动力数量的同时，也对本地劳务人员务工机会带来不同程度的压力和影响。边境地区劳动力市场的梯级互补机制一直非常突出，本土青壮年劳动力为了谋求更好的发展，不断形成大规模向东部地区流动的趋势，当地劳动力市场的空缺则由同样想到中国谋求发展的外籍跨境务工人员取代。然而，一部分出于自身发展需要留在当地务工的本土劳务人员，他们的工作机遇便因此受到外籍跨境务工群体的影响。尽管外籍务工人员虽然流动性较大，且有部分外籍人员好逸恶劳、易于满足，经常在得到报酬后便擅离岗位，但是外籍劳务人员最大的优势便在于其劳动力相对廉价，这能够在很大程度上缩减企业和用工单位的用工成本。况且随着沿边开放地区城市和口岸开放力度的不断加大，以及顾虑于边境地区本土劳动力资源短缺的实际状况，当地相关部门始终没有对跨境劳务人员的流入做出相应限制。所以在同等条件下，当地企业和用工单位往往更钟情于聘用外籍跨境务工人员，而本地务工人员的工作机遇则遭到侵占。

正是由于外籍劳务人员对边境地区劳务市场的介入，造成当地劳务市场和劳动力人员结构的逐渐改变，也使劳务市场对外籍劳务人员形成了根深蒂固的依赖性，形成了较为被动的状况。许多外籍人员的跨境务工出于对国内混乱局势的暂时规避，由于对工资要求不高，且能够承担一些相对艰苦劳累的劳动，因此中国边境地区许多农户都很依赖缅甸跨境务工人员的帮工。尤其在边境农村地区，由于青壮年劳力外流，留守当地的往往都是无法有效从事农业生产的老人和小孩，加之他们自身的经济状况并不良好，所以当地许多农户的农业正常运转急需成本较低的外籍劳动力加入。

农业生产有着很强的季节性要求，倘若在农忙时节，缅甸劳务人员的及时帮助能够在很大程度上提高农作效率，改善农业产出数量。然而，一旦缅甸境内的政治局势和社会局势发生变动，外籍跨境劳务人员的招揽状况也会随之受到影响。比如，当一些缅甸农民的居住地受到战火侵袭时，他们可能会被迫流入中国边境农村地区帮忙农作以谋求生计，但是当局势逐渐稳定后，他们会因为牵挂自家的农务和其他事宜而回国，他们的离开使本地的农业劳动力流失，农务生产也一度受到搁置。因此，沿边开放地区跨境劳务流动面临的是流动性与依赖性、固定性与非固定性相矛盾的窘境。

笔者调研时发现，除节假日外，瑞丽市外籍人员服务管理中心门口都会聚集许多等待办理相关务工手续的外籍劳务人员。据管理中心工作人员介绍，每一名外籍人员到瑞丽找工作，首先要来该中心办理"三证"，即《国际旅行健康检查证明》《境外边民入境务工登记证》和《云南省边境地区境外边民临时居留证》，这三个有效证件的办理需要经过该中心对外籍人员包括身份核实、身体健康检查等多个环节的筛查，也只有持有三证的来华务工人员，用人单位才能与其签署劳动合同。外籍人员来华务工办理正规手续，有效规避了当地劳务市场管理和社会治理的许多问题。然而，在沿边开放地区，除以合法和正当程序来华务工的外籍人员外，"三非"人员的介入无疑为一个地区的劳务管理和社会管理带来严峻挑战和极大风险。

作为非法入境、非法居留、非法就业的跨境群体，"三非"人员基本上都不具备合法有效的证件，其身份背景的真实状况无从查验，且无固定居留场所，流动性较强，加之沿边开放地区缺乏天然的屏障阻隔，非正规的跨境渠道繁多，因此"三非"人员被遣返后又回来的现象十分普遍，即"90%以上被遣返出境的'三非'外籍人员，当日又从边境小路、通道非法入境"。[①] 同时，类似于瑞丽这样的边境大中型城市，其所设的外籍人员管理救助站自成立以来，每年都要收容"三非"人员6000—8000人次，遣返5000—6000人次，除少部分由用工单位自行认领外，还会剩下1000人左右在站人群。[②] 虽然经过专项整治对非法务工现象进行了有力打击，也进一步规范了当地企业和单位的用工行为，但是"三非"人员现象的屡禁不止，无疑为地方社会治理带来了诸多困扰和麻烦，也进一步增加了治理成本，而针对"三非"人员的监管难度和遣返难度也始终非常严峻。

值得注意的是，由于"三非人员"无固定收入，生活窘迫，并且用工单位往往不会与其签署劳动合同，因此该部分人群的收入和生活及相应权益得不到可靠保障。在一些小型用工单位和个体单位当中，由于没有合同条款作为约束，经常会出现用工单位和雇主拖欠"三非"务工人员工资的现象，这些务工人员有时会选择报警，但是碍于自己的"三非"身份，无法签订正式的用工合同，他们被欠薪资的问题不但得不到解决，自己还要面临被遣返的遭遇。一部分"三非"务工人员在遇到类似的情况后，可能会被敦促通过正规渠道和手续重新来华务工，但是更多被遣返人员可能还会以先前同样的非法手段跨境、居留和务工。并且，一些受到不公待遇的"三非"人员可能会因积怨已久，心生报复用工单位甚至报复社会的念头，给边境地方治安带来隐患。

据统计，瑞丽在2010年破获的刑事案件当中，外籍"三非"人员作案占到48%。[③] 2011年至2013年，德宏州共破获各类刑事案件

[①] 李玉洁：《德宏边境地区"三非"外国人现状的思考与对策》，《云南警官学院学报》2012年第5期，第117页。

[②] 资料来源于瑞丽市外籍人员服务管理中心。

[③] 黄彩文、和光翰：《沿边开放地区外籍劳务人员与边疆安全》，《学术探索》2016年第8期，第58页。

5958 起，其中外籍人员作案 870 起，占案件总数的 14.6%。[1] 当中涉案人员的作案动机各式各样，且手段非常残忍，这对边境地区社会影响极其恶劣，严重干扰边境地区正常的社会安全稳定和社会秩序的维持。在"三非"人员案件当中，涉及走私、毒品和野生动物制品买卖等案件状况较为突出，由此牵涉出的跨国犯罪、公共卫生安全等非传统安全问题和隐患情势越发不容乐观。大规模的外籍劳务人员和"三非"务工人员频繁地跨境流动，不断增加打击沿边开放地区毒品、艾滋病和其他传染病、监管与防控的难度，这作为沿边开放地区外籍流动人口所呈现出的典型非传统安全问题，本书将在其后部分专门对其成因、态势以及相关数据做出阐述和分析。

三 事实婚姻与子女户籍问题

跨境婚姻是沿边开放地区人口跨境流动过程中不可忽视的现象，作为民族国家构建后所形成的产物，跨境婚姻在充分迎合边境地区特殊性并产生积极效应的同时，也不可避免地产生诸多问题。从根本上看，跨境婚姻最难解决也最难以保障的便是其合法性问题，在沿边开放地区，非法跨境婚姻的状况非常普遍。就当前而言，沿边开放地区的通婚政策相较于内部地区要宽限许多，因考虑边境地区的特殊性，国家和当地政府放宽了对跨境婚姻手续的办理要求，嫁到中国地区的新娘，只需要以边民证为主要的办理证件即可。但即使这样，边境地区依然有许多涉外婚姻没有办理结婚证的情况。从保山市 2015 年跨境婚姻的统计数据来看，合法登记的涉外婚姻数量仅为 8.08%，其中以 70 户跨境婚姻家庭为例，仅有 5 户办理了结婚证，占比 7.14%。[2]

沿边开放地区普遍"有实无名"婚姻状况的产生，究其原因来看，首先，中缅夫妻双方由于大多出身于农村或边境地区，文化程度

---

[1] 黄彩文、和光翰：《沿边开放地区外籍劳务人员与边疆安全》，《学术探索》2016 年第 8 期，第 58 页。

[2] 戴波：《跨境婚姻的多维透视：基于云南案例的解析》，中国社会科学出版社 2016 年版，第 51 页。

不高，因此许多夫妻无法树立起合法的婚姻认知和手续办理意识，也不能充分了解中缅国家间关于涉外婚姻的相关政策和规定，他们认为婚姻仅仅是两个人在一起生活，有没有合法手续对他们的实际生活状况影响并不大。其次，由于中缅夫妻双方在中国境内办理登记之前，缅甸一方要回到自己的家乡办理相关手续，但是由于路途遥远，所需费用较高，许多外籍跨境婚姻人员往往承担不起或不想花费相应的费用。况且，缅甸地方政府的民政事务管理存在许多问题，手续办理过程烦琐，加之缅甸许多地区政治局势并不稳定，这些状况都为缅方涉婚人员的证件办理事宜增添了难度。最后，在中国境内，对于男女双方的法定结婚年龄是有明确规定的，既男方不得小于22周岁，女方不得小于20周岁，但是在缅甸地区，没有对男女双方法定结婚年龄的明确规定和限制，这就导致嫁至中方的缅甸女性往往达不到中方法定结婚年龄的规定和要求，自然也就无法申请办理结婚登记。

无法正常进行结婚登记，势必会衍生出诸多问题，其中，卫生防疫所面临的问题较为突出。由于没有结婚登记和证件办理的环节，针对婚前双方身体健康状况的检查也被忽略。婚前体检是有效控制和防范HIV及其他传染病、保证夫妻和家庭健康状况以及优生优育的有效手段，无论对个人、家庭还是社会其重要意义都不言而喻。尤其是面对沿边开放地区涉外婚姻这一特殊群体，缅甸一直是世界上艾滋病感染的高危地区，而且涉外婚姻跨境群体普遍存在文化程度较低、背景复杂的情况，因此针对跨境婚姻群体的婚前检查尤为重要。尽管就目前来看，在接受正规婚育体检的涉外婚姻夫妻当中，HIV以及其他传染病感染病例所占婚介总人数的比例都较低，但大量涉外事实婚姻人员群体的疾病感染率数据很难搜集。况且，许多非法跨境婚姻人员往往没有通过正规渠道入境，婚后夫妻双方也很少有对各项传染病的专项检测，因此应当充分考虑这些不确定因素背后所存在的巨大事实风险。

绝大部分涉外婚姻家庭的经济状况都不容乐观。由于涉外婚姻男方通常都是由于地区男女比例严重失衡加之自身经济条件不佳，受"婚姻挤压"状况所迫不得不选择和缅甸、越南等外籍女性通婚，而这些女性也正是由于家乡经济状况普遍不好，才想嫁到中国以改善状况。因为男女双方自身都面临着不同程度的经济困难，所以他们所组建的家庭经济状况也并没有得到很大程度的改善，家庭总体收入较低，急需国家和社会的帮扶。然而就目前状况来看，虽然沿边开放地区各市、县和乡村的管理和帮扶力度与相应的状况各不相同，但普遍存在低保救助、养老保险、医疗保险等社会福利保障普及率较低的情况。

在调研过程中，笔者也试图去寻找一些跨境至瑞丽地区成婚的"缅甸新娘"，希望从她们那里了解更多关于跨境婚姻的信息，遗憾的是一直都没能接触这一群体。但是，笔者通过走访姐告珠宝市场一位做珠宝玉石生意的老板，对当前瑞丽市地区出现的婚姻问题有了另一个角度的发现。

案例3　刘××　男　姐告珠宝市场翡翠玉石经营商

刘××，湖南益阳人，41岁，来瑞丽尽7年，其妻子是一名缅甸华侨，二人有一两岁大的儿子。当问及像他这样找"缅甸媳妇"的中国人在瑞丽多不多时，他坦言确实有不少，但是许多状况很尴尬。他说，不知道什么时候网上就谣传缅甸那边穷，女孩又多，彩礼很便宜，只要两三万元就能娶到一个缅甸姑娘回家，或者有些中介直接明码标价，几万元钱就能"买"到一个缅甸媳妇。这个消息一传出，许多内地男子便闻风来到瑞丽。据刘××说，很多华侨长得漂亮，而且外貌和气质都更接近中国人，中文讲得也很流利，所以深受中国男子的欢迎。但也有一些不好的现象，比如有些人和华侨女孩谈恋爱的时候彩礼已经商量好了，也承诺愿意到缅甸境内跟女孩一起过日子。但刚结婚一年左右，孩子刚出生，男方就以地方太穷、生活不习惯或其他理由为借口提出离婚；还有一些在华但非华侨的缅甸女孩因怀孕而想结婚，但是由于女方是"黑户"，男方怕家人反对，自己又找不到解决办法，就提出分手。据刘××说，在瑞丽这样的情况不少，缅甸是一个小乘佛教国家，许多女孩在怀孕后遭遇离婚或者分手，通常不会选择把孩子打掉,而是生下来。所以在缅甸边境地区,经常会看到一些"单亲妈妈",一边带着孩子,一边还要照顾家中年迈的老人。

严格来讲,男女的婚恋问题已经涉及男女双方的生活隐私,而男方的不负责任的行为现象更多涉及的是道德层面因素,无法简单地以法律规制的形式来对其进行约束和管制。但是,婚恋问题所产生的消极影响又是显而易见的,正是由于男方在婚姻、怀孕等问题上所持的随意态度,造成女方生活中身体和心理上的沉重压力,长此以往,在女性愤恨不平的情绪积压下,可能会对男女交往乃至婚姻生活失去信心。随着这种情况在边境地区的蔓延,不仅会逐渐误导和扭曲边境地区的婚恋风气,甚至会激起边境地区民众的社会矛盾,对当地社会的团结稳定造成不利影响。

除此之外更为严峻的问题是,部分涉外婚姻家庭经济状况低迷的态势通常还会因为男女双方计划生育意识的淡漠而越发加剧。沿边开放地区跨境婚姻生育管理面临的问题极为繁杂,由于边境地区人员流动性非常大,且生活经历与背景相对复杂,形成的问题也层出不穷。有过婚姻经历且已生育子女,甚至是有非婚生子女的外籍妇女一旦辗转嫁到中国后,其子女也随之一并流动至中国。倘若这些妇女所嫁的中国男性也非初婚并育有子女,加之二人再婚再生育,那么不但整个家庭涉及的子女数量远超政策规定,而且夫妻二人所承担的抚养压力也将显著增加,这不仅导致整个家庭经济状况的恶性循环,还对夫妻双方的身体和精神也造成巨大的负担。虽然就目前掌握的数据来看,沿边开放地区跨境婚姻初婚率一般都维持在60%—70%的区间,[1] 但非初婚并育有子女,同时又再婚再生育的涉外婚姻现象依然存在。这样的情况将会对当地政府的计划生育管理和户籍管理造成严峻的困难和挑战。

---

[1] 赵静、杨梦平:《沿边开放地区边民日常交往与跨国婚姻的形成》,《东南亚纵横》2016年第6期,第73页。

谈及婚姻，就必然牵涉子女问题，而沿边开放地区跨境婚姻所衍生出的又一重大问题便在于所涉家庭的子女户籍办理及其成长过程中面临的社会化困境。由于跨境人口流动自身所呈现的复杂态势，跨境婚姻所牵涉的问题也极为复杂。由于沿边开放地区绝大部分嫁至中国的缅甸女性都没有中国户口，而且许多非法涉外婚姻夫妻因为没有办理婚姻登记手续、没有合法的结婚证明，导致其子女无法落户，这无疑为当地社会的治理带来长期性的隐忧。具体来看，孩子的户籍无法落实，其在当地的受教育资格就会受到影响，随着年龄的增长和受教育需求的不断增大，户籍的作用也越发凸显，尤其是高等教育报名入学手续和找工作都需要相关的身份证明，没有户籍就意味着在本国本地区不具备合法的身份，安身成家立业都将成为空谈。尽管这些人认为自己身在中国就是中国人，但是正因为户籍的缺失，他们在生活中的方方面面都得不到社会的承认，久而久之，他们对社会越发不满，对国家的归属感和认同感也会越来越低，最终可能走上危害国家和社会的犯罪道路。这些"黑户群体"的存在，无论是对边境地区的社会管理，还是人口安全的维系都构成了极大的隐患。

此外，沿边开放地区涉外婚姻子女还将面对成长过程中的社会化困境。从法律层面来看，由于受到当地教育水平和地方风俗气息的影响，沿边开放地区跨境婚姻家庭子女在成长过程中的法律社会化进程将会受到阻碍，对合法与非法、守法与违法的界限和意识建构远远不到位。沿边开放地区环境复杂，人群跨境往来流动规模巨大，当地许多孩子因从小对边境地区纷乱复杂的社会景象耳濡目染，对许多违法犯罪现象和行为已经司空见惯，即使在政府的打击下，各类违法犯罪问题依然屡禁不止，这从很大程度上消挫了其对国家和法律威慑性与严肃性的认知，其价值判断也因此发生偏失。正是由于法律没有真正内化于心，也就无法从根本上约束这些孩子的言行和思维方式，在不加以及时遏制和疏导的情况下，久而久之，对边境地区社会的安定与和谐将造成潜在的威胁。另外，从社会道德和人格塑造层面上看，因为沿边开放地区涉外婚姻子女在成长过程中，往往会主动或被动地意识到自己与其他非跨境婚姻家庭子女之间的区别，产生出自卑、孤僻的性格特征。这些孩子通常较为封闭和内向，不善与人交流互动，拒绝各种形式的社会交往，导致其在同龄人群体中受到排挤和冷落。同时，由于这种情况一般并未得到其父母和家庭的足够重视，因此孩子消极的心理状态和人格倾向发展也始终持续甚至走向恶化，其错误的言行举止得不到及时有效的纠正。

由此可以看出，虽然沿边开放地区涉外婚姻从一定程度上缓解了"婚姻挤压"问题，但是其本身所呈现和衍生出的包括卫生安全、贫困救助、计划生育、子女落户和社会化以及社会秩序稳定等复杂性与矛盾性问题更加值得我们关注和思考。处理好跨境婚姻问题，不仅是边境地区外籍流动人口治理的重要方面，更是实现边境地区社会稳定与发展的基本前提。

四 民族与宗教安全问题

作为导致沿边开放地区人员跨境流动现象产生的重要原因，跨境民族群体始终受到社会各界的广泛关注，并且其产生的渊源也由来已久。跨境民族是居于国家间边境线地区的同一族群，其语言和风俗习惯相同，人员分布仅在于国境线的区隔。与其他类别的外籍流动人口现象相似，跨境民族人员的跨境流动也同样受流出国和流入国政治状况、经济发展程度、文化与宗教因素、社会稳定程度等具体原因的影响。跨境民族现象的产生，就其外在原因来看，是同一民族及其聚居地在历史发展过程中受到国家政治分割因素等外部力量的影响所形成的，具有国家与民族之间的非重合性；从内在活动和机制来看，跨境民族的形成还受到文化感召力的影响和民族内在的驱动作用。因此，跨境民族所涉及的问题也就必然会在一定程度上涉及现实社会生活和政治活动的利益诉求、政治表达和与外部环境之间不同程度的矛盾性与非和谐状态，例如民族间关系趋于恶化、民族矛盾不断加剧、民族分裂和民族自决以及领土争端等。[1] 因此可以明确的是，尽管并非所有

---

[1] 闫文虎：《跨界民族问题与中国的和平环境》，《现代国际关系》2005 年第 5 期，第 25 页。

跨境民族一定会产生跨境民族问题，但是国家政治分隔力（国家认同）和民族向心力（民族认同）的交互作用是跨境民族问题产生的根源。

具体来看，由于跨境民族问题最根本的特性涉及对国家与民族之间关系的反映，因此对跨境民族问题的理解应当回归社会政治问题的视角。国家认同和民族认同的交互影响是跨境民族问题产生的根本性所在，也就是说，跨境民族问题应当是跨境民族群体和成员对于国家与民族二者认同性的对比、协调和处理所产生的问题。认同（identification），是指人们对事物的承认和认可以及与自我的共鸣性。就这个角度来理解，国家认同即人们对国家的承认与认可，并由此催生出的信赖、忠诚和亲切等情感。在边疆地区，尤其是边境地区社会群众对国家的认同是实现边疆稳定发展的核心前提。作为边境地区特殊的民族群体，跨境民族和其他民族群体一样也具有相应的认同意识，但是这种认同意识在历史性、政治性、地缘特殊性等因素的共同作用下，也呈现出自身变动和复杂的特点。当前，在全球化背景下，随着中缅国家间边境口岸开放程度的日益扩大，沿边开放地区跨境民族人口的跨境流动规模也显著提升。其中，民族群体原本所固有的相对独立和保守的身份认同意识也随着大环境的开放和交融而愈发具有多元性和包容性，因此，单就以往对跨境民族自我归属和认同意识来作为评价其民族认同或国家认同程度的认知和评判标准，显然已经缺乏说服力。当然，认同意识的多元趋势往往也伴随着认同行为本身可能催生出的模糊性和非稳定性，容易受到某些非正向的地缘政治手腕和反动势力的影响而发生偏斜，滋生边境地区泛民族主义、民族自决和分裂等潜在风险，危及边境社会稳定和国家安全。

由于跨境民族地区民族群体认同意识多元性趋势的发展，在某种程度上催生其对事物认知的变动。与此同时，宗教作为一种意识形态载体，对人们的信念、思想和价值取向等都产生了极为深刻的感染力。其中，边境地区宗教还与当地民族的传统思想观念和伦理习俗等相融合，作用于对当地民族群众行为的规劝和引导，因此在当地，民族宗教作为思想体系和行为体系的融合直接浸透于边境民族的生产生活与精神陶养当中。然而正是宗教所带来的精神感染和心理引导属性，使其对边境地区民众的民族文化认同乃至国家认同的影响十分深远，因此，相较于其他性质和类型的人员跨境流动现象而言，边境地区人文宗教性质的流动更具敏感性。作为直接的信仰载体，宗教在凝聚和引导人心的同时也不可避免地存在一定的煽动性，而这正是边境宗教可能带来的潜在隐患和消极影响。

以沿边开放地区来看，随着边境地区口岸的逐步开放以及规模的日益扩大，边境地区贸易得到长足发展，同时也进一步促进了中缅跨国往来。流动人口的急剧增加为宗教渗透分子的不法行为带来可乘之机，他们通常以组织宗教活动为名推动当地人员流动往来。从这些情况来看，在全球化背景下，沿边开放地区存在着严峻的认同危机。宗教组织在受到境外反华和分裂势力的支持和指使下，图谋干涉和侵害中国政治，有意达成破坏中国社会秩序乃至国家分裂的企图。沿边开放地区跨境民族和宗教的发展是受国内外政治和文化等多元因素影响和干预的具有风险性的过程，因此，对民族和宗教发展环境的维系是重中之重。在边境地区社会治理进程中，积极促进中缅跨境人口流动内在的和谐性和安全性，激发外籍流动人口对边境地区安全稳定的助推作用和重要动力，才是今后努力的重点所在。

五 跨境犯罪问题

因为在地理位置上缅甸与中国相毗邻，便利的交通环境在增进中缅国家间边民友好往来、促进商贸合作的同时，也为各式各样的跨境非法活动提供了便利条件。中缅边境外籍流动人口现象极为复杂，其中犯罪性跨境流动形式多样，涉及面广，无论是边境贸易、务工、婚姻，还是宗教活动等任何类型与目的跨境活动，都可能掺杂违法犯罪因素，滋生出边境地区的社会治安和管理问题。首先，就跨境流动的方式而言，沿边开放地区的非法入境现象极为常见，并屡禁不止。据调研了解，在非法入境人员当中，以寻求务工机会的劳务人员居多，其中也有部分涉外婚姻女性。这些非法入境人员绝大部分都是贪图跨境便利和不愿意承担出入境手续办理费用。另外，由于边境线上的小道和便道众多，加之水陆交融，地理环境错综复杂，在一些监管不严的区域，人们很容易就越过边境线，跨越至中国境内。在边境地区，还有一些以营利为目的车辆和渡船，为了大量吸引乘客，这些车辆和渡船的负责人往往不会过问搭乘人员的身份，甚至在过境时会有意掩护非法入境人员的身份，这样的交通工具通常只用支付极少的费用便可搭乘并顺利过境。在夜晚，非法载客入境和偷渡活动更为猖獗，加之地势复杂，视野受限，一些非法入境行为很难被发现。

其实，沿边开放地区人员非法入境问题形成已久。自改革开放以来，伴随着社会经济的快速发展，中国的综合国力得到显著提升，国际地位也日趋凸显。云南虽地处边陲，但是在国家整体发展趋势的带动下，云南边境地区的各领域发展也趋于良好，边境地区民众的生活水平得到较大改善。然而，边境线对面的缅甸，由于民主力量与军政府之间的长期对峙、西方国家对缅甸内政的干预和经济制裁以及地方民族武装势力与中央之间的武装冲突频繁，民众的生活和发展遭受极大限制，乃至生存安全问题都难以保障。虽然地理区位接近，但中缅边境两侧社会面貌的显著反差和强烈对比吸引了大规模的缅甸群众跨境至中国寻求生存保障和发展机会。

然而不同于西方发达国家，中国本土的人口基数庞大，人均可支配资源有限，所以长期以来中国始终都坚持非移民国家政策。虽然基于全球化趋势的发展和中缅国家间关系的长期睦邻友好态势，沿边开放地区口岸的开放规模和力度都在不断增加，但缅甸民众要想通过合法和正规渠道实现户口迁移还将面临很多障碍，因此许多缅甸民众往往通过经商、务工、走亲访友、涉外婚姻等方式迁入中国境内，并且入境方式并不正规，而且涉及非法婚姻和非法务工现象的人员群体通常还会伴随着较长时间周期的非法居留，这些问题在边境地区层出不穷，且渗透已久，为出入境管控增大了难度。

沿边开放地区非法跨境流动人员现象的泛滥，不可避免地衍生出一系列违法犯罪问题，为边境地区社会的安定和谐带来隐忧。由于中缅边境常年受到地理位置、跨境交通、境内外经济发展差异、跨境民族文化复杂多样性等因素影响，当地的社会蛰伏着许多隐性不稳定状况。除了上述的非法载客和偷渡以外，违法犯罪性跨境流动行为还涉及毒品、走私、赌博、枪支买卖、拐卖妇女儿童等,虽然边境地区公安边防曾多次展开行动对相关违法犯罪行为实施有力打击,但这些问题并没有得到根本性遏制,且呈现高发态势。

从边境地区所涉违法犯罪案件类型来看,盗窃问题也十分严峻,其案件数量呈多发性趋势。由于边境地区城镇化程度相对较低,山道崎岖,小路众多,因此摩托车、电动车等小型车辆是当地民众普遍使用的交通工具,其盗窃案件情况也极为突出,常占地区年盗窃案件总数的近一半之多,这也成为边境地区多发性侵财类案件当中最为突出的问题。就犯罪人员结构而言,犯罪其主体一般以吸毒人员作案居多,且男性化、低文化、年轻化特征较为显著。另外,就所涉案件所盗窃的物品来看,除数量最多的摩托车和电动车外,以牲畜和小型商品为主的盗窃案件也层出不穷。由于沿边开放地区境内外社会经济发展所呈现的特殊性,工业生产力较为薄弱,而传统的农业和手工业等行业则展现出了自身的优势与活力。所以,在边境地区用于农业生产的牲畜基数较大,且需求层次高,具有相对明显的运用价值和商业价值,由此也容易成为盗窃分子的主要犯罪对象。

此外,由于边境地区尤其是农村地区个体经营的小型便利店和小型超市数量较多,所售卖的物品一般以日常用品为主,盗窃分子往往会选择诸如香烟和各类酒品等价格相对较高、物品体积较小、不容易察觉且市场需求较大、容易转手销赃的商品作为主要目标实施盗窃。在边境农村地区,由于发展状况较为落后,安保防盗等基础设施和条件不完善,无论是个体经营户自己的商铺门面,还是当地的公共区域,视频监控和摄像头等安防措施数量明显不足,运用效能较低,甚至局部地区出现没有安防措施的情况,加之一部分所设立的监控和探头时常会在夜晚等时段遭到人为破坏,这些现象的出现和持续无疑为当地犯罪分子的违法行为提供了便利,增加了其犯罪活动的空间,助长了违法犯罪的歪风邪气。很多犯罪分子经常会以购物为掩护,肆意偷盗、敛取各种商品和财物,或者利用夜晚等隐蔽性较强的时段对商铺和店面的门窗进行破坏,实施入室盗窃。

沿边开放地区毒品问题一直是威胁当地社会秩序和安全的重大隐

患。因为云南边境地区与缅甸、老挝、泰国交界地带的"金三角"区域非常接近,所以云南省始终是中国毒品问题最为严重的地区,也是禁毒人民战争的前沿阵地。当然,随着中国与东南亚等国的通力合作,"金三角"地区的制毒贩毒情形有所好转,罂粟等毒品原材料种植规模下降幅度明显加大,因此,缅甸北部地区的毒品向我国境内的流入状况也有明显的好转。[1] 但在中缅边境线另一端的缅甸地区,包括种植、加工、走私等毒品制贩行为经历了很长的历史跨度,其猖獗势头并未减弱,因此中缅边境毒品问题对云南边境的影响和渗透并没有从根本上得到遏制。随着缅甸北部地区少数民族地方武装势力与政府之间纠葛的持续以及新的矛盾和问题层出不穷,沿边开放地区的毒品问题也呈现出新的状况和特征。

近年来,沿边开放地区新型毒品[2]有持续蔓延的态势,其中原因涉及缅方政治局势和政治环境等复杂因素的综合影响。缅甸中央政府长期致力于收编各地方武装势力,但由于对所收编的地方驻军供给不到位,同时部分"民地武"势力并不接受政府收编并长期与之相对峙,军队庞大的开销使各驻军和武装势力不得不继续以"以毒养军"的方式维持正常运转,加之缅甸政府部分官员贪污腐败现象严重,存在不作为甚至包庇现象,这进一步助长了毒品的蔓延。然而,迫于国际方面的压力,缅甸境内毒品原材料种植规模受到极大限制,部分地区已被全面禁止,传统的毒品制造和加工模式受到遏制,但新型毒品制造加工业却在悄然兴起,并重点聚集于萨尔温江一带。在贩毒渠道上,由于缅甸境内局势的动荡,加之交通等问题的限制,部分缅甸制造加工的毒品往往会转而借道于中国云南地区迂回至缅甸。从云南公安边防部门所查获的中缅边境贩毒案件来看,"由于连接佤邦和果敢

---

[1] 朱光耀:《沿边开放地区毒品堵源工作现状及其分析》,《公安研究》2011年第1期,第39页。

[2] 新型毒品主要用人工化学方式合成,能使人产生致幻、兴奋或抑制作用的精神药品。由于新型毒品成瘾性没有海洛因强,并且多呈片状或粉状,可口服可鼻吸,便于携带、吸食,还能与蹦迪等娱乐方式相互融合,加之其五颜六色的外观,很容易使人们对其危害性认识大为降低。

的缅甸境内南清兄弟大桥被破坏，致使佤邦生产的毒品被迫从云南芒卡入境，后经孟定、河外、卖盐场最后再进入缅甸果敢"[1]。

正是新型毒品制贩趋势的猖獗，以及对沿边开放地区的蔓延和影响，导致边境地区的禁毒斗争态势也更为严峻，当地外籍流动人口结构的复杂性和管理难度也不断凸显。由于国内和国际方面等因素的综合影响，边境地区毒品犯罪形态也产生新的变化，在对毒品原材料种植的有力打击下，毒品的制作加工也逐渐发生"农转非"的化学工业转向。由于缅甸自身条件的限制，工业技术相对滞后，其化学生产成品和相关技术只能以向别国进口而得，而中国作为缅甸最大的化学品生产和输入国，恰恰为犯罪分子制毒化学品原材料的获取提供了重要来源，因此，沿边开放地区作为中缅国家间进出口的桥梁，毒品走私入境和制毒化学品走私出境的双向犯罪逐渐成为边境地区毒品犯罪的新型滋长态势。因为边境地带区位因素的特殊性，新型毒品犯罪态势更为复杂，跨境流动性更强，针对制毒贩毒源头的打击难度也随之增加。同时，由于边境农村地区少数民族众多，经济发展相对滞后，关于禁毒防艾的宣传教育力度还不够。许多边境地区农村民众对于毒品的相关认知还仅仅停留在原先传统的以罂粟种植和加工为主的毒品阶段，而对以化学品制成的新型毒品的发展态势以及危害认识不清，反而可能曲解或受到蛊惑，认为是在某些方面具有特殊效果的药品。况且，新型毒品在边境地区的价格相对便宜，能够为当地绝大部分民众所接受，这无形中会进一步带动新型毒品在地区的蔓延，刺激毒品生产规模的持续扩大。

就瑞丽市的状况来看，由于特殊的区位因素以及复杂的社会环境影响，该地区的毒品问题一直根深蒂固，危害深重。基于边境大城市社会多元化状况的掩护，瑞丽市历来是境外毒品走私、渗透入境并辗转扩散到全国各地的重要通道之一。毒品对社会的渗透贻害无穷，不仅从根本上瓦解人身体和心理健康，还对社会秩序造成严重侵害。近

---

[1] 何天都：《沿边开放地区毒品犯罪形势评估与对策》，《云南警官学院学报》2012年第6期，第32页。

几年瑞丽市禁毒斗争取得一定成效。以 2016 年数据为例，瑞丽市共破获毒品刑事案件 321 起，抓获犯罪嫌疑人 332 名，缴获各类毒品 1104.7 千克，及制毒化学品 36.72 吨，与上年同期破获 365 起、抓获 313 名、缴毒 706.55 千克相比，三项指标分别下降 12.1%、上升 6.1% 和上升 56.4%。特别是毒品缴获量创瑞丽禁毒历史新高。该年内，全市共破获零星贩毒刑事案件 144 起，抓获犯罪嫌疑人 155 名，缴获毒品 3.85274 千克；通过中缅边境禁毒联络官平台，在缅甸木姐警方的协助下成功破获万克以上毒品案件 2 起。年内，共受理外来协作事项 113 起（侦办毒品案件 5 起、调查取证 38 起、追捕逃犯 17 起、其他 3 起），其中协助破获毒品刑事案件 28 起，抓获犯罪嫌疑人 67 名，缴获毒品 428.24 千克及制毒物品 7.55 吨。另外，边境联合扫毒 22 次，抓捕毒品犯罪嫌疑人 9 名及吸毒人员 12 名，捣毁边境缅方一侧吸贩毒窝点 6 个，缴获各类毒品 77.2835 千克。[①] 目前，瑞丽市公安局以中缅警务合作联络官办公室和中缅禁毒警务合作联络官办公室为平台，加强与缅甸警方合作，全力打击跨境违法犯罪活动。

尽管政府及相关部门对地区各类制毒贩毒违法犯罪活动的打击力度不断增强，但瑞丽市当地的毒品吸食违法活动依然屡禁不止。毒品使用者是流动性相对强的群体，除了中国籍吸毒人员外，跨境流动的外籍人员吸毒状况也较为显著，他们绝大部分是到中国境内寻找工作的，而对于吸食毒品的动机各有千秋，但大体上都是为了获得刺激感、安全感而购买毒品，并在瑞丽市的各社区以及边境沿线地区流动。在调研过程中，笔者选取吸毒状况较为严重的弄岛和姐相地区，并走访小等嘎、雷弄等地的村落，向当地村民了解一些情况，据村民介绍，出入境太过便利是形成跨境毒品吸食现象最为直接的因素。以下是笔者对其陈述所做的笔录。

案例 4　吴××　男　弄岛小等嘎村民

据村民吴××说，在当地由于跨境条件便利，经常会有缅甸

---

① 数据资料来源于瑞丽市公安局信息网，http：//www.rl.gov.cn/gaj/Web/index.aspx。

第三章 沿边开放地区外籍流动人口产生的双重效应

籍的吸毒人员,一天内跨境好几次的情况也经常发生。滚海地区的外来跨境吸毒人员也很多,而且经常会借助当地的渡口过境。每天跨境来中国的缅甸人很多,探亲、赶集、做买卖、找工作的人都有,因为吸毒人员知道在中国得到的工钱比在缅甸要多得多,所以都会到中国找工作,然后用挣到的钱买毒品,但是具体通过什么渠道买的就不得而知了,尤其是赶集的那几天,跨境的人就更多,也夹杂着不少吸毒人员。据吴××介绍,其所在村落的村民们对跨境的吸毒人员都比较排斥,只要见到那些有吸毒行为的缅甸人,就会马上让这些缅甸人离开村落。吴××认为,缅甸那边过来的吸毒人员跟本地吸毒人员或者以往吸过毒的人交往密切。因此几年前弄岛地区的口碑不是很好,不仅因为吸毒,还有一些"涉黑"的组织仗着势力为非作歹,并且这些人的手下们很多也都是吸毒者。

值得注意的是,瑞丽市边境地区的吸毒人员以青年居多,无论是中方还是缅方都是如此。据瑞丽市疾病预防控制中心性病艾滋病科的文献资料显示,在2011年的统计报告中,共对瑞丽市825人开展调查,其中2010年调查吸毒人员417人,2011年调查408人。调查对象年龄最小的14岁,最大68岁,平均年龄(29.3±8.6)岁,主要以20—30岁为主,共411人,占比49.8%;其次为31—40岁,共230人,占比27.9%。性别构成以男性为主,共789人,占比95.6%;女性36人,占比4.4%。以未婚者居多,共413人,占比50.1%;其次为再婚和同居者,共350人,占比42.4%。国籍为缅甸籍者居多,共487人,占比59.0%。国内338名吸毒人员民族构成主要为傣族,共123人,占比36.4%;其次为汉族,共118人,占比34.9%;其他民族97人,占比28.7%。[1]

正是因为毒品渗透幅度大,涉及面广,所以针对沿边开放地区的

---

[1] 以上数据来源于杨忠桔、李洲林、尹正留等《瑞丽市中国籍吸毒人员与缅甸籍吸毒人员HIV、HCV及梅毒流行病学调查分析》,《中华疾病控制杂志》2012年第16期,第590—593页。

禁毒工作开展难度巨大，禁毒斗争态势复杂。吸食毒品无论是对个人身体机理还是对吸毒者家庭都将产生毁灭性打击，对社会也带来极为恶劣的影响。需要注意的是，吸食毒品的方式多种多样，其中，以静脉注射方式进行吸毒的行为是导致获得性免疫缺陷病毒（Human Immunodeficiency Virus，HIV），即艾滋病病毒感染及性病传播的高危行为，"由于许多地区吸毒者的静脉注射行为通常会有共用针具的现象，这大大提高了HIV病毒的流行程度，其感染率显著高于无静脉注射吸毒史者"[1]，因此，静脉注射吸毒者是HIV病毒感染和传播的高危人群，其中，沿边开放地区的HIV病毒感染情况十分严重，并且以跨境人员群体为主要传染源，该状况正与边境地区严峻的毒品制贩和走私态势息息相关，因此，对沿边开放地区毒品问题的持续打击工作迫在眉睫。

边境地区一般性的贸易货品也常会存在走私行为，走私犯罪本身最为显著的特点便是其跨境流动性。沿边开放地区地势复杂，又无天然屏障阻隔，为海关监管带来很大难度，一些不法分子企图利用相应便利非法运输和携带国家明令禁止的出入境物品，抑或逃避关税缴纳，为沿边开放地区对外贸易秩序与正常环境带来恶劣影响。在长达1997公里的中缅边境线上，民间便道和通道非常多，复杂的环境导致走私行为难以有效被遏制，除了毒品外，枪支（包括自制土枪）、玉石（毛料、半成品、成品）、野生动物制品、油料、建筑砂石都存在走私行为，甚至还有妇女儿童等人口走私和贩卖的现象。

以玉石翡翠走私为例，据了解，在沿边开放地区，走私翡翠原石等物件被抓后通常不会获刑，但货品会被全数没收。由于处罚力度较轻，所以玉石走私行为较为猖獗，加之自2013年以来，中国政府针对玉石翡翠进口的税率增至40%，高昂的关税更促使了玉石翡翠走私行为的发生，以至于业内已经将玉石翡翠走私行为视为"公开的秘密"。不过，在边境地区管理部门的严厉打击下，该现象已经有了很大改观。

---

[1] 薛皓铭、朵林、梅红英等：《中缅边境社区静脉注射吸毒人员高危注射行为对比分析》，《现代医药卫生》2013年第19期，第2919—2920页。

除货物走私以外,沿边开放地区的人口拐卖活动也十分猖獗,其中妇女和儿童是主要的受害群体。自2009年4月中国公安机关开展打拐专项行动以来,仅云南省就解救送返被拐缅甸籍妇女257名、儿童42名。[①] 在被打击的犯罪团伙中,有的成员专门拐卖婴幼儿,有的成员专门拐卖外籍妇女来华嫁人,或是逼迫其从事卖淫活动,团伙往往存在家族、亲属或乡党犯罪的情况,甚至有中缅两国犯罪分子相勾结共同犯罪的情况。他们的犯罪行为环环相扣,具有明确分工,比如实施拐骗、收买、运送、中转和出卖等环节都有相应犯罪分子进行把控,并在谋取非法暴利后分赃。许多儿童和受诱骗蛊惑的妇女在被拐卖的过程中,遭受了肉体与精神上的巨大折磨和摧残。由于受拐卖妇女所接触人员复杂,加之自身缺乏必要的疾病防范意识,直接导致因卖淫等行为感染和传播艾滋病病毒,或由于在被嫁到中国境内后,与"丈夫"都没有做必要的婚前健康检查,致使受到某些流行病甚至艾滋病的侵害。人口拐卖在加剧非法涉外婚姻和卖淫的同时,还可能会进一步滋生利用受拐卖人群身体藏毒,从事毒品走私甚至倒卖人体器官等恶劣行径的发生。虽然就目前来看,有关人口拐卖的现象受到一定程度的遏制,但是并没有得到根本解决,这些违法犯罪现象依然时有发生,产生了极其恶劣的社会影响,同时由于中缅边境的复杂性,相关部门对涉嫌违法犯罪的人口流动现象的打击也一再受阻。

六 疾病防控的严峻形势

沿边开放地区社会环境复杂,由于吸毒和卖淫等社会乱象的屡禁不止,加之当地民众和跨境群体缺乏必要的疾病预防和控制意识,以及积极正确的治疗态度,直接导致当地艾滋病和其他高危传染性疾病的传播与蔓延。其中,艾滋病感染和传播问题是边境地区卫生安全管理面临的最突出问题。艾滋病病毒最为显著的特征在于其涉及毒品、

---

① 资料来源于中缅打击拐卖人口犯罪联络办公室,http://news.hexun.com/2013-05-15/154148628.html。

两性和母婴等多种传播途径，因此对艾滋病病毒的管控和防范难度非常大。

由于艾滋病本身高传播速度、高发病率和高死亡率的特点，使其具有极大的社会危害性，因此人们将其与毒品、暴力恐怖活动和环境污染并称为当今世界四种对公众健康和安全造成极大威胁的因素。艾滋病自20世纪80年代后期由缅甸传入中国云南境内，当时首先在德宏州边境地区的注射吸毒人群中发现成批艾滋病病毒感染者，随后从吸毒人群传播到性乱人群，进而传播到一般人群，是中国艾滋病流行最严重地区之一。其中，德宏州、红河州、文山市、大理州以及临沧市为艾滋病疫情高发地区。截至2017年10月31日，云南省累计报告现存活艾滋病病毒感染者和病人98878例，其中艾滋病病毒感染者58464例，艾滋病病人40414例。①

瑞丽口岸是国家一级口岸，随着边境贸易和对外开放等领域的持续发展，瑞丽口岸出入境人员和跨境流动的缅甸籍人员不断增加。从瑞丽边防检查站提供的数据来看，仅2016年，该站共管理出入境人员1575.6万余人次，车辆397.5万余辆次。如此庞大的境内外流动人口基数无疑为艾滋病传播增添了隐患。据2016年统计，全市艾滋病检测血样90116例，其中报告艾滋病病毒感染者和病人368例，检出率为0.41%。在瑞丽市疾病预防控制中心性病艾滋病科2017年文献资料中，一项以全球注射吸毒人群（injection drug users，IDUs）流行病学为研究的调查发现，中国吸毒人群的艾滋病病毒感染率为12%且中国籍与缅甸籍注射吸毒人群的艾滋病病毒感染率分别为59.7%和30.2%，高于全国平均水平。其中，瑞丽市吸毒人员的丙型肝炎病毒检出率处于较高水平，缅甸籍吸毒人员艾滋病病毒与梅毒感染率高于中国籍吸毒人员。②

作为艾滋病传播的主要途径之一，卖淫嫖娼现象是艾滋病病毒

---

① 余燕云：《艾滋病抗病毒治疗者高血压患病及影响因素研究》，硕士学位论文，昆明医科大学，2018年，第6页。
② 杨忠桔、李洲林、尹正留等：《瑞丽市中国籍吸毒人员与缅甸籍吸毒人员HIV、HCV及梅毒流行病学调查分析》，《中华疾病控制杂志》2012年第16期，第590—593页。

由高危人群向普通人群过渡和蔓延的主要行为因素，也是亟待整治和管控的继发性因素。在沿边开放地区的外籍流动人口当中，受诱骗或拐卖的缅甸妇女常被置于当地卖淫场所中被迫与他人发生性交易，也有一部分缅甸妇女受利益驱使而自愿跨境参与这一非法行业，因此沿边开放地区外籍卖淫嫖娼现象十分突出。近年来，随着新型毒品在全球范围内的不断蔓延，沿边开放地区新型毒品滥用问题也越发突出。由于毒品对吸毒人员身体和生理机能所产生的不良影响，直接导致吸毒者成为群体性交和高频率、无保护滥交的易发群体，成为导致 HIV 病毒传播高发的人群。[1]

瑞丽市除了本地暗娼以外，还存在一些缅甸籍暗娼，该类流动人群成为艾滋病病毒在中缅国家间传播的特殊媒介，也是艾滋病从高危人群向普通人群传播的桥梁人群。在调研过程中，笔者经友人介绍认识了一位在瑞丽地区有过行医经历的缅甸女士，她对该地区的艾滋病状况有着深刻体会。

案例 5　李××　女　姐告边贸区医生

李××是其中文名字，缅甸人，家乡在姐兰乡，今年 45 岁，来瑞丽近 15 年。她在姐告地区开过私人诊所，但由于她的诊所一直都没有办理正规的营业执照，在 2014 年被监管部门勒令停业，目前在瑞丽市谋求其他职业。在开诊所期间，她接触过的病人形形色色，有来治疗感冒发烧的，也有来处理受伤创口的，还有来治疗梅毒等性病的，患艾滋病的人也有不少。据李××回忆，她所接触的所有患艾滋病的病人，无一例外都是二十多岁的青年人，而且绝大部分都是当时附近施工单位的外籍男性年轻工人。女孩也有，不过相对少一些，基本都是从缅甸过来的，这些女孩都是因为卖淫患上了艾滋病。李××强调，卖淫嫖娼是来她这里就医的艾滋病人最主要的患病原因，她没有接触过男同性恋

---

[1] 杨茜：《新型毒品在中国蔓延的特点及在艾滋病传播中的风险》，《现代预防医学》2010 年第 13 期，第 2494—2495 页。

病人，吸毒导致的患病者就更没见过，她认为瑞丽市城区内对于毒品问题的管控是很严格的。诊所停业以后，她也不清楚那些患病的年轻人后来怎么样了，据她听说，有一部分她接触过的患者在这之后都回缅甸继续治疗了。现在，虽然瑞丽市的大医院条件很好，但收费都很昂贵，一般缅甸务工人员很少能够负担得起，好在像她这样的诊所在缅甸边境地区还是有不少的，所以很多缅甸人在生病后能够选择回国就医。

从访谈中可以了解到，卖淫嫖娼现象是构成瑞丽地区艾滋病传播的主要途径之一。在林兰珠、杨盈波和李洲林所著题为"2013—2015年瑞丽市边境地区不同档次外籍暗娼HIV/梅毒感染及相关行为分析"的论文当中，就对瑞丽市边境地区外籍暗娼情况进行了详尽分析。他们结合2013年至2015年三年内跟踪监测的外籍暗娼965例（2013年检测人数336人、2014年280人、2015年349人）指出，在瑞丽边境的外籍暗娼年龄多半集中于21—40岁，这些女性基本上都未婚，文化程度不高，在瑞丽从事商业性交易不足半年。在接受调查的外籍暗娼群体当中，2013年艾滋病病毒的检出率为4.5%，高于同年云南省暗娼人群的平均艾滋病病毒检出率（1.2%），2014年艾滋病病毒检出率为3.2%，高于同年云南省暗娼人群的平均艾滋病病毒检出率（0.8%），[①] 2015年艾滋病毒的检出率为1.4%。文献还指出，在接受调查的缅甸籍暗娼群体当中，有49.7%的人在卖淫场所内工作不足6个月，这说明外籍暗娼流动性大，新的暗娼过境频繁，且以小学、初中学历以及文盲居多，部分是偷渡过境，利用中缅双方渡口的出租房、路边店、小旅社提供性服务。[②]

[①] 王珏、贾曼红、罗红兵等：《云南省HIV抗体阳性暗娼危险行为分析》，《中华预防医学杂志》2015年第11期，第978—982页。转引自林兰珠、杨盈波、李洲林等《2013—2015年瑞丽市边境地区不同档次外籍暗娼HIV/梅毒感染及相关行为分析》，《卫生软科学》2018年第32期，第66—69页。

[②] 林兰珠、杨盈波、李洲林等：《2013—2015年瑞丽市边境地区不同档次外籍暗娼HIV/梅毒感染及相关行为分析》，《卫生软科学》2018年第32期，第66—69页。

近年来，瑞丽市对艾滋病的治疗举措取得了一定的成效。2016年，瑞丽市艾滋病综合防治水平持续提高，监测检测覆盖面继续扩大，感染者随访管理率达88.4%，"推套防艾"工程免费发放安全套35.83万只，公共、娱乐场所持证上岗率均达100%，美沙酮累计入组2021人，清洁针具月均覆盖261人，艾滋病病死报告病例下降5%，母婴阻断实施率100%，成功率100%，连续8年无阳性报告；艾滋病致孤儿童和阳性儿童100%享受国家救助政策，艾滋病困难感染者和病人按政策和病人意愿做到应保尽保。自2004年开始，中国已经实行艾滋病患者免费抗病毒治疗，这在很大程度上减轻了患者的经济压力。由于瑞丽地区地理位置较为特殊，医疗设施条件相对有限，一个名为"爱之关怀"的为受艾滋病影响人群提供服务的非政府组织在瑞丽边界地区国门医院二楼设立了倍德门诊，为艾滋病病毒感染者提供免费的抗病毒治疗和艾滋病机会性感染治疗。当前该机构一直致力于将治疗范围和覆盖人群进一步扩大，这可以有效防止艾滋病病患群体携带病毒往返流动于边界，进一步杜绝对瑞丽市以及边境其他地区甚至是内地造成的感染率风险。值得注意的是，尽管目前中国还有许多类似于"爱之关怀"这样的机构在致力于对抗艾滋病，但是艾滋病问题在瑞丽这样的边境地区形势依然非常严峻，对艾滋病问题的治理将是一个长期而艰巨的任务。

除毒品所导致的传播途径以外，边境地区跨境婚姻因素也是导致艾滋病感染和传播的性传播因素，并可能会进一步产生母婴传播的风险。据2013年联合国艾滋病规划署报告显示，缅甸成年人艾滋病感染率约为0.6%，高于中国成年人感染率（小于0.1%），[1] 而艾滋病传播与人口跨境流动、迁移和难民等因素息息相关。在云南省艾滋病患病人口比例前十的10个县当中，就有6个是边境县，其中边境县

---

[1] Joint United Nations programme on HIV/AIDS. Global Report UNAIDS Report on the Global AIDS Epidemic 2013 [EB/OL]. 2013-09-23.

外籍婚姻人员艾滋病阳性率达 1.64%，①据文献数据显示，腾冲市跨境婚姻人群缅甸籍妇女艾滋病抗体检测阳性率 1.98%，中国籍丈夫阳性率 1.35%；而跨境婚姻人群的艾滋病相关知识的知晓情况方面，边境县调查结果为：缅甸籍跨境婚姻人群艾滋病基本知识知晓率为 73.43%，其中腾冲市为 76.13%，龙陵县为 72.17%，中国籍丈夫的艾滋病知识知晓率为 81.77%，缅甸籍媳妇为 67.06%。②从显示数据来看，跨境婚姻当中，缅甸籍媳妇对艾滋病的了解水平相对较低，充分体现了边境地区涉外婚姻群体所具有的艾滋病高发且防范知识与意识较低的特点，③因此，边境地区因跨境婚姻因素所形成的艾滋病问题形势非常严峻。

就目前状况而言，虽然沿边开放地区公共卫生服务体系有了进一步的发展和完善。但是，所涉及地区的卫生医疗服务普及与覆盖程度参差不齐，尤其是各辖区和居住地跨境婚姻群体所接受与艾滋病有关的公共卫生服务情况差异显著，并且总体上呈服务水平较低的态势。据文献资料数据显示，在德宏州跨境婚姻群体当中，有 23% 左右的人群接受过免费安全套发放，而近 77% 未接受过发放；28.5% 接受过抗病毒治疗，71.5% 没有接受过抗病毒治疗；23.7% 接受过社区美沙酮维持治疗、76.3% 未接受相关维持治疗；11.3% 接受过清洁针具交换、88.7% 未接受过交换；35.7% 接受过母婴阻断、64.3% 没有接受过母婴阻断。④随着 2013 年到 2014 年边境地区外籍艾滋病感染者和艾滋病人随访综合服务模式的开展，相关地区针对外籍艾滋病感染者和艾滋病人的综合服务也受到一定程度的影响，"获得艾滋病抗体检测咨询、CD4+检测、抗病毒治疗等服务均有所提高，但母婴阻断

---

① 劳云飞、李惠琴、陈庆玲等：《云南省定居边境地区外籍跨境婚姻人群 AIDS 抗病毒治疗现状及需求研究》，《传染病信息》2012 年第 25 期，第 362 页。
② 彭佳艳、王丽、杨秀红等：《保山市边境县缅甸籍跨境婚姻人群的 HIV 感染现状》，《中国艾滋病性病》2015 年第 4 期，第 339 页。
③ 付丽茹、赵青、罗红兵等：《腾冲县缅甸籍跨境婚姻妇女 HIV 感染及其影响因素研究》，《中国艾滋病性病》2011 年第 3 期，第 317 页。
④ 项丽芬、薛珲、叶润华等：《云南省德宏州跨境婚姻人群艾滋病相关公共卫生服务现况》，《中华疾病控制杂志》2014 年第 18 期，第 700 页。

等服务变化不大,包括医生提供母婴阻断的相关信息、母婴阻断成功、对母婴阻断治疗满意在项目前后变化无统计学差异"①。

作为艾滋病的主要传播方式,母婴传播不仅作用于成人,也是儿童感染艾滋病的唯一途径,感染艾滋病的妇女一旦怀孕,将对自己的孩子构成灾难性的威胁,其影响极为恶劣。患有艾滋病的孕妇可以将艾滋病病毒通过胎盘的血液循环,传播到胎儿体内;或是在分娩过程中,胎儿经过已受污染的生殖道时被感染;或是在出生后,通过患病母亲的乳汁或与母亲密切接触而感染。② 因此,关注沿边开放地区育龄艾滋病感染者的生育现状及生育意愿,并针对孕期和分娩采取积极有效的母婴阻断措施,对于当地艾滋病防控有着极为重要的现实意义。然而,就边境地区实际状况来看,母婴传播阻断还面临着诸多问题与挑战。沿边开放地区跨境婚姻群体规模数量庞大,且所涉人员结构极为复杂,加之防范意识不足,直接导致当地涉外婚姻家庭艾滋病高感染率状况的形成。同时,边境地区对于中缅边境跨境婚姻这一特殊群体的公共卫生医疗服务工作还存在漏洞,跨境婚姻群体文化程度普遍较低,生育意愿较强,但又缺乏必要的优生优育观念,因此可能无法积极配合母婴阻断的治疗与服务,对艾滋病母婴传播的控制和消除形成一定阻碍。从这些面临的问题来看,在接下来的工作当中,进一步完善沿边开放地区公共医疗卫生服务工作的覆盖面,积极了解跨境婚姻群体的生育现状与意愿,针对涉及艾滋病问题的跨境婚姻家庭的生育予以积极劝导,并有效实施母婴阻断治疗,是减少边境地区艾滋病母婴传播的必行之策。

除艾滋病以外,沿边开放地区其他传染疾病的蔓延也是边境地区公共卫生安全的重大问题。由于特殊的地理环境和气候、规模庞大的边境流动人口群体以及中缅国家间社会经济与医疗卫生发展水平的差异,使沿边开放地区成为各类传染性疾病防治的前沿。据保山市某医

---

① 赵红娟:《云南省中缅边境跨境婚姻 HIV 感染者生育意愿及影响因素研究》,转自郭光萍、李燕等《HIV 感染孕产妇及丈夫生育意愿调查》,《中国艾滋病性病》2018 年第 14 期,第 175—176 页。
② 资料来源于人民网母婴传播,http://www.people.com.cn/GB/14739/26466/41240/41242/3023008.html。

院权威统计报告数据显示，2012年至2017年间，该医院共报告法定传染病29种，病患7581例，其中乙类传染病16种，病患4087例、占总病患数量的53.91%，丙类传染病8种，病患2581例、占总病患数量的34.05%。病患年龄结构以0岁组居多，共2777例，占比36.63%；所涉职业以农民群体居多，病患4000例，占比52.76%。从地域分布来看，保山市病患最多，为6977例，占比92.03%，其次外籍病患228例，占比3.01%。从季节性来看，病患就诊数量以天气较为炎热的夏季，即5月和6月居多，为1593例，占比21.01%。传播途径以肠道传染疾病为主，病患为3300例，占比43.53%；其次为血源性传染病，病患2842例，占比37.49%。其中，病例报告数据位居前5位的传染病种类分别为手足口病（2438例、占比32.16%）、丙型肝炎（1208例、占比15.93%）、肺结核（733例、占比9.67%）、梅毒（579例、占比7.64%）、水痘（572例、占比7.55%）。因此，手足口病、丙型肝炎和肺结核为保山市边境地区的主要传染病类型，外籍病例中99.56%来自缅甸。[1]

在沿边开放地区乙类传染性疾病当中，疟疾的传染和防治值得关注。由于东南亚地区属热带亚热带气候，蚊虫肆虐，作为虫媒性传染和蔓延的疟疾在东南亚许多国家和地区的乙类传染病患病病例数量上都具有相当规模。就目前状况来看，随着社会经济的发展，泰国等国家在疟疾防控问题上取得了显著成效，中国也已逐步实现局部消灭疟疾的计划。然而，缅甸地区由于经济发展和医疗条件的相对滞后，疟疾问题始终没有得到很好解决，并成为缅甸境内致死率最高的乙类传染性疾病之一。据统计，在缅甸有近32%的人口生活于疟疾高发区，41%的人口居住在疟疾中低度发病区，仅21%的人口位于无疟疾传播区域。[2] 由于沿边开放地区规模庞大的外籍流动人口，不可避免地

---

[1] 尹芹莉、黄东升等：《2012—2017年中缅边境某综合医院传染病报告分析》，《预防医学论坛》2019年第2期，第119页。

[2] Kyawt-Kyawt-Swe, Pearson A. "Knowledge, attitudes and practices with regard to malaria control in an endemic rural area of Myanmar", *Southeast Asian Journal of Tropical Medicine & Public Health*, 2004, 35 (1), pp. 53–62.

带来严重的疟疾跨境传播态势，这为中国西南边境地区的疟疾传染病预防与控制带来诸多问题，因此，疟疾跨境防治也是边境地区外籍流动人口疾病防控治理的重点之一。值得注意的是，由于边境地区流动人口和边境农村人口文化水平相对较低，对疟疾等传染性疾病的病理认知有一定欠缺，预防控制意识不足，导致其日常的卫生习惯、驱蚊防蚊措施等自发性疟疾防控行为举措不到位，这些都可能成为边境地区疟疾等传染性疾病传播和蔓延的隐患。因此，边境地区传染性疾病防控除了需要当地公共医疗卫生服务工作覆盖面的进一步拓宽以外，居民对疾病防控问题的必要认知和对疾病防控重视度的提高也将是重点。

七 跨境教育的现实困境

由于中缅关系的日益密切以及各领域合作的不断深化，国家间在教育方面的互动交流也日趋频繁。随着中国西南边疆地区对外教育开放程度的持续扩大，大量外籍学生选择来华求学，这给沿边开放地区教育带来巨大机遇的同时，也产生了一些值得关注的问题。由于缅甸民主化道路所出现的困境和军政府的强势执政，以及各地方武装和政府军之间矛盾所形成的一系列政治与社会不稳定状况，加之缅甸自身经济结构所呈现出的局限性，缅甸的经济发展仍然受到多方面的干扰和制约，也同时阻碍了缅甸教育的发展进步。笔者在沿边开放地区调研时，经常看到一些缅甸儿童和青少年跨越边界线，到中国边境地区的学校或教育机构上学。在跨境求学的群体当中，以中学、小学甚至幼儿园或学前班的学生居多，这些学生的父母和亲人通常都是跨境经商、务工人员和缅甸华人群体。然而，由于外籍来华求学学生规模的不断扩大，该群体的人员构成也日趋复杂，除某些以正常手续跨境留学的学生外，一些通过非正规渠道自发跨境求学的"小留学生"现象，以及非法跨境往返现象也越发突出，为边境地区的教育管理甚至社会管理带来消极影响。

作为政策性较强的涉外活动，跨境教育本身并没有政府和教育部门出台的具体政策指示的规定，因此中国边境地区许多学校乃至私人开设的教育机构全权决定着跨境学生的接收问题。无论是通过正规还是非正规途径跨境求学，沿边开放地区留学生群体的规模都非常庞大，虽然云南省教育厅和财政厅有针对边境地区跨境民族的"两免一补"助学优惠政策，但是由于外籍跨境留学生群体的复杂性，是否所有留学生都能享受该政策补贴，其规定并不明确且存在较大争议。出于对国家间关系维护、跨境民族情谊以及学校自身发展等因素的综合考虑，当地学校和教育机构一旦接收外籍留学生，都会自发向留学生发放相应补助，但这无形中便多了一笔庞大的开支，大大增加了办学负担，甚至完全透支其财务能力。学校财政支出吃紧，也就意味着每一个在校学生所能得到的教育资源将遭受更大的限制。随着外籍来华就读学生群体规模的不断增加，原本容量较为宽松的教学楼和宿舍楼都逐渐成为问题，体育器材设施和食堂等教育与生活资源量也难以满足其实际需求。以怒江州片马国门小学为例，2015年该学校宿舍总共18间，每一间能容纳12名学生，总容纳学生人数为216名，但是片马小学招收本地学生和外籍学生共计260人，超出了学校住宿负荷。[1] 同时，该小学的教室和篮球场也同样面临着容纳空间不足的问题，这不仅增添了学校教职员工的工作负担，而且由于教学和生活资源的紧缺，很有可能导致中缅国家学生之间相互埋怨甚至引发冲突的情况，有损边境团结。

除此之外，涉及跨境教育的学生群体规模庞大，上下学往返于中缅边境的频率较高，且一些外籍学生存在厌学、逃学等状况，频繁混迹于边境线两侧，这些状况不仅增加了出入境管理的难度，更重要的是外籍学生群体的人身安全问题得不到有效保障。安全与稳定的环境是实现良好教育的基础和首要原则，也是学生正常学习、健康成长的前提条件，然而由于沿边开放地区学校所处区位的地理因素与社会因素的特殊性和复杂性，所有学生的安全问题便成为当地学校和教育部门首要关注的重点。由于沿边开放地区山水相连，民众隔界而望，没有任何天然的屏障阻隔，除正常合法的出入境通道之外，边境线上的

---

[1] 黄锐：《西南边境跨界人口流动研究》，中央民族大学出版社2016年版，第126页。

小道、便道和渡口繁杂多样，地理条件的便利性使得国家间边境民众的边界意识淡漠，界桩和界碑对于他们而言并没有起到实际的警示和约束作用。因此"外籍学生的家长在接送孩子上下学时，通常都会为了方便选择'抄小道'出入境，而不从正规的国门、边防站出入"①。长期的无秩序化出入境行为，对边境出入境管理带来消极的影响。值得注意的是，由于部分外籍学生家庭住址距离学校较远，且边境地区的地理环境较为复杂，尤其是缅甸边境部分道路交通状况欠佳，而外籍学生家长接送孩子的交通工具基本上都是安全系数较低的摩托车，这为外籍学生的往返路程增加了安全隐患。

为了了解相关情况，笔者在瑞丽市区内走访过一处专门针对外籍青少年和儿童开设的基础教育培训机构，这家机构所处位置较为闭塞，是一栋三层小楼，环境设施非常简陋。通过与这间培训机构的负责人吴敏（化名）的交流，笔者对这家培训机构以及学生现状有了许多了解。

案例6　吴敏（化名）　男　瑞丽市区教育培训机构负责人

这间教育机构更像一间简易的小学校，右边的墙壁上挂着昂山将军和昂山素季的照片，其下就是吴敏校长的学位证书和学士服照片，旁边的玻璃柜子内放着许多教材。吴敏，今年62岁，曾在缅甸当中学老师，退休后到瑞丽开办了这间学校。吴敏毕业于仰光大学，除了缅语外，他还能用流利的英语交流。据介绍，这间学校的房租一年需要20000元人民币，学校共有三层，一楼的学生普遍是11—16岁的青少年，二楼的学生年龄为4—6岁，三楼的学生则是7—10岁。每层楼都有20—30名不等的学生，加起来有近百人，任课老师除他之外还有五位青年，分别教授语文、数学和自然科学知识。他坦言，开设这间学校已经两年了，但目前为止还没有得到当地的正规办学许可，因为在办理过程中

---

① 杨菁：《外籍学生跨境入学对云南边境教育的影响研究》，硕士学位论文，云南师范大学，2017年，第55页。

遇到了非常多的问题，他不希望因为手续办理的障碍而耽误了这些孩子的教育，所以这间学校他依然艰难维持着。据吴敏介绍，每个学生每年的学费为 1500 元人民币，按照 100 名学生来计算，他们每年有 150000 元的收入，但是扣除楼房的租赁费用、教材费用后，包括他在内共六位老师的工资最高只能保障每人每月 2000 元，再加上学校偶尔还要负责一些学生的伙食，资金便显得非常拮据。由于瑞丽的社会环境相对较好，所以很多缅甸家长都愿意把孩子送过来读书，放学后再接回去，而吴敏最担心的就是孩子从学校到家的这段路，缅甸许多地段的路况很不好，家长们大多用摩托车接送孩子，安全性并不高。部分孩子甚至没有家长接送，尤其是年龄稍微大一点的孩子，放学以后都是自己回缅甸，一些淘气的孩子经常沿路玩很久才回到家，他最怕这些孩子在路上被车撞到或者是被坏人盯上。吴敏很希望学校的办学手续能早日有眉目，这样他会想办法租一台车，聘请一名司机，接送那些自己跨境上学的孩子。并强调虽然现在学校的设施环境不好，条件很艰苦，但他还是会坚持办下去的。

类似于这样针对缅甸青少年和儿童的办学机构，在瑞丽市为数不少，但或许正是各种办学和经营手续的繁杂，使得类似的学校和机构依旧无法得到法律承认。通过对以往跨境教育方面文献资料的梳理以及调研的结果来看，绝大多数缅甸边境地区的民众都有着将子女送往中国境内接受教育的强烈愿望。就 2017 年的数据来看，瑞丽市设有小学 40 所，招生人数 3407 人，在校生数 18025 人，毕业生数 2734 人。中学 8 所，招生人数 3677 人，其中初中 2580 人，高中 1097 人；在校学生 10438 人，其中初中 7370 人，高中 3068 人；毕业生 3391 人，其中初中 2481 人，高中 910 人。职业中学 2 所，招生数 465 人，在校学生 921 人，毕业生 212 人。[①] 瑞丽市的所有学校和教育单位，

---

① 资料来源于瑞丽市统计局《瑞丽市 2017 年国民经济和社会发展统计公报》，http://www.rl.gov.cn/tjj/Web/_F0_0_047OYSHK6T3MJ71FM1LTUWJNNB.htm。

虽然也接收缅甸学生，但主要接收对象依旧是瑞丽市当地的中国籍学生。况且最近几年缅甸"小留学生"的现象越发凸显，跨境求学孩子的数量规模将会越来越大，至此将会对本地区学生的各项教育资源产生严重挤压。客观来讲，瑞丽市内一些缅方私人办学机构的成立，能够在一定程度上缓解对已有学校在招收"小留学生"问题上的压力。但是，就目前状况来看，地区相关部门对该类私人办学机构的关注度还远远不够，还无法从资金扶持、政策优惠等方面有效引导并协助其走上正轨。

从总体上看，边境地区学校外籍学生的管控难点在于其流动性和随意性较为突出。与部分跨境务工的外籍人员相似，由于政策和规章约束力度不够，许多外籍学生往往来去自由，上课随意性很大，一些外籍学生在掌握了最基本的中文交流后就擅自离校，不知去向，这种情况不仅对其自身学习的系统性与连贯性不利，还会导致其他学生跟风效仿。最为严重的是，由于边境地区社会环境复杂，而外籍学生年龄普遍较小，学生一旦逃学，不但安全问题无法得到保障，而且由于他们还未形成正确的价值观念和辨别是非的能力，加之缺乏学校和家庭的有效管教，极易成为被不法分子荼毒和利用的对象。缅甸边境地区长期受少数民族地方武装势力的控制，这些势力和组织为保障财政运转和正常的军费开支，因此包庇、参与或幕后操纵制毒贩毒，其中就包括毒品犯罪分子利用青少年夹带毒品跨境流动的问题，这些孩子由于身形相对小巧灵活，善于躲避出入境检查和实时监控，不仅增加了边境地区禁毒工作的难度，而且受犯罪分子利用的孩子不但身体遭受折磨，心智和思想也遭受极大的扭曲和毒害，最终陷进犯罪的深渊不可自拔。

八 缅甸难民对边境地区的影响

中缅边境外籍流动人口现象成因复杂，由于缅甸国内政治局势的不稳定，进一步导致边境地区缅甸难民的产生以及向外流动的局面，这不仅是对边境经济、政治、社会安全等国家利益格局的撼动，也是对人道主义原则的考验。缅甸政府长期致力于对少数民族地方武装势力的收编,然而由于种种政治利益纠葛,中央和地方之间始终未达成相应共识,且矛盾越发激化。近年来,少数民族地方武装势力与政府军之间的冲突不断,尤其以缅北克钦族武装和果敢族武装与政府军的对峙最盛,仅在 2009 年至 2016 年之间,就因双方的交火导致规模不等的难民潮出现,数量最多时达 10 余万人。① 由于中缅领土接壤,边境地区没有天然阻隔,因此大规模的难民潮往往会跨越边境线涌入中国境内,不可避免地对中国边境地区乃至整个国家的政治利益、经济利益和安全利益带来影响。同时,难民的接纳和收容还牵涉国家间民族情感、外交原则以及国际人道主义原则同边境地区实际状况之间的矛盾应对。

从政治层面看,沿边开放地区的缅甸难民问题,不仅与中缅国家政府之间关系处理问题息息相关,还牵涉着中国政府与缅甸地方民族政权之间的关系协调。同时,中国政府对两者关系的分别处理,还会涉及相应的国际关系效应,因此其复杂性可见一斑。从国际角度来看,难民的迁移首先必然是一个政治问题,就区位因素而言,由于中缅国家间接壤,跨境难度相对较低,因此缅甸难民群体一旦产生,对于中国方面乃至边境地区社会的影响将最为直接,其衍生出的问题也更为棘手。从近年来沿边开放地区难民数量规模、跨境频度以及所产生的社会效应来看,其总体态势不容乐观。缅甸境内政府军与"民地武"势力之间的矛盾由来已久且根深蒂固,长期的敌对态势造成双方关系极其不稳定,冲突与交火往往会在没有任何预兆的情况下爆发,造成的影响和破坏随之迅速蔓延。受战火波及而逃避的民众也就在很短的时间跨度内突然形成规模不等的难民群体,导致沿边开放地区难民潮问题的突发性和不确定性。由于难民规模是在武装冲突的影响下产生,战事的激烈程度对难民数量的变化有着直接影响,且难民的逃散路线不统一,涌向边境线的难民数量和规模分布不均匀,这直接导致中国边境地区对缅甸难民信息统计难度的增加以及统计信息偏误等问题。

---

① 资料来源于:baijiahao. com/s? id = 1575854413703233&wfr = spider&for = pc。

◆ 第三章 沿边开放地区外籍流动人口产生的双重效应 ◆

此外，难民涌入会为边境地区带来更为复杂的社会舆论形势，一些民众在状况不明晰的情况下，会以为战火即将波及自己，因而产生焦躁恐慌情绪并影响他人，也有外界人士因为看到大规模难民涌入，从而对中缅边境云南境内局势的态度产生偏见。缅甸难民问题的形成，不能简单归咎于缅甸政府或"民地武"势力，而是少数民族等非国家行为组织与中央之间利益交涉失和所导致的结果，其牵涉的问题涉及政治和经济等方方面面。正是由于任何问题都可能直接或间接性地成为引发冲突的导火索，所以对双方交火和战事发生的预测也就难以估计，更无法提前进行有针对性的防范工作。同时，缅甸难民牵涉着许多复杂和敏感的国际问题，是对中国政府外交方式和国际形象的极大考验，倘若无法正确妥当地处理沿边开放地区的难民问题，不仅对中缅国家间关系的健康发展产生不利影响，还会有损中国在东南亚甚至全球的形象和地位，更可能会由此给予西方国家向中国发难的借口，"西方国家借口国际法中的难民'不推回'人道主义原则，染指中缅边境缅甸难民问题"[1]，进一步干涉沿边开放地区的治理。

从经济层面来看，中缅边境难民问题的产生，为国家间边境地区经济的发展带来严重干扰。沿边开放地区是古代"南方丝绸之路"西线的重要通道，历史久远，其路线起于四川成都，经云南大理、保山、德宏等地区进入缅甸，经由印度向中亚、西亚和欧洲地中海地区延伸。因此，在整个商路沿线当中，沿边开放地区是连通国内外的咽喉要道，具有不可取代的经济战略地位，时至今日，中缅边境也依然是面向东南亚和南亚地区的窗口，为中国和周边国家地区的商贸往来和文化交流发挥着巨大作用。中缅国家间历来都有互市贸易的传统，近年来，由于中国—东盟"一带一路"合作的引领，有效推动了中缅国家间经济要素的自由流动与经济的良性发展。2010年，中国已超越泰国，成为缅甸第一大贸易伙伴，作为国家间主要的贸易往来形式，边境贸易在中缅经济交流与合作中的作用非常突出，而云南边境

---

[1] 陆云：《缅甸克钦、果敢难民问题对中国边疆安全的影响与对策思考》，《大理大学学报》2017年第1期，第13页。

135

地区更是中缅边境贸易区域的前沿。

频繁的商业交流往来，规模不等的边境贸易活动极大地激发了边境地区的经济发展活力，增进了国家间民族文化交流，对边境地区乃至中缅国家间的发展有着极为重要的作用和意义。然而，由于缅甸国内政治局势长期的不稳定，并陆续引发不同程度的难民问题，对国家间边境地区边贸互市的总体环境以及经济贸易的长远发展产生了严重干扰和阻碍。缅甸是最早承认中国政府并与中国建立外交关系的国家之一，由于边境地区地理环境的便利性，因此国家间贸易以边贸形式居多。缅甸境内尤其是北部地区少数民族地方武装势力与政府军之间的冲突，打破了正常的边境贸易互市环境，难民潮的涌入对边境地区社会的消极效应也自然蔓延到中缅双方经贸往来领域，因此，双边贸易状况往往不得不受制于缅方政治时局态势的好坏。

缅甸动荡的局势与少数民族强烈的独立意愿息息相关。缅甸境内的战争冲突所引发的难民潮不断涌入中国边境地区，不仅严重影响了中国边境地区贸易和旅游业等领域，在严峻的战事形势下，边境地区经济自身的脆弱性也充分暴露，而且对边境地区就业市场也造成了冲击。大规模逃难至中国境内的缅甸民众希望通过打工在当地谋求生存和发展的机会，他们往往对薪酬要求不高，就此，边境地区大量低成本劳动力介入当地劳务市场，对当地的就业环境造成巨大压力，还可能进一步产生诸多社会矛盾和冲突等实际隐患。

由于缅甸境内少数民族地方武装势力和缅甸政府之间持续不断的矛盾，导致与之相毗邻的中国边境地区多年来也受到不同程度的影响，经济贸易环境因战事的牵连而置于危险境地。一些边境口岸因为离火线较近，进出口贸易节奏连连受制，甚至边贸活动已彻底被搁置。缅甸境内一旦爆发冲突，规模庞大的缅甸难民便涌向中国各口岸，造成各种口岸安全问题和边境管理隐患，出于对中国边境地区民众安全的考虑，在一些冲突较为严重的紧急情况下，边境管理部门只得临时关闭口岸，因此国家间边境地区民众的正常往来活动受到阻碍，不但双边经济受到不同程度地损害，民族文化交流也只能暂时停止。缅甸境内战事爆发引起的边境社会生活动荡与脆弱状况，已经危及国家间边境贸易未来的发展走势，甚至严重影响到中国对东南亚和南亚地区经济、政治等关系发展的进程。

由于受制于缅方局势因素，当前中国在缅甸地区的投资安全，会受到包括缅方政府、少数民族地方政权和当地受战争影响的民生状况与社会态势等问题的交织影响。缅甸是一个典型的多民族国家，在摆脱殖民主义的侵扰后，缅甸许多地区的少数民族势力都曾争取过独立和自治，出于对长远发展的考虑，中国在中华人民共和国成立后与缅甸政府和各少数民族政权都始终保持着密切的联系。尤其是随着中国西南地区开放步伐的不断加快，缅甸少数民族所在区域对于中国的许多重要事业都有极为深刻的影响，其中包括"一带一路"发展倡议的基础建设规划，以及在缅甸北部地区水域所进行的水电、矿业、林业和能源管道等大规模工程投资建设项目在内，很多都位于克钦邦等少数民族控制的区域。这些地区一旦发生战争，势必会产生大量难民，社会局势动荡，当地一切建设工程项目的进度必将受到影响，甚至还会遭受额外的破坏和损失。"中国在缅甸的项目投资和建设产生重大的影响，一些大宗贸易往来和大型项目长期难以持续推进，投资安全和回报得不到应有的和平环境保障，严重影响中国'一带一路'和平发展愿景在缅甸的实施，影响中国在缅甸投资的软环境。"[1] 因此，对缅甸难民问题的有效解决，不仅影响中缅双方边境贸易各领域与各项合作的发展进程，也事关中国边境地区各项事业与发展战略的持续开展，对中国的国家利益产生着深远影响。

从非传统安全因素角度考虑，中缅边境难民的涌入，对中国边境地区的社会安全和公共卫生安全都会带来很大程度的隐患。一直以来，沿边开放地区都始终伴随着跨境方式便捷和往来人员结构复杂等特殊性，因此，盗抢、赌博、卖淫、毒品、货物走私、枪支贩卖等违法犯罪问题也层出不穷，严重威胁着边境地区的社会安全稳定，为边

---

[1] 陆云：《缅甸克钦、果敢难民问题对中国边疆安全的影响与对策思考》，《大理大学学报》2017年第1期，第13页。

境社会风气带来极为不良的影响。随着难民问题的产生，以往边境地区非传统安全问题的控制和处理也将面临更多棘手的现实境况。由于难民群体规模庞大，人员背景复杂，涌入中国境内期间可能滋生出各种违法犯罪问题，引发一系列涉外刑事案件。沿边开放地区四通八达，小道、便道、渡口众多，加之难民数量庞大且规模分布不均匀，中国边境地区管理部门在妥善安置从各口岸入境的难民群体外，还要注意以其他非正常方式和途径越境的难民群体，一些跨境犯罪团伙或组织往往会趁边防部门忙于应付难民问题之际，大肆从事毒品、走私贩运等违法犯罪活动。同时，境外暴力恐怖势力、民族分裂势力以及宗教极端势力也可能乘虚而入，时刻威胁着边境地区的社会稳定以及国家安全。另外，遭受战争迫害的缅甸民众往往身体和精神上都受到不同程度的伤害，一些难民在逃往中国境内后，可能会选择在当地谋求生存和发展，然而由于国籍和入境等问题无法得到及时有效的解决，很多难民都属于"三非"人员，不但在中国境内务工会面临重重障碍，且连基本的生活条件都得不到保障。

因为迫于生存压力，难民们在走投无路之下很有可能从事盗抢、卖淫、贩毒等违法犯罪活动。不仅如此，难民的涌入对边境地区的公共卫生安全也带来了极大隐患。沿边开放地区是艾滋病和其他各类传染病防控难度最大的区域，由于缅甸境内经济发展总体状况欠佳，医疗卫生服务体系不完善，民众对卫生习惯和疾病防范意识培养不到位，加之边境地区吸毒、卖淫等现象的泛滥，致使缅甸境内艾滋病和其他乙类传染性疾病传播形势严峻。各类传染病毒感染者或携带者随大规模缅甸难民一并涌入中国地区，使这些疾病的传播和蔓延很难得到有效控制，而且绝大部分难民由于健康卫生意识不足，在进入中国境内后往往会产生大量生活垃圾，这进一步加剧了中国边境地区疾病问题的产生。出于国际人道主义关切，针对罹患各类疾病和受伤的难民，中国政府始终予以关切并实施救治，边境地区许多医院纷纷加入难民救治的行列中。然而，由于难民数量庞大，各种救治措施大量占用中国边境地区的医疗卫生资源，严重干扰了当地正常的医疗秩序。

第四章　沿边开放地区外籍流动人口的治理模式设计

　　从对瑞丽市的状况调查以及对整个中缅边境外籍流动人口所产生的双重效应进行分析后不难发现，沿边开放地区外籍人口的跨境流动是一个复杂多元的国际问题，与中国边境地区的经济、政治、社会、文化等领域的安全乃至中国的国际形象息息相关。笔者认为，要实现对沿边开放地区外籍流动人口的有效治理，根本是要尽可能有效发挥并保持外籍流动人口所带来的积极效应，同时不断削减和消弭其消极影响。这不仅需要从宏观层面的战略视野对其进行全局把控，还需要从微观层面入手，对中缅外籍流动人口现象当中的特殊问题进行深入分析和解决。笔者认为，对外籍流动人口的有效治理，除了注重法律规范、政府规制等手段效用的积极发挥外，还应当进一步强调文化建设和情感关照等因素的实际作用，不断实现从社会现实层面到心理精神层面的全方位多元化治理。此外，合作治理也是近年来学界就边境地区问题所提出的颇具热点性和代表意义的治理路径，它强调政府、社会组织、市场等因素之间的互动机制，实现治理主体强制性、支配性与客体认同性、参与性的统一。

　　因此，本章将在论述过程中适当地对西方国家值得借鉴的人口流动治理经验进行简要阐述，提取具有借鉴价值的治理模式、治理原则和治理理念，为沿边开放地区的人口跨境流动问题治理提供现实参照。结合相应的理论支撑，在现有治理模式和治理状况以及对中外其他地区治理借鉴的基础上，尝试进一步建构中缅边境外籍流动人口治理的新模式。其中，笔者将先从国家和地方的法律法规层面来探讨新型治理模式中应当具备和完善的法律根基，同时思考结合边境地区的实际需求而形成与变通的法律实践。除了法律层面外，在制度与模式层面，本书将结合以往的治理经验和相关技术，尝试建立起跨境人口流动的动态监测机制及监测指标，同时结合备案登记管理与边境地区各部门之间的联合协作，进一步提高治理效能。需要强调的是，文化的"柔性"力量和情感层面的治理也将是笔者关注的重点。

就治理方式来说，文化不但可以作为国家政权系统进行意识形态宣传和灌输的重要载体，也能够发挥出不同于法律层面和政治层面的实际作用和具有征服和感召效能的"软实力"。沿边开放地区的人口跨境流动与边疆社会的稳定乃至国家安全联系紧密，其中涉及民族、宗教、婚恋、医疗卫生、避难安置等多元复杂的治理问题，不同于对各类违法犯罪问题的强硬管制，这些复杂的问题必然要求我们以更为多元化的治理模式和手段进行处理，也就是以理解关怀、物质帮扶、政策优惠等情感层面的措施作为必要治理原则和手段，以此来培植边境地区跨境民族群体、宗教群体以及各类应给予人道主义关怀的跨境流动群体的认同感和信任感，形成稳定、和谐、持久的情感纽带，建立边境地区团结和睦的社会氛围。此外，中缅双方的合作治理也是必不可少的，加强中缅双方对人口跨境流动的协同管制，促进外籍非法跨境流动人员遣返工作的开展，合力打击跨境犯罪行为，加强劳务市场和劳务机制的双边合作等，都是进一步建立健全中缅人口跨境流动合作治理机制的必由之路，为构建沿边开放地区外籍流动人口的合作治理模式提供更为全面而具体的政策建议。

第一节　外籍流动人口治理的法律体系完善与法治践行

法律体系的健全与完善在跨境迁移和流动人口的管控中起到重要作用。法律，从根本上来讲，是由国家制定或认可并依靠国家强制力保证实施的，反映由特定社会物质生活条件所决定的统治阶级意志，以权利和义务为内容，以确认、保护和发展对统治阶级有利的社会关

第四章 沿边开放地区外籍流动人口的治理模式设计

系和社会秩序为目的的行为规范体系。[①] 作为以规范化、系统化、合法化治理方式的根本性维度和实现方式，法律规范是人类社会发展进程中通过不断实践和摸索而逐渐形成的维系社会公平正义与和谐稳定的治理工具和手段。

以欧美国家针对人口迁移状况治理的法律法规体系为例。正是由于要妥善管理规模庞大、结构复杂的移民群体，欧美等移民大国都在逐步发展并不断完善属于本国的移民法律体系，这不仅是基于西方国家在社会历史发展进程中生成的固有的传统法律意识，而且也是在针对困扰良久的各类移民问题的思考和处理过程中的经验沉淀。具体而言，关于移民方面的法律法规是"由一个主权国家制定的专门处理本国公民和外国公民出入该国国境及其在该国境内居留等相关活动的法律规范"[②]，在这一点上，欧美国家和地区在对移民政策的制定和实施以及对移民问题的处理过程中，都始终遵循立法优先原则，并依照法律法规来对移民的实际治理环节进行必要调整。

从美国建国至今，其移民法在经历了二十余次不同程度的修订和完善后，现在已经形成较为健全和完善的移民法律体系，在美国的移民治理过程中发挥着不可替代的依据性作用。在1993年到1999年，英国先后颁布了三部庇护和移民申诉法，这些法案旨在通过法律层面的强制性调控来遏制移民规模的增长，"在移民资格严格化的基础上进一步对难民和寻求庇护者的迁入进行限制"[③]。针对移民和难民问题消极态势的持续扩大，法国政府于1996年颁布了《帕斯格瓦法案》，并且强调法国已经不是移民国家。由于法国先前的法律规定，在法国境内长期居留达10年可以自动获取长期居留资格，但是为了有效限制大规模移民的涌入，法国政府也不再为移民群体发放长期的居留许可证。在经济危机爆发以后，德国政府根据当时德国的社会经济实际状况，进一步修订了包括《国籍法》《外国人法》和《移民

[①] 张文显：《法理学》，高等教育出版社2011年版，第47页。
[②] 徐军华：《非法移民的法律控制问题》，华中科技大学出版社2007年版，第232页。
[③] ［英］罗斯玛丽·塞尔斯：《解析国际迁移和难民政策》，黄晨熹译，格致出版社2011年版，第130页。

法》在内的一系列移民法律文件和相关法规，对移民资格做出了严格的限制，同时还对部分移民实行配额制，促使移民申请的数量大幅下降。①

因此，从欧美国家的治理经验中可以看出，加强法治，不断夯实和完善法律体系，是实现国家有效治理的必要前提与核心准则。当然，法律体系的健全程度，以及对法律合理运用的实际水平，不仅标志着一个国家法制化程度的高低，更是对该政府程序化、规范化、合理化治理状况的重要表征。由于法律的有效实施依赖于自身的强制执行力，因此必然以国家的暴力机关为基础。同时，由于法律法规文献条例的公开性在最大限度上保障了对社会民众的普及和了解，而法律所营造出的纪律性环境又体现出自身的内在刚性，所以民众可以明晰地认识到违反法律所承担的相应惩罚后果，从而实现广泛的震慑力。法律法规在国家治理中显现出无可替代的现实性影响，对于边疆治理，尤其是边境地区治理更发挥着至关重要的前提性作用。当然，云南边境地区法律制度的健全与完善以及实际法治状况还面临着许多问题。其中，沿边开放地区的外籍流动人口问题就映射出了当前涉外法律法规所出现的系统性、协调性和针对性等方面的不足，显现出依法治理程度和水平的滞后。法制建设的加强与法律体系的完善一定是自上而下、从中心到边缘不断影响、深化和渗透的过程，所以国家层面对法律法规的不断健全，地方层面对法律法规的持续贯彻，以及针对实际情况的适度变通，是实现沿边开放地区外籍流动人口有效治理模式开展的法律基础和要素。

一 法治实践的理论依据

作为政治文明最为核心的原则之一，法治文明有力保障着公平、自由、正义、秩序等基本政治价值。因此，要实现公共权力在外籍流动人口治理过程中的合法运用，首先便要以与法治文明的严格统一为

---

① 宋全成：《欧洲的移民问题与欧洲一体化——以德国为例》，《北京大学学报》（哲学社会科学版）2002 年第 1 期，第 146 页。

前提和基础，同时遵循和顺应法治文明的发展方向。由于法治文明体现的是一个国家在法治实践过程中的实际程度和状态，因此，对法治文明的追求也必然延伸至包括社会正义、人权保障在内的多个层面，即"把法律尊崇为治国的方式，以追求政治民主、社会正义、保障人们权利所取得的成果和成就"①。通常来看，法治作为一种秩序体现，它不仅意味着对权力的有效制约，也代表着具有普适性的公平和正义。所以法治的本质要求也是外籍流动人口治理的基本要求，法治文明所追求的目标也是外籍流动人口治理的价值目标。并且随着社会历史的不断推进，法治实践也已积累了相当丰富的法治经验和法治文明成果，可以为边境地区治理乃至外籍流动人口治理的创新性建构提供必要的理论支持。因此，从这个意义上讲，对外籍流动人口治理乃至整个边境地区治理法治文明状态的维系，是有力实现沿边开放地区外籍流动人口治理效能化的基础和前提，是法律规制型治理模式的核心原则所在。

要充分建构起沿边开放地区的法律规制型治理模式，首先，必须要有效树立起正确、科学的法律治理理念，完善法律规制治理的各项内容，持续推进法律规制治理模式的科学化进程。另外，应当同步实现从国家顶层设计，到地方法治实践这一自上而下的法律规制治理，以相应的法律制度为桥梁和纽带，形成从中央到地方、从顶层到基层的高度统一与有机结合。由法治文明为框架和理路所形成的外籍流动人口法律规制型治理模式，必然是以对公平正义的弘扬、对自由权利的捍卫、对正常社会秩序的维护以及对犯罪乃至分裂势力的打击为治理目标的。并且，法律的规制也势必要求在实际操作和执行过程中实现平等、公正、高效、透明的原则，为边境地区外籍流动人口的效能化管理提供有力支持，实现边境地区社会的和谐稳定与长治久安。

二　国家层面的法制设计

在边境地区治理的实践过程中，法律法规拥有最高的权威性、最

---

① 文正邦：《论法治文明》，《现代法学》1998年第2期，第12—21页。

严格的强制性和最普遍的适用性。法律不仅保障着边境地区民众的各项权益，更是对国家核心利益的捍卫，因此从根本上讲，法律法规的制定、完善和实施只能由国家政权系统来负责，并以此实现对公共利益的维护。也就是说，与对其他领域的治理相同，边境地区的治理模式必然要首先明确法律法规的主导，从国家层面来不断巩固法律的首要规制地位，进一步实现国家和边境地区治理法治化。简单来讲，国家针对边境地区治理的法律的制定、完善和实施，不仅是对边境地区个人或群体行为准则的规约，还将对当地管理过程中出现的状况和问题处理提供必要的顶层依据。对沿边开放地区外籍流动人口群体的有效治理，事关边境地区社会乃至国家的稳定和发展，因此就国家层面而言，加快推进和实施针对沿边开放地区的跨境流动群体和涉外人员管理的法治进程，有着极为重大的现实意义。

外籍人员的跨境流动行为为沿边开放地区带来的包括经济、政治、社会、文化、民族、宗教、教育以及国际关系等领域和层面的实际影响极为复杂，衍生出的问题不胜枚举，因此法律层面的规制作用也得到发挥。自20世纪80年代中期，中国已经制定并实施了针对边境地区出入境管理的《中华人民共和国公民出境入境管理法》与《中华人民共和国外国人入境出境管理法》及相关细则。90年代以来，中国根据中缅双边协议以及国家间边境地区的实际状况，又先后制定了《云南省沿边开放地区境外边民入境出境管理规定》和《云南省沿边开放地区中方人员出入境管理暂行规定》。其后，随着出入境人口的大幅度增加、出入境形式和目的的日趋复杂，整个沿边开放地区出入境的总体态势发生了巨大变化，因此包括《中华人民共和国公民出境入境管理法》与《中华人民共和国外国人入境出境管理法》等在内的法律法规自身的滞后性已经逐渐显现，无法适应新的出入境形势变化，最终在2013年被废止，取而代之的是《中华人民共和国出入境管理法》。沿边开放地区的外籍流动人口治理，与对中国国家主权的捍卫息息相关，因此必须加快国家层面对相关领域的法治进程，实现自上而下的立法途径，同时进一步完善沿边开放地区出入境管理的相关法律法规。当然，相应法律法规的修订和出台使我们更深入地认识到原先的法律法规在制定和实施过程中所存在的一些误区，这将对今后涉及沿边开放地区出入境治理的法律条款的进一步修订和完善提供重要的经验参考。

首先，需要明确目前的法律法规是否能够在真正意义上有效适应沿边开放地区出入境的实际形势和发展要求。20世纪90年代，中国针对沿边开放地区的实际情况，制定并出台了一系列出入境管理法规，但是许多条款和细则随着现实状况的改变并没有进行相应的修正和调整。例如"1997年中缅国家间政府签署的《中华人民共和国政府和缅甸联邦政府关于中缅边境管理与合作的协定》明确了中缅国家间双边管理精神，该规定中的条文已显过时，但时至今日，此规定仍未作任何修改"①。另外，如《外国人在中国就业管理规定》和《中华人民共和国出境入境边防检查条例》等都一直沿用20世纪90年代的条款，由于新的条例和办法仍然在起草或修订，导致相关法律法规体系的系统性、时效性都无法得到保障。

其次，要注重各专项法规内容之间的统一性与协调性，杜绝法律条款之间的冲突和矛盾。由于针对边境地区管理的法律条款内容较为繁杂，加之法制体系的系统性、科学性不足，致使各法律法规之间矛盾和冲突问题较多。例如，在涉及与沿边开放地区非法跨境行为问题处罚相关的法律规定中，《中华人民共和国刑法》第322条指出："违反国（边）境管理法规，偷越国（边）境，情节严重的，处一年以下有期徒刑、拘役或者管制，并处罚金。"《中华人民共和国出入境管理法》第71条规定："持用伪造、变造、骗取的出境入境证件出境入境、冒用他人出境入境证件出境入境、逃避出境入境边防检查或以其他方式非法出境入境等行为之一的，处1000元以上5000元以下罚款；情节严重的，处5日以上10日以下拘留，可以并处2000元以上10000元以下罚款。"《云南省中缅边境地区境外边民入境出境管理规定》第29条指出："非法入出我边境县（市）的境外边民，可处

---

① 肖震宇：《云南跨境民族地区防控人口非法流动的法律对策研究》，《云南大学学报》（法学版）2010年第2期，第69页。

警告或十元以上一百元以下罚款。"《云南省中缅边境地区中方人员出入境管理暂行规定》第11条则指出："违反本规定，非法出境、入境的，公安机关可以处以警告或者十元以上一百元以下罚款或者十日以下的拘留；情节严重，构成犯罪的，依法追究刑事责任。"从中可以看出，虽然从国家到地方各项法律规定都明确说明了对边境地区非法跨境行为所应承担的法律责任，但从处罚力度上来看，包括拘留期限、罚款额度等方面都各不相同，无法做到法律体系自上而下的有效统一和对接。并且，正是由于各法律条文之间存在的冲突与矛盾，致使公安部门、边防检查部门和其他边境地区管理部门在日常的执法过程中法律依据不明确，从而导致其执法行为的公正性和权威性无法得到有效保障甚至遭到质疑。

最后，要进一步加快针对边境地区外籍流动人口治理相关的立法进程。据统计数据显示，截至2016年6月30日，仅瑞丽口岸共迎送出入境旅客782.9万人次，交通运输工具205.3万辆次，与去年同期相比分别增长了16.7%和103.5%，较去年增长一倍。[①] 随着人口跨境的规模和沿边开放地区出入境形势的不断变化，现行的出入境管理法律法规应当不断适应新情况和新问题，这不仅是维护国家主权、安全和社会秩序的现实要求，也是促进对外交往和对外开放的客观需要。

同时，加快边境地区出入境治理和外籍流动人口治理的立法进程，也为维护国家主权、安全和利益奠定更好的管理基础。当前世界多极化、经济全球化的趋势日益加强，国际恐怖主义威胁增加，非传统领域安全威胁加大，打击边境地区非法跨境流动、非法移民和其他各类跨境违法犯罪活动的任务加重。沿边开放地区大量外籍人员入境经商、务工、婚配、求学、就医、避难以及开展民族宗教活动，给边境地区社会发展带来机遇的同时也对社会管理服务提出了更高的要求。因此，要在总结改革开放以来出入境管理服务工作经验的基础

---

① 数据资料来源央广网《中缅边境瑞丽口岸2016年上半年出入境流量较去年大幅提升》，http://news.ifeng.com/a/20160702/49283250_0.shtml。

上，明确执法理念从强调管理向服务和管理并重转变，寓管理于服务之中。例如《中华人民共和国出入境管理法》第8条规定："履行出境入境管理职责的部门和机构应当切实采取措施，不断提升服务和管理水平，公正执法，便民高效，维护安全、便捷的出境入境秩序。"其中，将"国家保护中国公民出境入境合法权益""在中国境内的外国人的合法权益受法律保护"作为出入境管理工作的基本原则，还将中国公民出入境专用通道等便民利民措施上升为法律规定。① 这些都是边境地区出入境管理和外籍流动人口治理相关立法进程成果的良好体现。

三 边境地方的法治实践

沿边开放地区外籍流动人口治理所显现的实际问题不仅为国家的法治设计指明了方向，同时也对边境地方法治的具体实践提出了要求。根据《中华人民共和国出入境管理法》规定："经国务院批准，同毗邻国家接壤的省、自治区可以根据中国与有关国家签订的边界管理协定制定地方性法规、地方政府规章，对两国边境接壤地区的居民往来作出规定。"② 该法授权规定表明，作为西南边境民族地区重镇以及面向东南亚国家和地区的辐射中心，云南省完全具有针对边境地区外籍流动人口治理的主体资格，在处理相关问题的过程中，也应当具备与本地区现实状况紧密联系的地方性法规。基于法律法规的持续构建、完善和有效实践，能够最大限度实现对沿边开放地区和谐、稳定、有序社会秩序的营造，这是实现沿边开放地区外籍流动人口有效治理的前提与基础。所以，以法律规范方式实施对边境地区人员群体和社会的整顿与治理中，要始终以条款的具体性和细致性、实施方式的适用性和可操作性以及法律本身的公正性和针对边境社会特殊状况的灵活性为依托。

作为对边境地区外籍流动人口群体规范化管理最为直接和基础性

---

① 资料来源于中国网新闻中心《公安部负责人就出境入境管理法答问》，http://www.china.com.cn/news/txt/2012-06/30/content_25776158_2.htm。

② 参见《中华人民共和国出入境管理法》第90条。

的途径，法律法规在实际运用过程中凸显出的强制性可以在最大限度上发挥对个人和群体等行为主体的行为规制作用，以确保其现实活动的正确与规范。当然，要能够最大限度地实现法律法规的效能和作用，其前提条件在于构建出既迎合当代中国法治文明的前进方向和发展要求，又能够充分适应于边境地区社会现实状况的更加完善的良性法律规范体系。这一整套法律规范体系的建成，仅仅依靠国家层面的宏观把控还不够，因为其顶层设计往往更趋向于对整个国家范围内所涉地区的总体状况的涵盖，无法有针对性地指向边境地区人员流动现象所呈现出的复杂性和特殊性及其表现出的诸多重大问题。

因此，更加敏锐且透彻地洞悉和把握边境地区的实际状况，深刻发掘当中颇具特殊性和争议性的现象与问题，纳入针对边境地区治理的立法议题当中，构建起真正适用于边境地区治理实践状况的更具灵活性和针对性的法律法规。例如，几乎所有边境地区都可能涉及包括民族和宗教等颇具特殊性与敏感性的问题，就应制定相应的法律法规予以管制和协调，针对当中所存在的暴力恐怖、民族分裂和宗教极端等问题，则更应该构建相关的专门法进行坚决遏制和打击。在边疆地区，尤其是边境地区持续构建并不断完善的地方性法律规制体系，是为了有效规制当地社会成员的行为，规避和遏制一切违法犯罪问题，同时积极努力化解诸如社会公平、人身安全、健康医疗、福利保障等争议性较大的难题。针对边境地区法律规范的完善，能够真正实现对边境地区社会公平正义的维系，全面制衡社会成员权利义务关系适时建立并逐步完善陆疆治理的法律法规体系，持续协调边境地区社会和谐稳定，从根本上实现国家利益、地方利益、公民利益乃至外来民众利益的协调和统一。

近年来，沿边开放地区的现实状况以及管理工作始终在不断充实和完善相关法律规章。自《中华人民共和国出境入境管理法》出台并实施后，《中国边民与毗邻国边民婚姻登记办法》《外国人入境出境管理条例》等法律法规也相继产生，这些法律规章的生成完全显现出国家对于进一步加强外籍人员管理和服务的最新精神，也表明了西南边境地区外籍流动人口治理工作的重心，在治理实践中凸显出极为重要的参考价值和指导意义。具体来讲，以云南省目前依旧实施的《云南省沿边开放地区境外边民入境出境管理规定》为例，该法规于1990年7月31日制定并颁布，时至今日，当中部分内容的时效性、严肃性以及对新法精神的契合度已经存在一定争议，但不可否认的是，在该法规制度下，沿边开放地区地方政府所负责处理和执行与本管理规定有关的重要事项，包括出入境授权、住宿登记、临时或长期、临时进入内地等管理的民事问题以及相应惩处措施等事项都有了明确说明。值得注意的是，当中的具体条款内容和惩治措施与《中华人民共和国出境入境管理法》当中的具体内容依旧存在一定出入。法律条款为地方治理提供了可靠依据，而关键的问题在于如何将包括出入境管制细则、处罚标准和补充规定等在内的各项法律条款的设定相衔接，并进一步与行政法、行政强制法和治安管理处罚法等法律规定形成有效对接，进而使法律形式有序化、规定统一化，共同致力于边境地区出入境管理的实际工作当中。同时，由于国家关于出入境管理领域的法律规章和条例更新较为缓慢，无法做到每时每刻在最大限度上与边境地区瞬息万变且持续复杂的外籍流动人口现象完全契合，因此始终会存在法律法规相对滞后的情况，这就要求相关法律部门对相关法律条款内容做出适时而灵活变通的修正甚至再制定，同时根据现实状况及凸显问题的严重程度，适当调整惩处力度，以此更加有效地作用于边境地区治理实践。

当然，针对边境地区特殊性所形成的法律法规的良性变通和法律规范体系的构成和实践，必将要以对法律法规本身切实地遵守和执行为核心前提，只有这样，才能在根本上实现对边境地区的规范、协调和有效治理。边境地区治理往往并不会缺少相关法律条文的引导和参照，恰恰是因为这些法律条文和规范没有在最大限度上有效落实，因此其本应发挥出的规制功能和权威作用得不到良好体现，由此通常会招致边境地区治理问题的层出不穷，法律法规的严格贯彻是解决地区治理问题最为直接和有效的方式。尽管当前的法律法规有待进一步持续完善，但现有的法律条款已经提供了许多必要的指引。然而，正是法律渗透过程中出现的执行力度和实施状况的差异，直接导致层出不穷的个性化行为及相应问题的产生。客观来讲，相比于法律法规设计与法律体系构建的不完善而言，法律法规在实践过程中执行力度的不严格和规制效能的缺失所产生的消极影响更加突出。

因此，贯彻法律法规的严格执行，必须要求边境地区一切身份地位、宗教信仰和民族成分的社会成员共同努力和坚守，任何触犯法律底线的行为都必然要无条件接受法律法规的制裁。所以，在执法强度方面必须更为严厉，尤其是针对非法跨境行为的处理，不但要对各个入境关口严格把控，加派沿线警力巡查，对涉事人员依法进行严肃处理。同时，针对非法跨境流动甚至长期非法居留人员的排查，除了以边境大中型城市为对象外，还应当多走访边境地区乡镇和村落，对疑似非法跨境人员和身份落实不明确人员应及时根据实际情况进行遣返或其他必要处置。此外，还要密切注意非法跨境人员当中的违法犯罪行为，尤其是毒品走私或人口贩运等违法犯罪活动，更要依法严肃追究其刑事责任。

就边境地区各执法部门的职责权限问题，《中华人民共和国出境入境管理法》明确表示："公安部、外交部按照各自职责负责有关出境入境事务的管理。中华人民共和国驻外使馆、领馆或者外交部委托的其他驻外机构负责在境外签发外国人入境签证。出入境边防检查机关负责实施出境入境边防检查。县级以上地方人民政府公安机关及其出入境管理机构负责外国人停留居留管理。公安部、外交部可以在各自职责范围内委托县级以上地方人民政府公安机关出入境管理机构、县级以上地方人民政府外事部门受理外国人入境、停留居留申请。"[①]当中指出，外交部门和公安部门是负责对外籍人员发放入境签证并实行管理的主要单位。其中，外交部门和所涉驻外机构主要是负责对外籍人员包括入境签证和其他身份证件的发放工作，而公安部门与边境所涉辖区的各公安分局和派出所则负责对境外人员实施包括留住和就业在内的各项事务的管理和规制，并针对部分外籍人员可能出现的与触犯中国法律法规的违法犯罪行为给予相应惩处。

---

① 参见《中华人民共和国出境入境管理法》第4条。

第四章 沿边开放地区外籍流动人口的治理模式设计

值得注意的是，出于对跨境人员国籍、民族等问题的考虑，并兼顾中缅邦交关系和中国在东南亚地区的国际形象，针对涉外跨境流动人员事务的处理通常不能简单参照与对中国公民相同的方式来进行，正是由于问题更为敏感而复杂，针对部分外籍人员的处罚措施也较为烦琐，因此边境地区公安部门在处理外籍跨境流动人员违法行为的过程中可能会产生消极执法的情况，而且由于所涉地区范围较广，外籍人员分布复杂，社会渗透程度较深，难以有效管控，这在很大程度上制约了边境地区管理部门的执法效率。况且，边境地区各部口在日常工作中往往只注重于管理其辖区内事务，地区部门间的联合协调机制不足，无法做到信息的共享和有效衔接，这直接导致管理盲区的产生，极大增加了部分外籍人员在边境地区滋生违法犯罪行为的可能性。

另外，部门间协调与合作机制的缺乏还可能造成"权责不明、互相推诿，部口之间的配合不力，信息跨部口共享不完善，甚至存在信息查询障碍等"[①] 问题，都将直接导致边境地区外籍流动人口管控效能缺失的情况，因此管理部门间的长期有效协调配合机制的生成是边境地区治理进一步走向规范化、体系化、信息化的必然选择。当然，法律的践行离不开每一位基本的执法单元的积极行动，因此，在边境地区组建一支高素质的执法人员队伍来对纷繁复杂的跨境流动群体进行管控是十分必要的。这就要求边境地区部门不断增强对执法人员的培训，努力提升执法人员的执法能力、法律素养、知识水平以及品格修养，进一步促进执法效率的提高。同时，执法人员和单位还应当与其他各地区公安分局和派出所等形成密切的联合执法机制，持续促成执法过程中的便利性和效能性，切实增进对边境地区外籍流动人口的管控能力。

总而言之，由于人口的跨境流动不可避免地涉及国家间社会经济发展状况的差异性因素，并且会产生持续性的变化，因此迁移和流动

---

① 关苒苒：《西南边境民族地区非法移民法律治理研究》，硕士学位论文，广西师范大学，2016年，第22页。

群体的实际情况和衍生问题也必然呈动态发展趋势。况且，跨境迁移或流动的人员群体国籍的差异势必会进一步产生民族、宗教、文化等因素的多元性趋势，而针对多元性问题的评判和处理，法律便成为最重要的参考依据。所以，就跨境人口流动治理来讲，相关法律的确立和不断完善都是十分必要的，且该过程必然需要在实际的治理过程中对法律理论不断充实和完善，并进一步作用于治理实践当中。客观来说，当前中国针对人口跨境流动和迁移的立法中仍然缺乏体系性、系统性与整合性的法律建设，尤其是对边境地区跨境教育和外来"留学"等特殊跨境流动类型的批准和限制的相关法律条文规定还不明确，而这些都是在今后边境地区外籍流动人口治理过程中需要以法律作为参考依据的实际方面。

第二节 外籍流动人口治理的管理体制健全化与效能保障

不可否认，法律法规的完善和有效实践在边境地区治理，特别是外籍流动人口治理过程中的主体性作用是显而易见的，其所体现出的权威性、指导性和严肃性不可撼动。然而，完善的法律本身仅仅代表的是理论上的可操作性，对于人口跨境流动问题的处理，全然指望通过法律法规来作用于具体的制度安排和实际管理操作其实并不现实，要在切实的管理工作中取得成果并显现效能，对管理体制的不断健全也提出了要求。健全的法律给予了人口迁移治理以可靠的文本依据，而在实际的治理过程中，依然要通过实际的管理体制途径加以有效实现。作为一个具备组织化和系统化的政策执行体系，管理体制除了其分门别类的内部机构设置以外，还有与各个机构相匹配的权力分管，以及总体运行方式。作为边境地区管理机构和管理规范的结合体和有机统一体，管理体制事关边境地区管理机构的设置，隶属关系和权力划分等，对边境地区管理的具体体系和组织制度有着深刻而明晰的呈现。相比于法律制度的理论性倾向，行政管理在针对边境地区复杂状况所采取的实际管理操作层面更具变通性、机动性、便捷性，也能够

◈ 第四章 沿边开放地区外籍流动人口的治理模式设计 ◈

在法律赋予的权限范围之内形成一定程度的自主性。

具体而言,随着全球化趋势的持续蔓延以及边境地区市场化规模的日趋扩大,不但社会内部的矛盾和隐患会持续凸显,跨境流动群体所带来的各种外部非传统安全威胁因素也使边境地区的状况持续复杂化。正因如此,在实际的管理过程中,如果针对某些突发状况,尤其是打击违法犯罪问题时依旧遵照法律实施的刻板流程,必然会导致对实际管理应有的及时性和效能性的限制。"如果严格遵循报案—立案—侦查—审判—执行—监督等复杂的法律规制过程,可能会对人民群众的生命财产安全造成更大的威胁,必须运用灵活性和反应性更强的行政规制手段予以及时处置,予以即刻性的严厉打击和制裁,显得尤为必要和重要。"[①] 在实际治理过程中,对时间成本的把控尤为重要,针对边境地区复杂和多变环境的有效管控,一定需要法律的原则性、稳定性与行政管理的应急性、灵活性的相互协调。所以从这一点上看,行政管理的现实性作用不仅仅是对法律规制的填充,二者之间更多的是相辅相成、互为弥补的关系。

当然,就边境地区治理而言,每一种治理模式本身都无法保证达到稳定而全然性的治理效果,其仅仅是于特定治理范畴内才能发挥相应的作用。而且行政体制内部各因素之间的关系协调和处理,以及相应的正向机制的生成,也需要在不断调试和改变中逐步实现。当前,沿边开放地区外籍流动人口管理体制依然存在许多有待进一步提高和完善的方面,尤其需要总体性的规划来避免诸如管理机构职能重叠和权责分配不清等矛盾与问题。相比之下,西方发达国家几经探索与变迁,已经在人口跨境迁移和流动的管理体制的建构方面,取得了卓越成就,特别是在管理效能上有了显著提高。这些有益的经验对沿边开放地区跨境流动群体的管理体制建设具有重要而深刻的启示意义。

[①] 吕朝辉:《当代中国陆地边疆治理模式创新研究》,博士学位论文,云南大学,2015年,第237页。

一 管理体制建构的理论依据

自近代以来,西方国家始终将管理体制和模式的合理化建构作为关注重点。而作为西方古典管理学的实践经验理论,科学管理理论以优化组织秩序和提高生产效率为最终目标,这种脱胎于企业管理的思想理论模式也逐渐被应用于其他众多管理领域。其中,马克斯·韦伯因其官僚制组织理论当中完善的组织结构和规范的组织制度建立,成为对科学管理理论精神的良好继承与代表,为"去人格化"管理模式树立了典范。韦伯强调,设立政府管理权限的必要前提取决于相应的行政规章制度和法律,并严格对应和依照有序的等级与沟通渠道建构起可控的上下级隶属关系,即"强调政府官员的管理活动必须全方位地受规定详尽和大体稳定的普遍性规则约束"①。无论是以法律规制为基本实施手段的边境外籍流动人口治理,还是流动人口管理体制的有效建构,其最根本的原则便是强调治理实施过程中的"去人格化"特性,也就是排除一切感性因素所实现的公平与合法的原则,强调不论国籍、性别、民族、行业及其他身份性质,在法律制度面前均没有特殊对待。由此可见,科学管理理论当中基于官僚制组织理论"去人格化"的组织管理模式,是完全有理由能够为当前和未来沿边开放地区外籍流动人口规制型治理提供有力的理论支撑的。

另外,由于是以对企业的有效性管理为理论建构动机和来源,科学管理理论有着对包括人力、物力、财力等多种因素在内的可利用资源的最优配置与最大化利用,强调管理过程中由个人到组织的一切活动的良序合宜。因此,科学管理理论是贯穿于针对外籍流动人口法律规制治理、管理体制设计以及合作治理建构等多个层面的理论基础和依据。科学管理理论之于外籍流动人口治理的现实意义,正是在于对治理过程中科学严谨性和公平合理性的有效保证。从这个角度来看,科学管理理论所体现的价值追求与政府规制型治理所秉承的核心价值

---

① [德]马克斯·韦伯:《马克斯·韦伯社会学文集》,闫克文译,人民出版社2010年版,第188—190页。

目标,在管理秩序维护、管理效率保障和管理规范化实施等方面都具有切实的关联性。换言之,也只有对这些价值目标的不懈追求,才能为沿边开放地区外籍流动人口现实性和创新性治理构建坚实的基础而不偏离正轨。

同时,对科学管理理论基本原则的遵循,是对外籍流动人口治理由国家层面到地方层面,以及从社会层面到个人层面的有效衔接,维系国家、地方、社会、个人之间的秩序。就现实层面来看,由于沿边开放地区受到经济、政治、社会、民族、宗教、文化乃至国家安全等多重因素的深刻影响,因此在针对外籍流动人口的治理过程中,无论是基于政府在实际治理过程中规范程度的角度,还是从整体社会治理水平的角度来审视,都具有很大的进步空间,与治理现代化所崇尚的科学化、高效化、秩序化等目标之间仍然存在差距。所以从这个角度来讲,科学管理的基本要求就是要建构起适应于沿边开放地区的外籍流动人口治理模式,努力实现效率的最大化和秩序的最优化,同时提升制度型治理模式技术手段的科学化程度,为治理过程中治理模式的实践、创新乃至突破提供有利前提。

二 管理体制精细化与功能整合

尽管新的状况和态势不断显现,针对沿边开放地区外籍流动人口的相应管理模式也在管理机构的调试下不断更新,然而这种更新更多的是根据现实情形需要而采取的"打补丁"式的方式来进行,即哪里不符合当前形势就调整哪里。客观来讲,这种调整方式有一定的可取之处,最起码能够根据实际状况和问题做出必要改善。但需要注意的是,这种调整方式是被动性的,并不能从根本上作用于对问题的解决,因此,各种矛盾状况依然会层出不穷,这正是由于管理机构现行体制没有充分实现管理精细化与管理功能整合性相统一所造成的。

面对中缅边境规模庞大、构成复杂的跨境流动群体,有效的管理必然要依托于健全、完备而细致的管理体制。同样是针对大规模外来人口区位性移动的管理,欧美国家构建并逐步完善出的管理和执行机构的设置已经给予了我们对人口长期迁移（移民）和短期流动在内的多种人口区位性移动的治理以深刻启示。美国根据自身移民规模数量、人员构成以及对本土社会所造成的影响等多方面综合性考虑，已经在国土安全部下设国际和移民事务管理局、海关与出入境执法局、边境保护局以及边境和海岸地区警卫部门等多个机构。尽管机构设置稍显复杂，但各部门所涉及的权力和责任布置十分明确，部门之间的职责权限不会相互重叠与干涉，而又能相互作用与配合，形成有效的管理机制，因此其实际的管理效能自然比曾经的移民规化局有了大幅度提高，使美国在移民治理的实践进程中取得了相应成果。

就沿边开放地区来看，外籍流动人口管理的规范化和系统化可以有效促进边境地区的和谐与稳定，同时，管理的规制效果以及稳定的社会环境又能够进一步引导和促进边境地区流动人员群体自身行为的自律与自觉。外籍流动人口管理是沿边开放地区对外籍人员进行管理的基础性要素，其中，对边境地区安全和稳定的维护将必然与外籍流动人口的有效规制相得益彰。也就是说，针对边境地区的管理，除了以法律规范为原则性准绳外，对具体社会状况和问题的关注，对民间事务的有效管理，以及与法律管制的充分结合，能够充分协调外籍流动人口管理与边境地区安全管理之间的关系，使二者相辅相成。边境地区的安全稳定离不开对边境地区的有效管理，而加大对沿边开放地区外籍流动人口的管理力度，必须要有更加精细化的管理体制和完善的机构设置作为支撑。

具体来讲，沿边开放地区的外籍流动人口服务与管理应当在法律规范原则的前提性引导下，构建一套具有明晰层级管理体系，并能够协调多方联动的跨境流动群体覆盖式管理机构网络，以此有效解决管理主体权责不清、多头管理、管理不到位等问题。首先，以市为单位，在政府部门中设立针对外籍流动人员服务管理工作委员会，召集各相关部门定期召开会议，形成联席会议机制，研究和探讨并决议有关外籍流动人口服务管理的各项事务，努力解决一些法律没有规定或规定不够明确的针对跨境流动群体管理的相关问题，并结合边境地区对外经贸、政治、民族文化发展需求以及非传统安全因素，积极统筹

第四章 沿边开放地区外籍流动人口的治理模式设计

跨境流动群体各项规划,适时调整边境地区管理和部署。其次,以区(市)等行政区域为单位,设立针对外籍流动人员服务管理的办事机构,并成立各科室来有效进行针对各辖区的外籍流动人员的服务管理工作的组织、督导、监管、评估等。再次,在乡镇和各城区街道应形成外籍流动人员服务管理的常设机构,有效履行包括采集外籍人员综合信息、暂住证办理、组织开展管理人员培训等。最后,在城市社区以及边境地区村落建立外籍流动人员服务管理小组,在外籍人员聚集规模较大的社区和村落成立相应的服务管理工作站。另外,边境地区城市聘用外籍流动人员加入诸如农业生产、红木加工、汽车维修、餐厅服务、酒店服务等业务的企业较多,这些企业也应设立针对外籍员工的服务管理小组,并由该企业的相关责任人和管理人员在辖区的外籍人员服务管理机构指导下承担起相应工作。针对某些外籍人员往来较为频繁的边境工业园区和边境运输集散区域,还可以进一步设立相关的外籍流动人员综合管理服务站点,为区域内的外籍人员提供必要的一站式服务。

介此,针对外籍流动人员的服务管理工作将由边境市向区(市)、乡镇和街道、社区和村落、企业用工单位等自上而下不断渗透,真正逐步构建起具有明晰化服务管理层级、精细化服务管理条目以及覆盖式管理机构网络的边境地区外籍流动人口管理体制。近年来,瑞丽市委、市政府认真探索调研,摸索出的在全市推广的"一馆二站三中心"外籍流动人员网格化服务管理新模式就十分值得借鉴,一馆:在外籍流动人员相对集中的社区、村委会和村民小组建立家庭旅馆,实现"以房管人";二站:外籍流动人员服务管理站和外籍"三非"人员管理中转站;三中心:跨境婚姻登记备案管理中心、涉外矛盾纠纷调处中心、外籍流动人员劳动就业服务中心。[①]

当然,管理的精细化并不意味着管理功能的分化,沿边开放地区外籍人口管理系统的职能划分应当与管理功能和作用的整体性相统

---

① 资料来源于何从江、郭婷婷《创特色平安边境市,瑞丽市全力打造"四区"》,http://www.ynfzb.cn/fzyn/ZhengFaGongZuo/207218.shtml。

一。在以往，许多学者都质疑当前中国涉外管理体制"条块分割"所带来的实际作用，认为这种管理方式可能会带来政府资源的分散和浪费、权威作用性的减退、规模性治理效应和管理合力的丧失等。而针对这种可能带来的消极影响的主要措施就是将涉及边境地区包括人员的入境、居留、从业、社保、避难以及遣返等所有跨境迁移和流动事务归并到一个管理部口。笔者认为，该管理模式明显地反映出对管理资源调配、管理功能性整合以及管理权威性保障等方面的维护，然而需要明确的是，管理结构设置的整体性并不全然意味着治理本身的整体性，恰恰相反，倘若管制权力过分集中于一个部口，更有可能出现权责不清、管理混乱的情况。当代欧美国家的管理学学者，诸如佩里·希克斯、杰克·韦尔奇等都特别强调治理或管理的整体性，尽管所涉领域不同，但他们就机构功能性协调、人力资源的有效配置以及对预算和先进管理科学技术的合理运用等方面的理念却具有切实的相通性。就政府治理来看，整体性治理是指"面对政府功能过于分化所产生的协调不良、沟通不易、资源浪费的困境，强调在不可避免的专业分工下，运用预算、管理技术及信息科技，将不同层级、不同功能的部口整合起来，提升政府无缝隙服务的有效能力"[1]。这对沿边开放地区的外籍流动人口治理的实际功能发挥提出了建议。

值得注意的是，在政府部门中设立针对外籍流动人员服务管理工作委员会，召集各相关部门定期召开会议并形成联席会议机制的办法，是要将这一临时性协调机制逐渐固定化，进一步树立和营造相应的行政机构权威，增强实际管理进程中的执行力度和效能。联席会议等协调机构的建立，不仅仅作用于对边境流动人口管理工作状况的阶段性反馈，更能够对当前边境流动人员群体具体现状与管理桎梏等问题进行有效的发掘和应对。要有效整合从纵向到横向的各部门之间的协作力量，切实发挥治理的现实执行力，保证执行强度和效果的显现，充分发挥出整体性治理能力，必然离不开在治理实践当中以信息化沟通和管理等应用性机制为纽带，对包括地区之间乃至区域内自上

---

[1] 竺乾威：《从新公共管理到整体性治理》，《中国行政管理》2008年第10期，第58页。

而下的管理层级和部门管理工作的有效衔接，并以此不断弥合治理的整体性功能中可能存在的管理部门对现实状况的认知阻碍和差异等治理裂隙与矛盾。

三 信息化管理水平的提升

提高沿边开放地区外籍流动人口治理水平，必然要以对流动群体状况信息的客观性、时效性和系统性掌握为前提。因此，外籍流动人口服务管理部门一定要将对外籍流动人口信息数据系统的建立和信息资源共享机制的构成作为未来工作的重点。然而，由于边境地区的复杂性，包括流动群体现实状况的非稳定性等特点和因素的影响，要真正做到对流动人员进行有效的信息采集，其巨大的难度和挑战性是显而易见的。所以，这必然是对现有信息化科技力量层次与部门间信息交互能力、信息资源共享和协作意识程度等方面的多重考验。

当然，要建立有效的边境地区外籍流动人口信息运行体系，切实提高当地的信息化管理水平，首先离不开对信息化基础的巩固。边境地区外籍流动人口服务管理部门和各站点，应当配有具备相应技术力量的硬件设施，以助力于源头信息采集工作的效能化、规范化和全面化，构建出功能与效率相统一的更加便捷、完善和安全的跨境流动人员信息系统。这既是对当前流动人口服务管理信息化建设成果的积极应用，也是以信息搭建为纽带，实现对外籍流动群体信息资源整合与运用的外在基础建设。当然，信息化管理水平的提升，不仅仅只是硬件设施配备的改善，而是要充分利用现有资源，实现对跨境流动群体的服务与管理，包括积极拓展跨境流动人员信息采集的渠道，进一步实现信息采集对象和内容的翔实、准确与规范等。

具体而言，要充分实现外籍流动人口信息采集的规范性、客观性以及全面性，对采集对象和所需了解内容的进一步明确是十分必要的。为此，要积极拓宽各辖区信息采集的覆盖范围，凡是在边境地区进行商贸、务工、探亲、通婚、求学、宗教集会等活动的境外人员信息均必须纳入采集工作当中。由于沿边开放地区外籍流动人口状况的复杂性，使得管理部门要对辖区范围内跨境流动人员的总体数量、区域分布、民族、宗教信仰、文化程度、职业和收入来源、居留时间、居留场所等在内的各类别信息和基本状况进行收集。同时，由于跨境流动群体相关的各类别信息和状况存在实时动态变化，因此管理部门还要在日常工作中充分结合针对跨境流动人员群体的日常登记制度，以及对社区、企业单位、私立机构和贸易市场及其他公共场所等展开经常性（定期或不定期）的调查走访，以规律性的时间跨度为单位对各项信息和数据做出必要的动态更新与维护，使所掌握的相关情况更具客观性与时效性。

外籍流动人口信息的调查采集，是一项长期性且细致性的工作，需要辖区公安部门和其他管理部门的通力协作与配合才能进一步掌握地区外籍流动人口的实际情况。多数外籍流动人口以务工为主，因此通过对各企业与行业管理的持续加强能够有效汇集跨境流动群体的实时信息。而沿边开放地区外籍跨境人员所从事的工作，主要集中于汽车维修、红木加工、珠宝玉石加工、餐厅服务、酒店服务和养生保健服务等领域，因此，严格落实相关单位和场所的外籍人员信息，确保跨境流动人员信息的客观性和时效性，并对上级服务管理部门进行准确反应，是保障信息通畅和管理效能化的必然途径。同时，结合相关务工单位，还能进一步了解跨境务工人员自身的健康状况以及相关登记申报手续的办理情况。此外，可以进一步借鉴内地城市流动人口服务管理信息化建设的实际经验，以跨境人员的暂住证和其他有效证件来构建起外籍流动人口基础信息共享应用服务系统，以此来进一步确保"在社会公共服务过程中获取及时准确、动态更新的流动人口信息"[1]。

沿边开放地区跨境流动群体的高流动性以及对边境地区社会的广泛渗透致使针对该群体的管理是一项涉及政府多个部门、边境沿线多个地区甚至是与周边国家间联合协作的全局性工作，由此，全面而富有时效性的信息资源对管理工作的实际意义是不言而喻的。当然，出

---

[1] 王进孝：《关于城市流动人口服务与管理信息化建设的思考》，《电子政务》2011年第4期，第15页。

第四章　沿边开放地区外籍流动人口的治理模式设计

于不同部门对各类别信息汇集的侧重，以及边境沿线各地区跨境流动群体状况的差异性，都使沿边开放地区外籍流动人口管理的相关信息资源以明显的多样化、复杂化、动态化趋势呈现。

所以，对相关信息资源的获取、整合乃至交互共享，必将对边境地区外籍流动人口的管理资源供给、互补以及构建更为系统性、深入性的工作格局产生裨益。这就要求包括公安机关在内的各管理部门应该结合其他部门和领域的信息渠道进一步加强外籍流动人口信息资源的有效整合。就目前来看，中国内地的公安机关已经针对流动人口管理建立了多种功能化的信息系统，其中有"暂住人口管理信息系统、出租房屋管理信息系统、'两实'（实有人口、实有房屋）信息采集系统"等，同时，"案件管理信息系统、接处警信息系统、交通管理信息系统等也涉及部分流动人口信息"[1]。边境地区公安机关，应充分借鉴内地关于流动人员信息化管理的有利经验，积极与不同业务和领域系统相对接，并汇集其中关于外籍流动群体的信息资源，构建具有系统化、规范化外籍流动人口信息管理体系，以该方式有效保障外籍流动人口信息的时效性，并且持续助力流动人员群体相关信息交互的畅通，实现信息的综合应用。

当然，要做到信息汇集与整合的全面性和系统性，其他政府部门之间的信息资源交互与共享也发挥着重要作用。就沿边开放地区城市目前情况来看，边防、海关、民政、教育、农业、工商、医疗、统战、城市管理等各个部门，都不同程度地牵涉外籍流动人口问题，并承担着相应的管理和服务责任。那么，要将这些部门和领域所掌握的外籍流动人员信息进行关联整合，实现统一并且完善的信息综合利用机制，就必须以通过网络搭建起的电子政务信息共享平台和现有的外籍流动人口信息系统为依托，建立起相应的外籍流动人口信息资源库，全面地网罗和搜集各部门信息资源，实现传输、统计、查询、数据分析和服务管理等功能一体化的信息资源整合与运用系统，从而有

---

[1] 彭知辉：《以信息化应用创新流动人口管理》，《铁道警察学院学报》2013年，第25页。

效打破原先跨部门、跨区位、跨领域、跨系统的信息交互障碍,全面提升外籍流动人口信息化管理效率和水平。

信息技术的持续发展与多维渗透将是未来边境地区外籍流动人口管理的必然趋势。因此,外籍流动人口服务管理部门也必须充分有效利用各种相应的信息技术手段和不同领域、不同类别、不同侧重的信息资源,在对其做出必要的汇集与整合的同时加以分析研判,以此进一步摸索并创新出更符合于边境地区外籍流动人口实际状况的服务管理方式,以此有力提升服务管理效能和水平。目前中国内地的公安机关已经针对流动人口管理建立了多种功能化的信息系统,为此,边境地区公安部门也应努力完善信息系统并积极利用信息网络优势,使网络信息化管理、外籍人员事务办理、网络信息服务进一步普及。以边境地区交通运输集散中心管理为例,由于往来于中缅边境的运输车辆较多,发车频次和货运量较大,因此针对外籍车辆驾驶人员的管理也需要与当地的外籍流动人口服务管理信息交流系统相联系,对驾驶人员的身份证信息和驾驶证等信息进行必要登记,并与公安和交通部门的信息系统挂钩,以能够及时就运输车辆和驾驶人员在中国境内出现的违章和其他突发性问题进行有效处理。

值得注意的是,流动人口犯罪问题一直严重影响着国家社会治安与和谐稳定,而边境地区由于其特殊的地理区位、人文环境与社会状况,相应的外籍流动人口犯罪问题和影响也更为复杂敏感,因此以信息化管理手段对跨境流动人员的违法犯罪问题的遏制和管控也十分必要。以调研了解到的情况为例,由于瑞丽市地区地理位置特殊,往来流动人员结构复杂,致使一些违法犯罪分子乘虚而入,不仅干扰着当地的社会治安和良好秩序,也对本地区民众以及跨境流动人员的人身安全和财产安全构成严重威胁。笔者在调研过程中,走访了瑞丽市边境地区的一家红木加工厂,厂里的一些外籍工人就有过人身财产安全受侵害的遭遇。

案例7 貌伦(化名) 男 红木雕刻工

貌伦,缅甸青年,今年28岁,皮肤黝黑,身材细长,身穿

第四章 沿边开放地区外籍流动人口的治理模式设计

蓝色"笼基",头发上满是木屑粉尘,来红木加工厂工作已经有7年了,由于老板为人非常好,所以他也非常喜欢在厂里工作,同时还介绍了自己家乡的表弟一起过来(表弟也参与了访谈)。他现在的工资很高,每个月可以赚到5000元人民币,他很自豪,而且由于他现在的红木雕刻技艺很好,老板很器重他,所以给他涨了不少工资,还经常让他带着新人与其他两名外籍雕刻工人一起进行作业,以便对新人进行指导。但貌伦表示,尽管工作很舒心,但是他和厂里其他老乡平时都不敢踏出厂区,因为附近山地那边经常会有人过来打人抢东西。这些人经常骑着小摩托车,手持木棍和砍刀,只要见到工人,就会让他们交出身上值钱的东西,如果拿不出来就会动手,甚至用刀划人,他的表弟就因此受过伤。所以现在工人但凡需要出厂区,一般会尽可能多约几个同伴一起行动,而且不会在厂区以外逗留太久。

笔者认为这个案例暴露了几个突出问题。首先,根据了解,在该厂和附近厂区工作的中国籍员工几乎没有遭遇过类似的骚扰,所以这个团伙对外籍人员有很强的针对性。也就是说,该团伙知道外籍人员在当地属于弱势群体,他们的遭遇不会得到过多地关注,所以才肆无忌惮地对外籍人员实施抢劫和故意伤害行为。其次,当地派出所部门的监管力度、执法力度和执法意识还有待改善。据介绍,在外籍工人们报案后,派出所并没有立案,其后也没有警务人员上门向他们了解过更多情况,这意味着调查工作并没有做到位。最后,当地监控设施的覆盖范围和覆盖密度过于稀疏,这不利于派出所及相关部门对地区的细致监管,无法捕捉更多可能发生的违法犯罪行为的视频信息,不能起到震慑作用,使犯罪分子有了可乘之机。

因此,这就必然要求边境地区公安机关对外籍流动人口的流量、区域分布和人员结构等信息进行实时掌握,有效监测并查找出违法犯罪行为的热点区域、嫌疑人员以及受害目标。同时,根据网络信息资源进行必要的分析和判断,通过其中的数据和情报解析出相应的可疑人员,并实时掌握其包括经济来源、行动轨迹、接触人员等情况,有效警戒、洞察和打击其可能存在的违法犯罪活动,"建立高危流动人员活动轨迹分析、违法犯罪前科人员分析、来往密切人员及团伙相关人员分析等模型,提高发现、预防、控制流动人口犯罪的能力"①。另外,还要结合缅甸政府乃至国际方面实现跨国界性质的案件与涉案人员信息、在逃人员网络信息的关联互通,通过对现有掌握数据资料的智能化比对,实施全面性的网络布控,及时有效地过滤出存在嫌疑的人员和群体,争取边境地区外籍流动人口违法犯罪打击的主动性,确保打击的精准性。

四 管理与服务的有效结合

外籍流动人口治理水平提升的重要标志,还在于管理与服务两者作用的充分融合。对沿边开放地区外籍流动人口信息的全面有效整合,使信息资源得到充分的汇集与应用,能够实现对当前地区内外籍流动人口基本状况和变动态势的精确把握,这不仅仅利于政府部门的实际管理工作,也能够显著提升其对跨境流动群体的服务质量。当然,无论是信息资源整合还是其他管理手段,都将作用于跨境流动群体本身,也都将致力于进一步实现外籍流动人口治理效能和水平的提升。从这一点上看,治理的现实性目标不仅仅需要通过一系列管理手段实现外籍流动群体行为的规范化和秩序化,同时还要时刻关切跨境流动人员自身的生活状况,并给予必要的服务措施,保障其基本的生活质量和水平。

就目前国内对流动人口的服务管理手段来看,多数地区已经实现以便民和惠民为基础的服务管理流程,其中包括精简事务办理流程、事务办理上门服务、事务办理通信信息化等。另外,国内发展较快的地区政府部门已经针对流动人口构建起了一系列相对完善的社会服务保障体系。然而,沿边开放地区地理空间位置相对偏远,处于经济发展末梢,社会发展滞后性相对明显,针对边境地区民众的社会公共服

---

① 黄子钧:《新时期加强流动人口治安管理的理性思考》,《浙江警察学院学报》2002年第6期,第14页。

◈ 第四章 沿边开放地区外籍流动人口的治理模式设计 ◈

务供给能力不足,对于跨境流动人员的社会服务保障就更为羸弱。尽管国家和地方政府层面对于边境地区社会经济发展一直极为重视,并先后出台了"西部大开发战略"和"兴边富民建设工程"等措施积极引导和推进边境地区发展,进一步化解边境发展滞后问题,然而社会公共服务保障的总量及内容结构依旧与当地民众和跨境流动人员的实际需要之间存在明显差距。社会公共服务能力的建设状况是衡量地区服务管理和发展程度的重要标准,也是切实增进地区民生福祉和幸福感的有效途径。其中,积极提升边境地区外籍流动人口的管理和服务质量,持续探索针对跨境流动群体社会服务供给的合理模式,不仅能够持续保障边境地区社会的和谐稳固与安定团结,更是中国的国家形象在东南亚地区甚至世界范围内的良好展现。当然,要有效提升跨境流动群体的社会服务供给质量,还需要多方面的协力改善。

首先,就目前状况来看,中央和地方应当合力扶持边境地区社会公共服务的财政供给。以中缅两国为例,中缅边境地理环境复杂,经济发展程度相对较低,尽管近年来地方政府对于边境地区沿线各市、县、乡的社会经济事业发展的财政扶持力度有一定提升,但是随之而来的发展任务也较为繁重,财政利用的覆盖范围越发宽泛,牵涉项目资金显著增多,教育、医疗和社会保障等各方面的支出需求也随之加大。所以,为了有效促进边境地区社会安定团结与民族和谐,进一步维系中缅国家间的友好关系,营造良好的国门示范效应并彰显大国形象,中央和地方应当合力增加对社会公共服务的财政投入,鼓励边境地区企业单位和经营商户提高跨境劳务人员的补贴,对跨境人员群体实行包括教育和医疗等在内的优惠政策,全面建构起跨境流动人员的社会公共服务建设体系,提高跨境流动人员的基础公共服务水平。

其次,由于沿边开放地区特殊的地理环境和区域位置,交通基础设施建设状况亟待改善,因此适当增加边境地区边防交通的人力和财力投入力度将有着极为重要的现实意义。沿边开放地区既是内陆地区的经济发展和交通末梢,又是通往其他国家和地区的前沿阵地,交通基础设施的完善与进一步发展,既是对跨境运输交流安全性、畅通性和便捷性的有力保障,也是实现边境地区民众和跨境流动人员公共服务有效供给的重要层面。所以，不断完善边境地区道路交通设施，努力实现边境道路通畅工程，有效改善边境地区老路、废路、断头路等状况，铺设平稳顺畅的现代化公路，并向边境各地区逐渐延伸，增进边境交通建设的覆盖面，形成高效而稳定的边境交通网络系统，这将持续助力于沿边开放地区经济增长、人员流动往来、边防建设管理等。

再次，沿边地区各项教育优惠政策的进一步普及，也是实现外籍流动人员社会基本公共服务和权益保障的重要方面。前文谈道，缅甸边境地区许多家庭为了使自己子女享受更为优越的教育资源和学习环境，往往会在家庭经济条件所能承受的范围内将孩子送往中国边境地区学校就读。然而，随着这种"跨境求学"趋势的不断扩大，中国边境地区的学校和教育机构往往因受制于财政支出不断扩大的因素，面临包括课本、餐饮、住宿等在内的教育资源的紧缺，而学校教师的基本待遇也得不到有效保障。因此，国家和地方层面，都应充分重视沿边开放地区的教育事业，全面落实边境地区教育优惠政策，并提供专项资金对各边境学校和有正规营业执照的教育机构以分类补贴，作用于学校硬件设施等各校教育资源的有效改善和教师工资待遇的切实提升，以此鼓励并推动沿边开放地区教育事业长期性、稳定性的发展，同时进一步开创国家教育事业更加广阔的交流空间与合作前景。

最后，沿边开放地区医疗卫生事业的发展态势也直接作用于沿边开放地区外籍流动人口管理与服务状况的优劣。前文谈道，跨境流动群体由于人员构成的复杂性以及人口分布广泛等特点，为地区医疗卫生服务工作带来了极大挑战。绝大多数跨境流动人员由于不具备相应的文化水平和医疗卫生常识，无法针对各类高危传染性疾病的预防和控制形成良好意识，边境地区跨境流动人员群体的传染性疾病罹患问题较为严重。因此，除了增设边境地区各医疗单位和机构的硬件设施以外，国家和地方政府还应当加大边境地区医疗卫生人才的培养和扶持，提供边境医疗卫生事业建设的各项优惠政策，为边境地区医疗卫生服务体系的完善化、精细化、精准化服务标准提供物力和人力资源支持。同时，国家和地方政府还应当积极号召省市乃至全国的优秀医疗服务人才向边境基层地区引进，并以优厚的财政补贴政策给予相关人才以相应鼓励，带动其积极性。当然，对沿边开放地区跨境流动群体的医疗卫生服务，还应当号召境外各民间医疗卫生组织的有力配合与合作，比如由国家间共同合作建立的综合性医院，以相对低廉的医疗价格服务于边境地区外籍流动人员群体，以此有效推进沿边开放地区医疗卫生服务的国际化进程。

值得注意的是，对于边境地区外籍流动人员服务水平的提升，也应当积极调动地方政府各个部门的实际作用，增强合作意识。外籍流动人口社会服务保障体系的构建，在必要的财政扶持和资源投入力度的基础上，还有赖于包括企业、民政、公安、交通、教育、卫生、边防和救助站在内的各单位和部门的通力协作，以确保跨境流动人员服务保障覆盖的充分性，同时建立起协作服务联动机制，进一步建立起以社区为基础、以各项公共服务内容为依托、以国际性帮扶和救助为最低保障的边境地区外籍流动人口社会服务管理体系。

第三节　外籍流动人口治理的"软治理"模式及其辅助性运用

不可否认，无论是从法治层面还是管理制度层面都是在力求以更为系统化、规范化、规则化和有效化的基础上实现对沿边开放地区外籍流动人口的治理。然而，多元性问题必然需要以多元性的治理手段与之相匹配，规制性的治理模式毕竟有其适用范围，在这之外，则必然需要通过一些"柔性"方式来进一步实现治理的全面性与效能性。法律规范是人类社会发展进程中通过不断实践和摸索而逐渐形成的维系社会公平正义与和谐稳定的治理工具和手段。因此，加强法治，不断夯实和完善法律体系，是实现国家有效治理的必要前提与核心准则。而地区部门的管理实践在针对边境地区复杂状况所采取的操作更具变通性、机动性、便捷性，也能够在法律赋予的权限范围之内形成一定程度的自主性。从这些规制性手段上不难看出，制度和规则的有效运用能够直接作用于边境地区的跨境流动群体治理，并产生可预期效果。例如，针对边境地区可能出现的走私、贩毒、人口拐卖以及包括邪教活动、民族分裂活动和暴力恐怖活动在内的跨境违法犯罪活动可以受到法律和管控等规制性方式的有力打击，使对人员的生命和财产侵害以及造成的社会损失进行最大限度的削减，同时进一步营造出公共权力的威慑作用，有效实现其强制约束力。从这个意义上看，在应对边境地区藏匿于跨境流动群体当中的各种不法分子以及违法犯罪行为等问题时，法律和管控等规制方式能够体现出最具集中性、灵活性、统一性和时效性的治理优势。

需要明确的是，沿边开放地区外籍流动人口治理在面临对边境地区社会稳定和国家安全捍卫与保障的过程当中，还必然牵涉着包括边境地区社会经济发展、跨境民族、婚恋、宗教、教育、医疗卫生等等一系列复杂多元的治理问题，在这些多元化治理问题的背后都必然对应着各自纷繁复杂的细节和情况。因此，仅仅依靠以往的规制性手段，是无法有效应对当中更加微观和具体且又亟待解决的问题的。同样，针对跨境民族和宗教等敏感性问题，倘若一味强行规制，以各种"刚性"原则对其约法三章，势必会导致在实际治理过程中各种误会和矛盾的凸显乃至升级。当前，在边疆治理研究领域，"软治理"概念越发受到学界的广泛关注。在题为"论中国陆地边疆的'软治理'模式"一文中，方盛举等提出："在长期的陆地边疆治理实践中，我国逐渐形成了'软治理'模式。该模式的特点是综合运用情感治理方式和文化治理方式对边疆各族群众在经济上实施倾斜、帮助和照顾政策，在政治上坚持平等、团结和互助准则，在文化上遵循尊重、关心和爱护态度，以此争取边疆各族群众的高度政治认同，并以此为基础展开对边疆公共问题的治理。"[①] 可见，"软治理"模式在边疆地区治理进程中已经充分发挥出了治理功效，尽管由于中国陆地边疆政治和行政生态始终呈动态变化趋势，"软治理"模式也有需要进一步完善之处，但"软治理"模式的建构无疑为边境地区管理开辟了一条

---

① 方盛举、吕朝辉：《论中国陆地边疆的"软治理"模式》，《云南行政学院学报》2016年第1期，第47页。

崭新的治理路径。因此，针对外籍流动人口治理规制手段的局限性，也必然要进一步拓宽治理思路和理念，以突出情感关切和文化价值感召力等相对怀柔的治理方式为必要辅助，建构出一种能够积极发挥情感治理和文化治理效能的"软治理"模式，进一步实现边境地区外籍流动人口治理的创新机制。

一 "软治理"模式的理论依据

创新建构沿边开放地区外籍流动人口治理模式，不仅要对规制型治理模式进行研究探讨，还要着眼于对怀柔性的"软治理"手段和模式构建的思考。其中，文化治理策略和情感治理策略是外籍流动人口"软治理"模式中最具现实性和可行性的治理行为路径。

就文化治理策略来说，文化"软治理"理论是其最有代表性和直接性的理论来源。文化"软治理"理论在于对文化本身所具有的特殊治理功能的发挥。说到"软治理"，则必然会联想"软实力"这一概念。"软实力"最早由哈佛大学的约瑟夫·奈提出，是指一个国家的文化、价值观念、社会制度等影响自身发展潜力和感召力的因素。其中，文化的作用力和影响程度是构成"软实力"的主要因素之一，由于文化资源对于国家建设与发展的全方位渗透与覆盖，文化"软实力"便成为有效整合国家各方面物质力量和精神力量的强力纽带。约瑟夫·奈指出，软性的同化权力与硬性的指挥权力同等重要，在捍卫和增进自身的国家利益方面，显然前者遇到的抵制更少，实现国家利益的代价更低。[①] 文化将经济、政治、军事等硬件设施与国家和民族的精神信念、创造潜力乃至思维方式相结合，激发出不同于国家治理外在强制措施的内在柔性的认同与自觉，进一步实现对国家综合国力发展的增益效能。当然，文化有着极为丰富的内涵，其涵盖面非常广泛，且通常可以作为国家治理的重要方面，并与管控和规制性治理领域和治理方式相区分，在治理实践过程中形成自身独特的风格与功

---

① [美]约瑟夫·奈：《美国霸权的困惑》，郑志国译，世界知识出版社2002年版，第11页。

能。"作为一种治理工具，文化既可以作为国家政权系统实施意识形态宣传的载体，也可以发挥出一种超越制度刚性，以感化人心、教化心性、规范言行为指向的柔性力量。这种以卓越文化为基础的柔性力量，不仅是现代组织管理的重要手段，而且越来越成为国家治理的有效工具。"[1]

国内许多学者充分洞察了文化的功能性发挥并进行了相应概括，其中，涂成林、史啸虎等人就对文化的社会整合功能进行了必要论述——文化本身所具备的导向性和调控性功能以及教育塑造功能是实现国家发展和创新的切实保障；此外，文化的传播辐射功能对国家包括政治、经济和军事在内的多个领域产生影响。[2] 从这个角度出发，结合目前国际上对于文化输入和输出以及文化战略的实际情况，可以对国家治理的现实性角度来分析文化治理功能进行必要审视，其具体方面主要包括：对社会力量的积极整合、对主流意识形态的宣传与公民思想引导、对国家和社会形象的塑造、对舆论导向的把控、对政治、经济、军事等"硬件实力"发展的推进等。

由此看来，作为文化"软治理"模式中的"文化"已经从治理客体的角色中转变出来，并被赋予了"主体性"属性，在治理过程中被作为必要手段进行运用与发挥。也就是说，依靠文化在治理实践过程中的特殊作用，针对法律制度和公共权力规制手段的治理功能"短板"，发挥自身的治理效用。从这一点出发，文化治理功能的发挥过程也逐渐形成了文化型治理模式本身，"国家通过一系列政策措施制度安排，利用和借助文化的功能用以克服与解决国家发展中问题的工具化，对象是政治、经济、社会和文化，主体是政府社会，政府发挥主导作用，社会参与共治"[3]。因此，文化"软治理"理论的核心原则是从公共治理实践的现实性角度出发，对传统治理方式的反思与突破。从这个意义上讲，文化"软治理"理论可以视为沿边开放

---

[1] 方盛举：《中国陆地边疆的文化型治理》，《思想战线》2017年第6期，第77页。
[2] 涂成林、史啸虎：《国家"软实力"与文化安全研究：以广州为例》，第44—46页。
[3] 胡惠林：《国家文化治理需让更多公民参与》，中国共产党新闻网，2013年，http：//cpc.people.com.cn/n/2013/1114/c368480 - 23536254.html。

地区外籍流动人口治理的坚实理论依据。其实，在前文探讨中不难发现，在以法律和制度等规制手段和治理模式作用于边境外籍流动人口治理的现实过程中，的确会有"片面性"和"简单化"处理情况的出现使治理工作陷入被动局面，而"软治理"模式的出现，恰恰可以克服缺陷，弥补相应的不足。

就情感治理策略而言，其相应的理论来源于行为科学理论。该理论诞生于20世纪30年代，以美国学者罗杰斯和马斯洛为代表。与科学管理理论相类似，行为科学理论也是以对企业的有效管理为目标形成并确立的。但是，与科学管理理论不同，行为科学理论注重对人的情感需求的满足，并且强调人与人之间互爱共济、协同发展的积极动机，全力主张对个人权益维护以及价值关切，以此为企业员工塑造积极舒畅的心理状态，以及具有认同感、归属感和融入感的良好工作环境，使员工不断挖掘自身价值，有效激发出员工的工作潜力，切实发挥出员工自身的主观能动作用。

行为科学理论倡导企业管理者要以人的因素为重，并重点关注和研究人群行为，以及在管理实践中人与人之间的关系形成与发展。由于员工不仅扮演着工作者的角色，还是寓于社会系统中的"社会人"角色。同时，员工工作的目的不单是为了满足基本的经济收入，也有来自心理和精神层面的切实需要，这一点在马斯洛的需求层次理论当中有着深刻阐述。所以，从该层面出发，企业生产率的高低与员工的工作态度以及管理者与员工之间所促成关系的优劣状况息息相关。以此，对企业员工的适时关心，保持管理者与员工之间信息交流的畅通，努力维系和谐的劳资关系，才能实现组织和管理的效能性，获得效益提升，并且有更多的盈利来支付给员工更高的工资，形成良性循环。

由此可以看出，行为科学是对以往管理学的突破与创新，它将原本停留在以"物"为关注重心的古典管理模式转化为以"人"为中心的管理模式。这种基本的行为科学理论倡导管理主体通过对客体的需求内容及其层次规律进行必要的探究与把握，并以关怀和激励的方法来满足客体的现实需求，即以积极正向的方式循循善诱，从而激发出客体的最佳行为动机，进一步引导和转变客体的思维模式与行为方式，并充分协调制衡管理客体自身的个性化与单位的组织化，使管理效能得到有效保障。随着研究的持续深入，行为科学理论本身的内涵得到极大丰富，并且也有相关的理论分支延伸至不同领域，拓展了理论外延。但需要明确的是，行为科学的理论中心以满足需求——激发动机——达成目标的思维进路始终未变。

沿边开放地区外籍流动人口治理以行为科学作为理论依据，从沿边开放地区特殊的社会环境与人文环境基础之上，深刻把握并有效迎合沿边开放地区跨境流动群体，尤其是弱势群体和特殊群体的生活需求、精神需求和情感需求，从而为沿边开放地区安定、和谐、有序、健康的社会氛围的营造激发出其应有的积极性、自觉性和主动性。所以，行为科学范畴内的理论模块，对于沿边开放地区外籍流动人口"软治理"模式，尤其是情感治理模式的构建具有十分深刻的指导意义。毕竟，从客观角度出发，以政府为核心和主导的外籍流动人口治理主体，也只有在全面深刻和正确地掌握并理性遵循跨境流动群体切实需求的基础之上展开治理实践，其成效才能得以实现和持续；反之，如果对跨境流动群体的基本需求缺乏正确看待，则其相应治理的整体效能也势必得不到保障。

二 "软治理"模式的实践功能

不同于法律和管控等规制型治理手段的强硬属性，"软治理"模式更注重以关怀、尊重和以人为中心的国际人道主义理念灌注于对沿边开放地区外籍流动人口，特别是外籍跨境流动群体的治理。确切而言，这种治理模式是以对治理客体最现实而直接的基本需求为关注点，并通过适当的物力、财力和政策支持，加之必要的情感关切、文化尊重以及文化感召等为主要手段，体现出国家对沿边开放地区外籍跨境人员的关心与尊重，进一步培植外籍跨境流动人员对中国政府的认可以及对边境地区社会的友好心态，构建沿边开放地区国家间民众相互信任、互为支持的和睦与融洽关系，形成并捍卫中缅国家间安全、和谐、健康、稳定的情感纽带。因此，尊重并关切沿边开放地区跨境流动群体的物质和精神需求，是有效实现"软治理"模式自身效能性的重要基础，这也必将在对跨境流动群体的规制型治理进程中展现出不可取代的辅助性功能。以中国和缅甸为例，由于历史和现实政治态势等因素的制约，缅甸的经济增长水平和社会发展状况远不及中国，当地民众对于寻求安稳生存环境，改善生活条件的需求愿望十分迫切，而中缅国家间经济发展和社会环境的强烈对比正是导致大批缅甸边境地区民众跨境流动到中国境内谋求生存和发展机遇的根本性因素。在这样的背景下，中缅边境的外籍跨境流动群体对于物质支持、精神慰藉、文化理解和人格尊重等方面的追求都更加明显，外籍流动人口所呈现问题的特殊性与多元性正是来源于此。

从这个意义上看，沿边开放地区外籍流动人口治理也必须正视这种特殊性和多元性，充分考虑该群体的现实需要，如果只是以刚性的规制手段一味管控，缺乏对该群体需求的起码关心与尊重，那么这样的治理必然是不彻底的，且最终效果必将大打折扣，甚至可能因为对某些敏感问题的过激处理而招致误解，继而引发矛盾，有损边境地区社会的安定团结乃至中缅国家间的友好关系。所以，正确面对沿边地区跨境流动群体的现实需要，对该群体日常生活中直接性、现实性乃至迫切性的要求给予必要关注和满足，是作为对规制型治理模式必要补充和辅助的"软治理"效能显现的必然前提与内在要求。要充分实现管理与服务的有效融合，就必然要在法律和政府管控等规制型措施的主导下，充分注重以体恤性的人文关照为原则使跨境流动群体在就业、教育、医疗和其他民生保障领域中感受公平与实惠，并以与现实相适应的"软治理"政策措施作为根本保障，真正形成具有高效能、高品质和大国风度的边境流动人口治理风格。

"软治理"模式另一个极为重要的功能便体现在对边境地区民族和宗教等敏感问题的"柔性"处理。由于中国是一个统一的多民族国家，民族成分极为繁杂，因此对民族问题的解决也正是中国作为一个民族大国必须正视和积极面对的一项长期性、复杂性和艰巨性的任务，而针对民族关系的处理则更是当中最困难也最为关键的。随着社会历史发展进程中各民族的不断分裂融合，以及在地理位置上的迁移变动,最终形成了现在以九个陆疆省区作为多民族地区的空间分布格局,并且在各边境地区,还生活着为数众多的跨境民族群体。跨境民族现象的产生就其外在原因来看,是同一民族及其聚居地在历史发展过程中受到国家政治分割因素等外部力量的影响所形成的,具有国家与民族之间的非重合性;而从内在活动和机制来看,跨境民族的形成还受到文化感召力的影响和民族内在的驱动作用。所以,沿边开放地区的跨境民族涉及的问题也必然涉及现实社会生活和政治活动的利益诉求、政治表达和与外部环境之间不同程度的矛盾性与非和谐状态,例如可能催生出的民族间关系恶化、民族矛盾加剧、民族分裂和民族自决以及领土争端等。[1]

除此之外,宗教信仰的差异性也非常凸显,并且往往会与民族问题有着千丝万缕的复杂联系,呈现出民族问题的宗教性和宗教问题的民族性的双重特性。[2]边境地区宗教与当地民族的传统思想观念和伦理习俗等相融合,作用于对当地民族群众行为的规劝和引导,因此在当地,民族宗教作为思想体系和行为体系的融合直接浸透于边境民族的生产生活与精神陶养当中。正是由于民族习俗和宗教信仰的趋同性,使边境地区的跨境民族与境外相同民族之间联系密切,加之国际环境的复杂性与国际性因素的影响,使边境地区民族与宗教问题的国际化倾向不断加剧,更难以处理和协调。所以,边境地区外籍流动人口治理所涉及的民族与宗教问题,不单是边境地区治理的局部任务,更涉及整个国家的安全与稳定以及在国际社会中的博弈。所以,对民族和宗教问题的处理,切不能以单纯的规制手段进行简单管控处理,而是要以相对柔和且更为细腻的治理手段来应对。

民族和宗教问题是一个世界性的问题,在许多国家和地区都会出现,而对于这些问题的处理手段及其成效也千差万别。党和国家在处理民族与宗教问题时,历来秉承着中华传统文化中"和为贵""民为

---

[1] 闫文虎:《跨界民族问题与中国的和平环境》,《现代国际关系》2005年第5期,第28页。
[2] 牟钟鉴:《试论民族的宗教性和宗教的民族性》,中国统一战线理论研究会2006年,第17页。

先"的思想原则，并形成相应的更具怀柔属性的，以突出文化感召、文化尊重和情感关怀为特色的治理模式，始终以"人"为根本的出发点，以尊重、理解、包容的治理理念来制定相应的民族宗教政策，努力营造出团结和谐的民族宗教氛围。因此，在沿边开放地区外籍流动人口治理进程中，针对民族关系问题的处理也应当时刻秉持平等互信的价值原则，对宗教问题的处理上，也当坚定不移地以尊重和保护宗教信仰自由为根本性原则，并在此基础上规范宗教事务的管理，使宗教文化的传承和发展趋于健康有序的良性态势。古今中外无数先例证明，一味以强制手段作用于民族和宗教问题的处理，注定只能加深误解、激化矛盾，最终招致冲突与战争，而通过以尊重、包容、感召理念为指导的柔性措施来作用于民族与宗教领域，不但能够妥善处理好边境地区境内外民族关系和宗教信仰问题，更能使边境民族宗教文化保持丰富多元的鲜明特色。

值得注意的是，在某些极端情况下，沿边开放地区的民族与宗教问题也会遭到利用和荼毒而上升到敌我矛盾层面，在这样的状况下，以刚性的规制和管控手段进行严厉打击是十分必要的。但是，在这样一种复杂环境和态势之中，我们也依然需要认清民族和宗教其本身的纯粹性，不能因为受某些境内外敌对、分裂因素的影响而对边境民族和宗教的理解偏激化与歪曲化。许多边境民族宗教问题仅仅属于在文化习俗、思维方式等层面上的隔阂，应当以文化交流、利益整合、引导说服等持续有效的柔性手段进行适当干预，实现阶段化和细致化地、循序渐进地妥善解决，将积极正向的文化理念和情感理念广泛而深刻地渗透到沿边开放地区外籍流动人口治理和边境民族宗教事务管理的政策制定与制度安排当中。

三　文化治理策略

尽管文化内涵丰富多元，但是从根本性上理解，文化之于价值观念而言则有鲜明的逻辑先在性。就一个国家或地区而言，其治理行为必然要以相应的价值观念作为其导向性原则，而构建起该特定价值观念的前提和基础，正是在于这个国家或地区固有的文化特质。文化层面的现实状态将直接与国家和地区自身的实际治理能力与水平挂钩。从古至今，就文化层面的治理方式来看，其手段多种多元化，但总体上可以区分两种，即"运用公共权力强力实施意识形态宣传和灌输的刚性载体，和以征服人心、收服人心、感化人心为指向的柔性力量"，而这种柔性力量正是当前国家和地区越来越关注并重视的"软实力"。当今国际形势风云变幻，由于经济增长、地区关系以及全球化进程等状况的不稳定，各国都不同程度地面临着相应的发展问题，正是在这样的国际环境和条件下，我国主动提出"一带一路"合作倡议，这一旨在与周边国家和地区互联互通的和平、包容、开放的国家经济合作倡议，不仅强调了对经济贸易、基础设施建设、政治往来等方面的夯实，更带来了文化交流与价值观认同等"软实力"方面的交流和沟通平台，增强了"一带一路"沿线国家和地区的认同与信赖。

西南边疆地区虽属我国内陆边陲，但正是基于区位因素的特殊性，使该地区成为中国面向东南亚地区的"辐射中心"，故此，"辐射中心"发展定位正是在于兼顾西南地区开放与东南亚国家和地区睦邻友好合作战略的实际要求而实际形成的发展方略。随着中国"一带一路"建设的不断推进，以及大湄公河次区域合作的深入开展，在发展需求的带动下和一系列战略举措要求的指引下，逐渐由相对闭塞和偏僻的地区转为西南乃至东南亚国家地区经济贸易往来和文化交流的辐射中心和前沿阵地，因此，包括沿边开放地区在内的西南沿边地区文化"软实力"的持续建设也显得尤为重要。

当然，作为不同于经济、军事等硬实力的特殊力量，文化既可以形成积极的凝聚力和感召力，也可能滋生消极的破坏力和渗透力，成为国家和地区安全稳定的主要威胁，这在边境地区的治理过程中尤其需要引起高度的重视与防范。需要注意的是，边境地区自身极为复杂特殊的文化生态环境，直接导致包括文化认同性缺失和文化侵略渗透等危机的产生。

首先，边境地区跨境民族群众的文化认同乃至国家认同缺失会成为边境文化危机的重要因素。边境地区通常是纷繁复杂的少数民族聚居区，某一部分少数民族成员始终对本民族的传统文化习俗和宗教信仰秉持着缺乏理性的盲目坚守。作为边境地区特殊的民族群体，跨境民族和其他民族群体一样也具有相应的认同意识，但是这种认同意识在历史性、政治性、地缘特殊性等复杂因素的共同作用下，也呈现出自身变动和复杂的特点。其中，最突出的便是可能造成的民族群体原本所固有的相对独立和保守的身份认同意识导致跨境民族对同一族群文化认同的"高位"比例，并由此形成国家与民族的非重合性，催生出对国家认同的模糊性和非稳定性。这种情况往往容易受到某些非正向的地缘政治手腕和反动势力的影响而发生偏斜，滋生边境地区泛民族主义、民族自决和分裂等潜在风险，危及边境社会稳定和国家安全。

其次，外来文化的侵蚀也是当前边境文化危机产生的又一因素。中缅边境沿线地区由于直接与邻国接壤，人员往来极为复杂，这通常会成为外来消极腐朽文化侵袭中国本土文化安全防线的重要途径。以中缅边境为例，由于自然屏障稀疏，无法构成必要的国界地理阻隔，仅仅以边防部署来有效管制国家间的人员往来本就有很大挑战性，况且，边境地区各少数民族群众由于普遍受文化程度和思维方式等因素的影响，加之边境地区毒品、卖淫、走私等违法犯罪行为层出不穷，一些群众本身并不具备甄别和抵御外来色情、腐化、利益至上等消极文化和思想的能力，于是身心受到毒害而误入歧途。

最后，西方国家敌对势力通过各种手段操纵和支持所进行的文化和思想输入，也严重侵害边境地区的文化环境。境外分裂势力以民族分裂和宗教极端思想为内容，在边境地区进行渗透的形式和手段非常隐蔽，边境地区群众，尤其是跨境流动群体在日常活动中随时可能遭遇敌对分子的蛊惑和引导，一些跨境民族群众由于受传统民族文化和信仰的影响，相对比较封闭，难以抵制外部渗透。因此，边境地区跨境流动群体的"软治理"，一定要以相应的文化治理策略为依托，这能在最大程度上为刚性的规制型治理提供功能性补充，形成边境地区的文化软约束防线，这对当前沿边开放地区外籍流动人口的有效治理有着至关重要的意义。

所以从这个层面上看，形成与沿边开放地区实际状况相适应的文化治理策略是十分必要的。笔者认为，第一，针对外籍流动人口的文化治理，必须要以完善而成熟的价值体系作为思想文化引领，即以社会主义核心价值体系为文化治理的价值导向。尽管外籍流动人口群体多以邻近国家的外籍人员为主，但是一旦踏入中国领土，就理应尊重、拥护和努力践行中国本土的主流价值观念。以社会主义核心价值体系为集中体系的24字社会主义核心价值观，分别从国家层面、社会层面和个人层面提出了价值准则和要求，这既是对中华民族传统优秀文化的有力传承，又表达了当前党和国家的理想信念与奋斗目标，同时也是对人类文明发展进程中优秀的文化理念和成果的集中展现。

从这个意义上讲，社会主义核心价值观不仅仅能够通过对各民族、社会各界力量的有效整合，并灌注于对中华民族长远和至高利益的不懈追求，同时当中所显现出的精神特质还能够对邻近周边国家和地区乃至全世界形成广泛的影响力和感召力。向沿边开放地区外籍流动人口群体积极传播社会主义核心价值观，不仅能够从思想文化上建立起深入的互信和互动机制，更能够通过对这种文化理念和思想原则的传递，以柔性方式实现并扩大沿边开放地区的文化安全阵地。因此，应当把社会主义核心价值观的深刻内涵及其所形成的文化引领作用积极转变为当前沿边开放地区外籍流动人口有效治理的目标，充分实现外籍人员内心当中从国家、社会到个人的价值观念体系的形成，为边境沿线地区社会的团结、和谐与稳定贡献力量。

以此为出发点，在社会主义核心价值观念的积极引导下，能够有力实现对包括跨境民族文化在内的各种边境健康文化习俗进行引领和有效地开发。边境地区"软治理"模式的文化治理最为根本性的方式便是要在社会主义核心价值体系的引领下，充分结合边境地区的实际状况，对具有丰富地方民族特色的优秀文化习俗加以传承，同时进一步激发其内在活力，形成地方的精神特质，对边境地区民众进行柔性的规劝和约束，从而积极引导边境地区社会的良性风气。其中，对边境地方文化习俗的引导意义极为重大，一旦脱离了时代进步的步伐，文化习俗必然会走向故步自封的窘境，制约地区民众的思想与行为，甚至将其引入歧途，最终成为败坏社会风气的不良因素。而民族文化习俗如果能够得到积极正向的引导，不仅能够作为民众抒发胸臆、表达情感、陶冶心性、轻松娱乐的良好途径，还能够在很大程度上有效规避西方文化渗透的风险，发挥与外在规制手段互为呼应和补充的治理效能，有利于边境地区和谐稳定社会的建设与发展。

第二，边境外籍流动人口的文化治理要注重支持和鼓励边境地区包括跨境民族文化在内的各民族文化的交流，保证民族文化间的融通性。多民族文化交融是社会历史发展进程中的必然结果，就沿边开放地区来看，当地少数民族众多，且遍布于边境地区内外，民族文化资源异常丰厚，其民族特色也并没有因国别的差异性而改变，加之当地的自然环境条件优渥，只要将民族文化资源和自然资源进行有效整合与利用，便完全能够展现出具有边境地区民族文化特色的跨境旅游产业的优势和潜力。旅游产业的兴起，对于当地以商贸和旅游服务业在内的社会经济发展是大有裨益的，这能够有效激活沿边开放地区活力，并助力于加快边境城镇化发展进程。同时，在社会经济发展的带动下，各民族之间的合作与交流在范围、频度和深度上也将必然有显著的向好趋势，同时有力疏导边境各少数民族群众走出仅认同本民族文化的狭隘格局，积极吸收其他民族的有益文化，在各民族间彼此潜移默化的文化适应、理解和认同当中，进一步向中华民族这一共同的主体性文化体系中不断汇聚。从这个意义上看，对边境地区民族间文化交流融合的积极引导，不仅能够助力边境地区文化治理效能的提升，充分维护边境地区社会的团结与和谐，还能够为中华民族文化注入新的生机与活力，同时也能够积极有效地汇聚与整合边境地区跨境民族的文化资源，保障境内外同根民族之间的交流与融通，有力维系境内外民族同胞乃至邻近国家间一衣带水的友好关系。

第三，外籍流动人口的文化治理，还必须以对该群体的宗教信仰的积极引导为重。外籍流动人口"软治理"模式最为显著的特点便是在于并非通过刚性手段实施外在的强力规制，而是以适当的外部力量加以引导，达成流动群体对自身思想和行为的自愿和自觉的规约。当然，这种自律性的约束必然要以其内心坚实的信仰为前提，进而达成稳固的精神文化特质,因此,要通过相应文化治理策略对流动人员的信仰进行有效引领。在边境地区,民众对信仰的坚持基本上来源于宗教的规劝,宗教作为一种意识形态载体,对人们的信念、思想和价值取向等都产生了极为深刻的感染力。其中,边境地区宗教还与当地民族的传统思想观念和伦理习俗等相融合,作用于对当地民族群众行为的规劝和引导。所以,在当地,民族宗教作为思想体系和行为体系的融合直接浸透于边境民族的生产生活与精神陶养当中。然而,正是由于宗教所带来的精神感染和心理引导属性,使其对边境地区民众的民族文化认同乃至国家认同的影响都十分深远,因此,相较于其他性质和类型的人员跨境流动现象而言,边境地区人文宗教性质的流动更具敏感性。以宗教方法论证并纳入宗教教义的道德观念和道德规范体系,在很大程度上可以实现对道德约束和规劝的引导功能,不但能够有力促进宗教信仰者自身优良道德品质的内化,更可以降低从对人行为约束的强硬手段的实际利用频率,有效减少政府外在管控的实施成本。因此,以正向的引导策略和机制将民族宗教文化的积极效应的有效发挥,并抑制其可能存在的消极和负面因素,是当前沿边开放地区外籍流动人口"软治理"模式中文化治理策略实施的根本性环节。

四 情感治理策略

在沿边开放地区外籍流动人口治理进程中,"软治理"模式为传统规制型治理手段提供了必要的补充和辅助。其中,从情感角度出发的治理策略,更是以尽可能的关切和满足跨境流动群体最为迫切的现实性需要为基础,实现边境流动人口密集地区安定和谐发展的长远目标。情感治理手段对于沿边开放地区外籍流动人口治理的意义非常重大。以外籍人员为主的跨境流动群体,其自身经历甚至是遭遇所形成的特殊性进一步决定了其需求规律的特殊性,所以在针对该群体的治理实践过程中,倘若仅以缺乏"人情味"的强制手段对其进行刚性的规制和管控,而完全不关切其自身需求的现实性与迫切性,势必会在治理过程中产生矛盾和误会,不仅带来差强人意的治理效果,还可能因此引发边境地区的社会动荡，甚至牵涉国家间的国际纠纷。所以，以相对柔性温和的治理理念为支持，通过更具情感关切和人文关怀基调的治理策略作为规制和管控的必要辅助手段，是沿边开放地区外籍流动人口治理的内在要求。

对于任何一个社会而言，倾注情感的治理是十分必要的，边境地区的社会治理更不例外。在对跨境流动人员群体的治理过程中，以尊重、关怀、帮助等积极情感特质为行为原则的治理方式越普遍到位，情感治理所展现出的正向功能也就越明显。无论是对群体还是个人，情感关切的维系作用都是十分必要的，就沿边开放地区的外籍流动人口治理而言，是否能以积极的情感关照渗透到日常治理过程，直接与跨境流动群体是否能够形成对边境社会乃至中国的积极情感认同相联系，并一度成为边境地区政府能够有效采取其他治理措施的必要前提。例如，在治理过程中，如何切实保障跨境流动群体应当享有的社会公平就非常值得关注。社会公平体现的是人们之间一种平等的社会关系，在边境地区，尽管人们的肤色、民族、生活习性、宗教信仰甚至国籍皆可能不同，但是却都会享有一切社会人应得的权利，也必然都将同样受到法律和制度的有力约束。

应当说，社会公平的实现和保障程度，既是检验地区"软治理"成效的现实标准，也直接作用于民在该地区生活过程中的归属感、认同感、获得感的实际形成状况，更是评判地区和谐、安定、团结与否的重要前提。

所以，作为边境地区社会治理的中坚力量，边境地方政府和管理部门以积极和正向的情感和精神特质，对于外籍流动人口的"软治理"模式效能的发挥具有重要作用。边境地区政府部门必须将积极的情感关照渗透于包括针对外籍流动人口迫切和现实的意愿的整合、带有普遍性的公共问题的进一步明确以及解决问题的政策制定等各个公共权力运行环节，充分显现柔性治理模式本身的价值诉求。党和国家对沿边开放地区跨境流动群体的情感关照，不会因为该群体成员各自的民族、国籍等因素而与本国边境地区居民区别对待，同样也将对跨境流动群众迫切而现实的问题给予必要关心。从这个角度来看，沿边开放地区外籍流动人口"软治理"的模式下的情感治理维度，绝对不能只是通过文化联谊或其他表面性活动进行形式化表达，也不能成为对周边国家和地区的"国际形象"表演。而是以切实的利益关照和人格尊重为出发点，充分展现出边境地区政府乃至国家对边境地区民众全方位的实实在在的关心，以及对边境地区安定、团结和发展的深刻眷顾。

古今中外，但凡能充分运用情感关怀手段进行治理的政府，都是有着高超治理技术以及良好风度的政府。尽管从抽象维度来看，它仅仅只是作为一种治理理念和政治艺术被提倡，但是从现实角度出发，它所显现出的政治功效恰恰能够有效弥补传统的"刚性"治理手腕的短板，形成良性的治理补充与辅助。因此，在多数情形下，情感治理策略需要以相应的物质和精神资源的支持为依托，并与法律规制、政府管控、文化治理、合作治理等其他相应的治理措施有效结合运用，才能在最大程度上展现情感治理的实际效能。从这个层次来看，对沿边开放地区外籍流动人口的情感治理，不能仅仅以物质生活为内容的关心和满足作为手段，而必须将对该群体在民族、文化、信仰、人权等方面的尊重放在首要位置，对跨境流动群体，尤其是包括艾滋病病患等特殊群体和弱势群体进行必要的政策关照。情感治理策略能够正确辅助于沿边开放地区外籍流动人口治理的规制手段，并有效弥合其不足，这是对边境地区外籍流动人口治理思路和理念的进一步拓宽，也是实现边境地区外籍流动人口治理创新机制的必要途径。

第四节 外籍流动人口合作治理模式的建构

在充分了解边境地区包括边防、边检、公安、海关等部门在实际管制过程中所遇到的问题与挑战后不难发现，沿边开放地区外籍流动人口治理依然存在着人力资源不足、物力资源过度耗费、部门间协调合作程度不够、治理主体单一以及中缅协同治理缺乏等主要问题。正是因为人力和物力等治理资源的有限，而治理任务又仅仅由政府这一唯一的治理主体来承担，于是就出现了一个治理主体面对各式各样的多元性问题而疲于应对的状况。也正是由于政府对外籍流动人口治理任务的独揽，其工作重心仅倾向于以大量的治理资源和刚性规制手段对边境地区安全稳定保障进行维护，而在一定程度上忽略了从多元治理主体相协调配合的角度出发的多元化合作治理模式。所以，从这个角度入手，针对沿边开放地区外籍流动人口的治理要对以往治理责任集中于政府、治理资源集中于对社会稳定的维护的惯常性治理模式进行适当转变。外籍流动人口治理所面临的问题是多元化的，也必然要以多元化的机制加以解决，政府应当积极整合社会各方力量，通过公共政策制定和一系列政府协调过程，来有效激发包括企业、社会组织、民间团体等各方在内的合作治理意识，积极引导社会合作行为，实现对社会合作治理体系的构建，并且在具体的合作实践进程中形成良性的协调机制，从而进一步强化合作秩序。

应当说，沿边开放地区跨境合作型治理模式的治理主体由单一性向多元性的转变，是推进边境外籍流动人口治理创新性的必然选择，是有力提升边境地区外籍流动人口治理效能和社会自我治理能力的良好途径。并且，在政府引导下充分而有效地汇集与整合社会各方力量，能够以更加全面性多维度地作用于边境地区乃至国家的安全稳定，有效促进边境地区发展和边境地区民族团结。所以，沿边开放地区外籍流动人口治理，既要充分汲取欧美国家在社会治理过程当中社会各方力量的整合与调动的经验措施，也要充分结合中国的国情与边情，在坚持中国特色社会主义道路的基础上，遵循沿边开放地区政治生态、经济生态、社会生态与文化生态的特殊性，逐步构建并稳健实施起具有现代公共治理精神和中国特色的，并且适用于沿边开放地区治理现状的外籍流动人口合作型治理模式。

一　合作治理模式的理论依据

当前，国家核心地区的公共治理模式发展已经不断成熟，然而作为社会发育层次相对较低的边疆地区，尤其是边境地区的政府系统还处在对自身治理潜力的挖掘阶段，仅仅强调对包括治理体系设计、社会管理秩序化和民众公民意识培育等在内的治理内容的夯实。尽管相关治理工作的重要性不言而喻，但由于国家治理体系和治理能力现代化总体目标的确立，所以对边境地区治理的相应要求也呈动态化发展趋势。并且，随着社会经济多元化趋势的不断蔓延，社会治理结构的多元化转变也成为必然。在这样的大背景下，以美国学者文森特·奥斯特洛姆和艾莉诺·奥斯特洛姆夫妇为核心的一批研究者，在对以往"以强化层级节制、权责界限清晰、同一件事情必须交由一个部门完成的、集权的政府单中心统治"模式的治理效能表示质疑的同时，创造性地提出了多中心治理的理论思路。因此，包括对外籍流动人口治理在内的边境地方治理实践过程，必须以更多现代公共治理理论为依据，积极迎合边疆地区治理体系和能力现代化的现实要求。

多中心治理理论，是对以往统治模式和管理模式的颠覆性改造。作为唯一的政治权威和治理主体，政府原本会通过绝对控制的方式实施治理，并单纯以法律规制、政策设计和契约安排等手段实现效能保障。而多中心治理则不同，其最大特点在于倡导公共权威的多元性转化，即政府与社会其他治理行为主体间构建起的信任与合作关系。从这一点出发，深入明确其他治理行为主体的政治属性与治理过程中的角色定位，是有效建立合作信任关系的重点，也正是实现多元化治理主体间形成有效合作，形成多元共治机制的前提和基础。当然，政府与其他治理行为主体信任关系的建立，是基于二者间有效的沟通交流不断促成的，即"非政府主体总是对政府组织各要素、要素间关系和运行状况抱有一种合理的期待，政府对这种合理期待会有相应的回应，政府与非政府主体间的信任关系的本质就是建立在这种期待和回应基础上的互动"[①]。由此看来，在多中心治理模式中，信任的有效建立是合作治理的前提，而合作治理所带来的效能又能进一步促进政府与其他治理行为主体间的合作信心与信任。因此，多中心治理理论所倡导的信任机制是作用于治理实践全过程的，这也正是社会合作治理的现实需要所在。

---

① 李明强、王一方：《多中心治理：内涵、逻辑和结构》，《党政研究》2013年第6期，第87页。

◈ 第四章 沿边开放地区外籍流动人口的治理模式设计 ◈

因此，多中心治理理论是创新建构沿边开放地区外籍流动人口合作型治理模式的直接理论依据。多中心治理理论作为对边境地区多元治理行为主体合作机制的有益探索，强调政府、市场、社会组织和民间团体等多元主体建立完善的合作平台，并形成有效的合作关系，搭建细致的合作结构，同时订立明确的合作规则确立相应的治理责任。多中心治理理论所倡导的是政府和其他治理行为主体之间在平等与和谐的基础上的责任分担和治理互动模式。在面对边境地区社会繁杂多样的公共生活和公共事务，如何有效汇聚来自政府、社会、市场等多元治理行为主体的治理力量，实现公共治理最大化的目标追求，是最值得关注的问题。所以从这一点出发，沿边开放地区外籍流动人口治理也将是典型的系统化合作治理过程，必然离不开各个多元治理角色间的行为联动、功能调配以及责任分担。

二 边境地区政府的导向作用

在外籍流动人口治理过程中，边境地区政府要充分有效地汇集各方的治理力量，就必然要先将自身力量加以有效整合，并形成导向性，以此走向外籍流动人口合作治理模式建构和完善的良性轨道。作为边境地区合作治理的重要构成方式，政府的合作治理旨在通过中央与边境、边境与边境以及发达地区与边境政府之间的协调与配合，使边境地区政府发挥出更好的治理效能。当然，就目前来看，政府间的合作治理更多是趋于对地区经济发展和社会保障的一种制度安排和考虑，其重点是通过经济发达或实力较强的地区在国家或当地政府号召下对经济欠发达或实力较弱的一方在经济、教育、医疗等领域实施援助的一种政策行为。这种政府间的合作形式严格来讲是一种单向性的帮扶策略，没有实现有效的协同机制，即实现政府间或地区间的互利共赢。而且，就边境地区治理而言，政府间的力量需要得到有效汇聚，必然要以对地区问题有着较高程度的理解、感受和认同，才能在最大程度上实现合作的积极性，否则只能是形式上的被动性合作。

从这个意义上讲，沿边开放地区外籍流动人口合作型治理视域下的政府力量整合，是一种区域性力量的整合。沿边开放地区外籍流动人口所产生的问题，无疑属于区域性问题，如果不加以遏制和解决，这些区域性问题或社会问题可能会牵涉与之相关的其他多个辖区，带来极为严重的后果。况且，诸如对边境地区问题的解决方式，能够适当地作为其他边境辖区对相关问题解决的指导经验。因此，笔者认为，政府间的合作治理，尤其是针对边境地区特殊问题治理的政府合作治理，更多应该从对边境问题的特殊性出发，实现相互间多样化的信息交流和治理经验反馈。这样的地区间政府关系就会相对少一些竞争性，而更多以合作交流的共赢方式为纽带，这恰恰也是对政府治理力量进行有效整合的积极方式。

当然，对于这种治理整合方式而言，信息的及时交流和对接是基础性前提，针对外籍流动人口的治理也不例外。正如前文所述，出于对各类别信息汇集的侧重性，以及边境沿线各地区跨境流动群体状况的差异性，都使沿边开放地区外籍流动人口管理的相关信息资源以明显的多样化、复杂化、动态化趋势呈现。所以，对相关信息资源的获取、整合乃至交互共享，必将对边境地区外籍流动人口的管理资源供给、互补以及构建更为系统和深入的工作格局产生积极正面的影响。

另外，在合作治理中，政府导向性的树立还在于对自身治理保障力度的良好维持。从这个角度出发，首先，对沿边开放地区管理设施和相关建设性投入是十分必要的，尤其是针对边境口岸沿线查验设施以及其他管理设施技术水平的提升，能够为边境地区包括管理控制、人员及货物查验、打击犯罪等在内的执法工作实行全面而可靠实时监控，有效弥补沿边开放地区边防监管的短板。其次，应当在编制、经费等方面着力提升对边境地区管理人员的支持力度，充分激发管理人员的工作热情与积极性，同时减轻执法工作的实际支出负担，有效实现边境管理工作的正向激励效应。最后，由于边境地区跨境流动群体普遍存在国界意识不足的问题，针对这一点，应该进一步加强对出入境政策法规的积极宣传，在各大小口岸、便道以及渡口等位置张贴宣传和警示标语，有效树立并提升边境地区边民的法律意识。对于"三非"人员问题较为突出和集中的地点，政府应做到各部门间积极配合，同时协调各企业用人单位以及房屋租赁单位开展重点检查，并组织好对相关人员的遣返工作，形成更加完善的治理机制，营造出更具全面性、效能性、威慑性的治理氛围。

三 社会力量的有效整合

笔者认为，要着力提升沿边开放地区外籍流动人口治理的效能，一定要充分结合各方力量，实现各领域各层面治理资源的汇集，而这必须以合作治理模式的建构为基础，其中，对社会力量的有效整合则十分关键。合作治理的形式多种多样，包括中央政府与地方政府、地方政府与地方政府、政府与社会、政府与市场、政府与各部门，甚至是国家之间等。当然，沿边开放地区外籍流动人口合作治理模式的切实运行，既离不开以政府为导向，也同时需要以社会、市场的意愿为参照，并有效集中可利用的治理资源，以取得更加全面的治理效果。因此，合作行为是为了发挥出一加一大于二的治理潜能，其治理结果必然得到进一步优化。

在合作治理过程中，以政府的积极引导为基础，赋予社会一定的治理权限，使其有力分担政府的治理任务，这是对原本治理主客体关系的适时调整。这意味着，在针对跨境流动群体的治理过程中，社会群体、民间组织甚至是个人，能够通过政府引导一同洞察边境地区社会的新形势，审视其中的新问题，并与政府共同致力于问题的解决。这是一种在治理进程中变客体为主体，化消极被动为积极主动的调整模式，在加深政府与社会各方力量之间的交流与协作的同时，着力提升治理效能。当然，作为沿边开放地区外籍流动人口合作型治理模式所形成的新型治理形态，政府与社会要能够有效形成合力，就必须要求政府在实际治理过程中不能通过以往一方垄断式的策略进行治理，而要通过积极的引导，搭建起社会治理的良性平台，深入发掘社会自身内部的多元属性，充分激发边境地区社会的治理潜能，唯有这样，社会才能够进一步参与实际治理进程，治理实践过程和所得结果才能得到边境地区社会各界的积极响应和普遍认同。

具体而言，沿边开放地区外籍流动人口的合作治理，意味着边境地区政府与社会之间多元化联动机制的形成。在此过程中,既包含着边境地区政府对社会自身所蕴含的多元性治理资源的有效发掘与汇集,也同时包括边境地区政府对社会内部各领域组织、团体乃至个人等力量的接纳与吸收。其中,就多元性治理资源的发掘与汇集而言,沿边开放地区社会内部所蕴藏着丰富且具有民族、宗教和异国特色的人文资源力量,例如以跨境民族个人或群体基于血缘关系、亲缘关系以及地缘关系所形成的情感维系,以相同民族传统风俗和宗教信仰所形成的民族文化认同与道德约束和行为规约等。在外籍流动人口合作治理过程中,倘若边境地区政府对边境社会自身所蕴含的各种资源了解不透彻,也就无法做到更深程度的发掘、整合与运用,而这恰恰会导致政府无法摆脱对自身通过法律和政策制度等规制治理模式的依赖,依旧仅仅以刚性的治理手段独自承担治理任务,治理主体的一元化势必又将带来治理成本提高、治理效能萎靡的状况。

另外,政府对社会治理力量的有机整合还在于对社会内部各领域组织、团体乃至个人等力量的接纳与吸收。沿边开放地区社会内部存在着许多颇具治理潜力的组织和团体,这些基于民族习俗、宗教信仰、工作单位、居住社群和共同利益追求等因素为纽带而联系在一起的群众是不可被忽视的具有实际治理功效的集体。政府的主导性一旦建立,社会治理力量完全可以有效应对包括对流动人员违法跨境等现象在内的诸多复杂问题。以"三非人员"为例,由于该群体的人员构成情况复杂、非法跨境、居留和就业的动机各有千秋,而且人员分布不够集中,面对这些颇具特殊性的问题,边境地区外籍流动人口合作治理就必须要发挥社会团体的基础性作用,吸引社会各方有生力量共同参与应对。比如,政府可以结合社会组织力量加强区域内的网络化治理,依托包括居委会、村委会等在内的社区组织和团体,在"三非人员"状况较为普遍的重点区域设立针对跨境人员的流动管理点,或是组建由民间团体建构的针对缅籍或其他外籍跨境人员的服务站等,在实现外籍流动人员服务管理网格化、精细化的同时,进一步扩大"三非人员"整顿和治理的覆盖面,通过社会组织力量和渠道不断地摸清状况,掌握客观信息。

第四章 沿边开放地区外籍流动人口的治理模式设计

以瑞丽市为例,早在 2011 年,为有效解决外来人口管理难题,瑞丽市公安局勐卯边防派出所就自主研发了警用地理信息系统,实现全市暂住人口及出租房屋信息采集和互联共享。他们以边城街为试点,探索并形成了"五个一"工作法,随着该工作法的深入推进,边城街出租房管理日趋完善,改变了以往治安不好的状况,边城街月报警数下降 50%,月租房率也由不足 70% 上升到 80%。[①] 因此,从这一点上看,鼓励和激发社会团体、组织乃至个人参与外籍流动人口治理的热情度,不但能够有效减少政府的治理负担,还能够有效了解并触及跨境流动群体许多相对敏感的问题。例如,针对非法跨境婚姻的排查,可以通过社会管理力量定期对社区或村落的外籍流动人口变动状况的信息及时上报,针对其中出现"外籍新娘"等状况加以重点关注,排查是否存在非法跨境事实婚姻的情况,及时对涉事人员进行规劝引导;还可以联合边境地区公安部门和联防部门,对外籍流动人员活动频繁的区域实行定期巡逻,对行为可疑或政治色彩较为浓厚的民族宗教活动予以重点关注和调查,以排查敌对反动势力或极端势力活动,对可能存在的威胁地区和国家安全的行为进行严厉打击。

当然,政府在充分整合与运用社会治理力量的同时,也必须注意对这些社会团体、组织或个人的正向和规范引导。不同于政府机构,社会当中许多组织自身都存在结构不完善、规范性较弱、行为秩序性不足等问题。社会组织所存在的这些不成熟的状况直接制约了边境地区外籍流动人口合作治理中政府与社会共治的可实践性,因而也无法真正意义上实现边境社会自主化治理的愿景。所以,在针对外籍流动人口的合作治理中,应当承认政府与社会的相互依附性,毕竟二者间抛开任何一方独立治理,都不能有效应对边境地区外籍流动人口问题乃至边境地区的复杂性。因此从这个意义上看,政府和社会之间的有

---

① "五个一工作法"即"一套牌匾实现出租房有号、有序管理,变民警'上门登记'为'民警指导、村民自管'的新模式;一个身份证查验终端解决民警少、人口信息登记难的问题;一套数码装备解决民警人口信息采集、应用难的问题;一张地图,变模糊管理为精确管理;一部电话,变人口管理'跑断腿'为'动动嘴'。"参见《瑞丽勐卯边防"五个一"加强流动人口管理》,《人民公安报》2011 年 7 月 27 日。

效合作，应当是以发挥彼此优势、相互支持和促进、共同弥合不足为前提的双赢合作。

四　市场作用的积极发挥

沿边开放地区外籍流动人口的治理，还有赖于对市场作用的充分发挥，在沿边开放地区政府的积极鼓励和正向引导下，可以有效激发边境地区市场的治理能量，带动其合作治理效能的产生。当前，尽管中国的社会经济发展水平一直稳步提升，但是沿边开放地区依然处在国家市场体系的边缘，在边境沿线许多地区，由于交通状况的阻隔以及信息流通不畅，造成很大边境地区市场空间没有得到积极的开发利用，沿边开放地区的市场体系也因此无法建立健全。而沿边开放地区的外籍流动人口治理，完全可以在政府的引导下，充分调动市场的内在潜力，深层次激发市场活力，取得进一步的治理成效。

市场的积极壮大及其治理力量的显现，与当地交通设施的发展、资源环境的优劣、人口基数乃至流动性等现实性条件有着极为密切的联系。当然，这些条件的产生并非仅依靠市场自身的力量，也需要通过政府的相关政策性引导与对该地区宏观性、系统性的战略规划来不断实现。国家针对整个边境地区省份所实施的西部大开发战略，已经为边疆地区市场体系的形成搭建起总体性的框架，基本条件已经形成，这就需要边疆地区，尤其是边境地区要积极突破交通条件、产业发展状态、人力物力资源汇集程度等方面所存在的桎梏，寻求更为广阔的发展空间和良好的发展机遇。沿边开放地区规模庞大而频繁的流动人口往来，正是国家实施沿边地区开发开放政策，鼓励西南边疆地区积极面向周边国家交往融通的有力佐证，也恰恰有效盘活了边境地区市场，激发了市场自身的发展活力。边境贸易在中缅经济交流与合作中的作用非常突出，国家间的边境贸易具有非常强的互补性，双方经贸合作关系广泛。例如，缅甸的市场需求就非常庞大，无论是工农业机械、交通工具、化工材料、仪器设备还是日常所需的纺织品、家用电器、医药和食品用品、五金材料和其他生活用品，都离不开向中国进口。当然，作为贸易合作伙伴，缅甸也充分展现出了自身的农业生产优势，并向中国出口大量农副产品、原材料和加工产品。缅方非常依赖对中国的进出口贸易，而中国商品面向整个东南亚和南亚的市场拓展也需要缅甸的支持，同时，在矿物资源、贸易市场和劳动力成本等方面，缅甸也展现出自身不可替代的战略发展优势，因此中缅国家间紧密的贸易关系带动了双方大量边境口岸的开通，国家间边境地区因贸易经商而往来流动的人群规模非常庞大。因此，在良好的双边贸易发展状态下，通过有效的市场运行机制，完全可以形成政府与市场之间互补互促的外籍流动人口合作治理模式。

　　市场治理力量的有机整合不但能够激发沿边开放地区政府治理的创新性与活力，同样也是边境地区外籍流动人口合作治理多元性主体结构的重要组成部分。在边境沿线地区构筑健康而完善的市场体系，能够让更多人注意到沿边开放地区的市场潜力，从而吸引各类人才到相关地区创业发展，这将对边境的产业进步、经济提升以及人才充盈等良好态势的生成打下坚实基础，并形成良性循环，从而进一步形成边境地区治理的积极效应。尽管从客观环境上看，沿边开放地区自然资源优渥，但经济发展态势并不好，而且社会状况较为复杂。由于沿边开放地区缺乏有力的自然屏障，山川相接，江河相连，加之口岸交通的便捷和不计其数的便道和渡口的存在，边境地区民众基于各种生产生活需求时常穿梭于边境线内外，地理交通的便捷性构成了沿边开放地区外籍流动人口形成的首要因素。而这种特殊状况和复杂性既可能带来危机，也蕴含着无穷的发展潜力，这种潜力在产业发展领域尤其突出。例如本书的案例，中缅边境既有秀丽河山，也有密布丛林，还有边境线两地居民世代缔造的田园风光，再加上境内外各少数民族聚居密布，这些原生态的自然风貌加上丰富多彩颇具地域特色的人文风情，为边境旅游文化的传递和市场拓展形成了极为优厚的条件。随着国家对边疆地区市场空间开发力度的不断加大，加之对边境地区交通状况的着力改善，以及与周边国家开放交流力度的显著增强，这为沿边开放地区经济和市场带来的巨大效益已经有目共睹，只要有效、合理地开发，边境市场的繁荣将成为必然，这也势必会为地方治理形成助力，其中也包括外籍流动人口的治理。由于市场潜力的发掘吸引了大量各领域人才到当地投资经商，形成了包括珠宝玉石、红木、少数民族工艺、餐饮、住宿在内的规模不等的企业经营项目。在这些企业当中，对缅甸籍跨境流动人员的聘用不在少数，聘用规模一般可以占到该企业总用工人数的三分之一甚至一半。目前，在瑞丽市，绝大部分企业在聘用外籍流动人员时，都会与外籍人员服务管理中心等部门对接，以确保聘用人员自身身体健康以及入境手续的合法办理。

值得注意的是，沿边开放地区市场的蓬勃发展也可能在某种程度上为外籍流动人口治理带来挑战，其中最为突出的便是以边境经济状况的改善为诱因而导致的"三非人员"问题的屡禁不止。而边境地区少部分企业迫于解决"用工荒""用工难"等问题，同时想办法降低用工成本，便很乐意接纳这些"三非人员"，因此双方也形成了相对稳固的利益需求纽带。从这个问题出发，笔者认为，市场对于外籍流动人口治理而言是一把"双刃剑"，在充分利用市场力量整合治理资源并发挥治理效能的同时，也应当时刻审视市场自身的实际状况。这就要求政府部门要适时对非法用工现象进行排查，保证企业执法的持续性，并对涉事企业和用工单位加大处罚力度，以高昂的非法用工成本和代价来有效消除利益诱因。当然，对边境地区"三非人员"及企业非法用工问题的遏制，还有赖于政府与市场之间的有效协调与合作，除了上述提高企业非法用工的代价和成本外，还可以"降低企业的守法成本，对于坚持雇佣本地劳动力的企业，当地政府应通过税后减免的方式予以支持，税收减免的额度应与雇佣本地劳动力和非法务工人员的差额大体相当，弥补因此产生的成本上升损失"。所以，从这个意义上看，沿边开放地区跨境人口的有效治理，有赖于边境地区与市场之间建立起有效的合作机制，在充分挖掘和利用市场的治理资源的同时，积极协调市场内部运行的各要素，充分实现政府力量与市场力量之间的相互补充，以更加稳健、默契、有效的合作方式作用于外籍流动人口治理。

五 国家间合作治理的建立——以中缅为例

沿边开放地区外籍流动人口治理，不仅仅是对中国边疆地区社会安全、稳定、和谐的维护，还涉及国家间的共同利益。倘若无法就外籍流动人口所存在的问题以协商和洽谈为基础达成共识并形成有效合力，那么国家间关于对非法跨境问题，以及各类跨境犯罪问题的合力打击就将面临诸多障碍，合作治理也将面临非常大的困难。以中缅为例，从目前情况来看，中缅两国曾多次形成警务合作机制，共同治理于打击跨境犯罪问题，且收到了良好效果。例如，2019年2月，保山边境管理支队多地联动、两头延伸，并与境外合作执法，先后在云南普洱、湖南衡阳等地实施精确打击，成功侦破"2·26"特大毒品案，抓获犯罪嫌疑人18名，查获冰毒146.10687公斤，查扣涉案车辆6辆，缴获毒资134万元。[1] 中缅在打击跨境犯罪问题上所取得的成就有力体现了中缅警务合作的实际效果，大力促进了中缅双方共同维护边境地区治安稳定的协作机制建设。然而，就外籍流动人口治理的总体情况而言，中缅国家间合作治理还需在针对中缅边境就业市场的协同发展和"三非人员"遣返等合作薄弱环节上做出共同努力，以实现更为全面、稳定、长效的协作机制。

中缅国家间在就业市场方面的合作潜力也非常大。2014年，中国实现全行业对外直接投资1160亿美元，加上中国企业在国（境）外利润再投资和通过第三地的投资，实际对外投资规模在1400亿美元左右，超出中国利用外资约200亿美元，至此，中国成为资本净输出国。[2] 截至2018年，中国对外直接投资1430.4亿美元，稳居全球前三位，并且未来还将有更多的国内企业加入境外投资的行列。由于中国国内在能源、原材料以及劳动力资源等要方面成本的显著提高，一些劳动密集型产业开始逐步策划向外发展，将生产部门和基地向各个低成本国家与地区进行转移。前文谈道，缅甸国内的自然资源以及劳动力资源充足，然而受其国内社会经济发展水平的制约，充沛的劳动力资源无法得到有效利用，所以大量的劳动力通过各种方式与途径

---

[1] 李豪：《中缅国家间合力破获特大毒品案》，云南禁毒网，http://www.ynjdweb.cn/PolLawWorks/BaoShan/201906201639.shtml。

[2] 张德勇：《中国成为资本净输出国意味着什么》，《决策探索》2015年第3期，第74—75页。

跨越国境向中缅边境各沿线地区甚至内陆地区蔓延,这也造成了沿边开放地区"三非人员"产生的重要原因。根据非法跨境和就业等现实状况,积极引导中国内陆地区以及云南省内边境地区有对外发展意愿和潜质的企业向缅甸地区投资设厂,能够利用当地富余的劳动力资源降低相应的生产成本。并且,在以该方式有效调动当地劳动力的同时,也能够适当改善大规模缅甸人口向中缅边境涌动的状况,减少边境地区各项管控工作的实际压力。就当前实际情况而言,缅甸政府为了有效突破发展桎梏,实现经济状况的改善,对于中国的资本投入通常都是持积极接纳态度的,这也为国家间在劳务市场的拓展以及针对人员跨境流动治理的合作奠定了良好基础,为国际合作治理提供了更为广阔的发展前景。

结　　论

本书以云南省瑞丽市为个案，研究的是如何对沿边开放地区的外籍流动人口实施有效治理。跨境流动现象是国家和地区边境较为普遍的社会现象，在沿边开放地区，这种情况也是由来已久。客观来讲，外籍流动人口进入中国边境地区，在对当地的社会经济发展带来积极效应的同时，也产生了许多消极的影响和问题，为边境地区的社会稳定乃至国家安全形成威胁。所以，对于外籍流动人口的有效管理和控制不仅是合理的，更是必要的。从沿边开放地区外籍流动人口的形成原因来看，特殊的地理环境是首要因素，极少有天然阻碍的边境线，使得外籍流动人口的形成有了来自自然条件上的便利性。大量外籍跨境流动人员的进入，对整个边境沿线地区带来的是包括经济、政治、社会、文化等领域在内的全方位深刻的影响，这也为沿边开放地区外籍流动人口的治理提供了极大的研究价值和讨论空间。

沿边开放地区外籍流动人口的治理研究具有很强的理论与实践交融性。在写作过程中，笔者梳理并参考了国内外关于人口迁移以及人口的跨境流动研究方面所形成的理论成果，同时根据当前沿边开放地区的外籍流动人口实际状况，初步形成了理论与实践相统一、反思与建构相结合的论述。笔者以中缅边境外籍流动人口现象最为集中和典型的地区之一——瑞丽市为对象，对当前该地区针对外籍流动人口治理实践中的最为突出的几个问题进行了走访调查，针对所了解的情况形成了案例，在以由宏观到微观层面的理论分析、实地考察、问题反思和治理建议设计的逻辑框架下，本书得出以下基本结论。

一 确立规制型治理模式与"软治理"模式间的动态平衡关系

政府始终是沿边开放地区外籍流动人口治理的有效主体,但要以法律和制度的硬性规制手段与文化尊重和情感关照的柔性手段相匹配,形成"刚柔并济"的治理模式。尽管从治理效果来看,规制手段能够从国家层面、社会层面以及组织层面形成自上而下、多元一体的纪律性和约束性,充分实现边境地区的稳定和有序化状态,有效规范组织和个人的行为活动,并积极作用于对活跃于边境地区的各类跨境流动违法犯罪和分裂极端行为的严厉打击和遏制。但是,外籍跨境流动人员是一个复杂多元的边境社会特殊群体,如果单纯以规制手段对该群体进行"一刀切"的治理模式,不仅会在治理实践过程中应对某些需要积极变通的具体问题时缺乏应有的机动灵活,陷入刻板僵化局面。并且,针对包括跨境民族、宗教、文化、特殊职业和特殊境遇等敏感群体和敏感问题的对待与处理,也会因强硬手段的一味实施而导致手段失当,甚至引发误解和矛盾,造成政府与跨境流动群体之间内在的隔阂与紧张状态。相反,一种更加怀柔、更具亲和力的"软治理"模式的形成,能充分弥补规制型治理模式的不足,有效培育和建立外籍跨境流动群体对边境地区的认同感、亲切感和融入感,积极营造出边境地区团结、友善、和谐、安定的社会氛围。

当然,尊重和关心不代表纵容,与其他民众一样,外籍跨境流动群体也必须受到中国法律和制度的约束。因此,从这一点上讲,对外籍跨境流动人员的"软治理",是要以"刚性"治理为基础和前提的,否则凡事皆以"柔性"处理,势必会造成管控力度的缺失,在边境地区的复杂环境下易滋生跨境违法犯罪问题,甚至使境外敌对势力有机可乘。因此,实现"刚性"治理和"柔性"治理的兼顾与平衡是根本。

◆ 结 论 ◆

二 进一步明确合作治理模式在治理实践中的现实效用

合作治理模式将成为当前和未来政府对沿边开放地区外籍流动人口治理的必然趋势。合作治理的兴起意味着政府治理范式的转变，也为多元治理体系的建构提供了思路。从根本上看，合作治理的建立是为了在有效削减人力、物力、财力等治理资源消耗的同时，进一步实现治理的精细化和有效化。从走访调查与相关文献资料中不难发现，沿边开放地区外籍流动人口治理过程已经不同程度地显现出人力资源不足、物力资源过度耗费、部门间协调合作程度不够、治理主体单一以及国家间协同治理缺乏等问题。正是因为人力和物力等治理资源的有限，而治理任务又仅仅由政府这一唯一的治理主体来承担，于是便出现了一个治理主体面对各式各样的多元性问题而疲于应对的状况。也正是由于政府对外籍流动人口治理任务的独揽，其工作重心往往仅倾向于以大量的治理资源和刚性规制手段对边境地区安全稳定保障进行"简单粗暴"式的维护，而在一定程度上忽略了合作所带来的治理效益。因此，在以政府为主导下的政府和社会、市场乃至缅甸政府之间的协作机制的建立和切实运行是十分必要的，这能够有效克服在外籍流动人口治理过程中政府、社会和市场的各自失灵，并积极应对边境地区复杂多元的社会环境下跨境流动群体显现出的日益繁杂的现实问题与矛盾。

但是，政府对各方力量的整合与发挥也面临许多必要前提，比如政府首先应该形成一套完善的合作制度与责任规制体系，同时有效培育和引导边境地区公民社会的成熟发展，还要进一步促进边境市场经济体系的不断完善。否则，由于治理主体各自所秉持的治理资源、治理能力甚至治理理念的差异，势必难以形成积极有效的治理合力，甚至可能在应对边境地区急、难、险、重治理问题时因为无法及时动员与整合力量而导致错过最佳的应对时机。

另外需要注意的是，沿边开放地区的外籍流动人口治理，尤其是针对国际劳务市场的持续建立以及边境违法犯罪打击等问题的处理，不仅仅由中方独立应对，还需要邻国的通力协作。在个案中，当前中缅双方的合作治理建构的重心正是在于如何进一步明确双边协定精神，积极协调并严格执行各自所应承担的治理任务，使工作流程和协调机制清晰化、规范化、稳定化，对各项合作型治理的工作内容赋予法律效力，保障外籍流动人口治理工作的有序进行。

三　促进规制型治理模式、"软治理"模式以及合作型治理模式三者的功能性统一

从对外籍流动人口的规制型治理模式、"软治理"模式以及合作型治理模式的探讨中可以看出，三者既有各自的优势，也有相应的局限。因而，在沿边开放地区外籍流动人口的治理实践过程中，无论过分倚仗或轻视哪一种治理路径都是行不通的。毕竟针对边境地区的治理，既需要有法律和管理制度规制下对社会公平正义与运行秩序的有效维系，也需要有对治理客体必要的尊重与关怀，同时还需要积极搜集和调动边境地区社会一切可以利用的"碎片化"治理资源投入治理实践过程中。因此，从这个意义上讲，充分实现规制型治理模式、"软治理"模式以及合作型治理模式三者治理效益的协调和统一，是沿边开放地区外籍流动人口治理乃至整个边境地区治理的现实需要。

具体而言，对三者的有机整合与统一，有赖于对沿边开放地区外籍流动人口治理体系的构建，这是从理论模式向实践模式转化的出发点。该体系的构建是由中央顶层到边境基层的纵向合作，以及边境地区各领域之间横向合作下建构起来的立体化多元主体治理体系。当然，这种体系和机制的建立，必然有赖于法律层面上的进一步完善，即注重顶层纲领性层面与基层实际运用层面之间的有效磨合，以最终实现其适应性调适。同时，还要积极调动各领域和层面针对边境地区流动人口治理的有效参与，在政府主导下，实现系统化、科学化、协同化的参与机制，从根本上促进由"单一"向"多元"治理能力结构的现实转化。需要明确的是，三种治理模式的统一，必须要以对三

◆ 结 论 ◆

者在治理实践过程中的同等重视为前提。作为对外籍流动人口治理的综合性治理调适，必然要在对边境流动群体和边境社会状况的新状况和新问题的追踪过程中实现对治理手段的灵活调配与持续更新，倘若某一治理路径在实践过程中所收获的治理效益较为突出，则该治理路径和模式的功能便很有可能被过度依赖，导致其泛化使用，最终又重回"单一"型治理结构的"老路"。这不仅会导致错失新型治理路径开发和创新的良机，更有可能导致以一种模式疲于应对边境地区和跨境流动群体多元化问题的被动化局面的产生。

因此，从全局上看，规制型治理模式、"软治理"模式以及合作型治理模式三者治理功能的有机整合，是为了有效克服沿边开放地区外籍流动人口治理过程中问题多样化、状况复杂化和形势差异化的治理难点。需要进一步认清的是，三者的统一也仅仅是根据当前沿边开放地区，尤其是中缅边境外籍流动人口治理的现实性所做出的必要调适，倘若过分依赖于这种统一性所形成的治理能量，总是抱以"一招鲜，吃遍天"的治理心态，那么不仅边境治理模式内在的创新和发展驱动力无法有效维系，其外在的实践路径也将变得越发崎岖。所以，无论是治理理念的建立还是治理实践的开展，一定要避免对某一种治理范式的过分倚重，避免陷入僵化刻板的囹圄，要针对实际情况进行灵活机动地动态调试，积极实现沿边开放地区外籍流动人口创新化治理模式和治理理念的建立和培育。

参考文献

中文著作类

［瑞士］安托万·佩库、［荷］保罗·德·古赫特奈尔：《无国界替民——论人口的自由流动》，武云译，译林出版社2011年版。

［英］边沁：《道德与立法原理导论》，时殷译，商务印书馆2000年版。

［英］戴维·赫尔德：《全球大变革：全球化时代的政治、经济与文化》，杨雪冬译，社会科学文献出版社2001年版。

［法］卡特琳娜·维托尔·德文登：《国家边界的开放》，罗定蓉译，社会科学文献出版社2010年版。

［美］罗伯特·阿格拉诺夫、近克尔·麦圭尔：《协作性公共管理：地方政府新战略》，李玲玲等译，北京大学出版社2007年版。

［英］罗斯玛丽·塞尔斯：《解析国际迁移和难民政策》，黄晨嘉译，上海人民出版社2010年版。

［美］乔治·弗雷德里克森：《公共行政的精神》，张成福译，中国人民大学出版社2006年版。

［美］塞缪尔·亨廷顿：《文明的冲突与世界秩序的重建》，周琪译，新华出版社2002年版。

［美］托达罗：《第三世界的经济发展学》，印金强译，中国人民大学出版社1988年版。

陈江主编：《瑞丽市志》，四川辞书出版社1996年版。

陈庆云：《公共政策分析》，北京大学出版社2009年版。

崔运武：《公共事业管理概论》，高等教育出版社2006年版。

戴波：《跨境婚姻的多维透视：基于云南案例的解析》，中国社会科学出版社 2016 年版。

但伟：《偷渡犯罪比较研究》，中国法律出版社 2004 年版。

丁赛尔：《外国人入境工作管理》，法律出版社 2014 年版。

黄锐主编：《西南边境跨界人口流动研究》，中央民族大学出版社 2016 年版。

李晨阳主编：《2013 缅甸国情报告》，社科文献出版社 2013 年版。

李诚：《国家建构与边疆稳定——基于中缅边境阿佤山区的实证研究》，云南人民出版社 2015 年版。

刘国福：《移民法——国际文件与案例选编》，中国经济出版社 2009 年版。

刘国祗：《移民法出入境权研究》，中国法律出版社 2006 年版。

鲁刚、李寿：《云南边境地区跨国人口流动的现状、问题及对策研究》，《人文论丛》，云南大学出版社 2007 年版。

罗刚：《云南边境民族地区非法移民问题及其治理研究——以河口瑶族自治县为例》，法律出版社 2012 年版。

宁骚：《公共政策学》，高等教育出版社 2003 年版。

潘兴明：《转型时代的移民问题》，上海人民出版社 2010 年版。

吴志成：《治理创新——欧洲治理的历史、理论与实践》，天津人民出版社 2003 年版。

薛刚凌：《行政体制改革研究》，北京大学出版社 2007 年版。

杨冠琼、蔡芸：《公共治理创新研究》，经济管理出版社 2008 年版。

杨光斌：《中国政府与政治导论》，中国人民大学出版社 2008 年版。

杨临宏：《行政法学新领域问题研究》，云南大学出版社 2006 年版。

俞可平：《治理与善治》，社会科学文献出版社 2000 年版。

张保平、李世虎：《犯罪心理学》，中国人民公安大学出版社 2006 年版。

张成福、党秀云：《公共管理学》，中国人民大学出版社 2001 年版。

中国口岸协会主编：《中国口岸年鉴》，中国海关出版社 2018 年版。

周光倬、周润康：《1934—1935 中缅边界调查日记》，凤凰出版社 2015 年版。

周建新：《和平跨居论：中国南方与大陆东南亚跨国民族"和平跨居"模式研究》，民族出版社2008年版。

周平：《民族政治学》，高等教育出版社2003年版。

周平：《政治学导论》，云南大学出版社2002年版。

朱昭华：《中缅边界问题研究》，黑龙江教育出版社2013年版。

祝湘辉主编：《2017缅甸国情报告》，社会科学文献出版社2017年版。

《云南省情问答》，云南民族出版社2013年版。

中文期刊文献类

保跃平：《跨境婚姻行为选择的主体性特征及制度困境——以云南边境地区为例》，《南方人口》2013年第4期。

晁伟鹏、王鹏程、张长江：《边疆民族地区流动人口居留意愿研究——基于南疆四地州1557份调查问卷》，《现代城市研究》2017年第12期。

陈德顺、普春梅：《境外流动人口对云南边境地区社会治理的影响与对策》，《社会学评论》2014年第4期。

陈雪：《全球照护链视野下的澜湄区域妇女流动》，《湖北民族学院学报》（哲学社会科学版）2018年第3期。

崔傅权、秦旭：《欧盟外部边境情报工作探析》，《国防》2019年第4期。

戴铭、杨淑学：《美国移民和边境执法工作》，《现代世界警察》2018年第5期。

杜彬：《沿边开放地区"三非"问题的原因及对策》，《兴义民族师范学报》2013年第5期。

段成荣：《有效解决流动人口问题，积极推进可持续发展》，《人口与计划生育》2017年第4期。

段颖：《跨国流动、商贸往来与灵活公民身份——边境地区缅甸华人生存策略与认同建构之研究》，《青海民族研究》2018年第1期。

朵林、李洪、赵冬岩等：《外籍流动人口中娱乐行业服务人员HIV感染现状及对策》，《卫生软科学》2002 年第 2 期。

方盛举、吕朝辉：《论中国陆地边疆的"软治理"模式》，《云南行政学院学报》2016 年第 1 期。

方盛举：《论我国陆地边疆的情感型治理模式》，《云南行政学院学报》2013 年第 5 期。

方盛举：《我国陆地边疆的文化型治理》，《思想战线》2017 年第 6 期。

方天建：《中国建构良性边疆外交中的跨界民族因素》，《西北民族大学学报年》（哲学社会科学版）2017 年第 6 期。

付耀华、石兴安：《云南边境地区跨境婚姻与边境社会问题治理研究——以滇缅边境保山市为例》，《百色学院学报》2017 年第 2 期。

耿蕾：《边疆民族地区城市流动人口管理探析》，《重庆三峡学院学报》2015 年第 6 期。

郭瑞、马长泉：《沿边开放地区云南段非法出入境治理研究》，《云南警官学院学报》2016 年第 5 期。

何明：《边疆特征论》，《广西民族大学学报》（哲学社会科学版）2016 年第 1 期。

何明：《开放、和谐与族群跨国互动——以中国西南与东南亚国家边民跨国流动为中心的讨论》，《广西民族大学学报》（哲学社会科学版）2012 年第 1 期。

何跃：《云南境内的外国流动人口态势与边疆社会问题探析》，《云南师范大学学报》（哲学社会科学版）2009 年第 1 期。

何跃：《云南省与周边国家跨境民族教育的兴起与发展》，《东南亚纵横》2010 年第 6 期。

何跃：《中国西南边疆境外流动人口的区域管理研究——以云南为例》，《贵州社会科学》2008 年第 12 期。

洪贵美：《桥头堡建设对云南跨界民族人口非法跨境流动的治理功能》，《现代经济信息》2013 年第 4 期。

黄彩文、和光翰：《沿边开放地区外籍劳务人员与边疆安全》，《学术探索》2016 年第 8 期。

黄源申、张燕、雷凯：《反恐视角下美墨边境管理合作探析》，《中国经贸导刊》2019 年第 29 期。

纪洪江：《中越边民通婚的促动因素研究——以云南麻栗坡县马崩村为例》，《云南民族大学学报》（哲学社会科学版）2016 年第 4 期。

李丽、马振超：《中越边民跨国流动治理的困境与路径探析》，《西南民族大学学报年》（人文社会科学版）2018 年第 3 期。

李琼芬、刘晓强、聂绍发：《云南跨国边境地区突发公共卫生事件应对机制》，《中国公共卫生》2008 年第 7 期。

李玮：《论新法下的"三非"外国人管控》，《黑河学刊》2013 年第 4 期。

李小辉、罗春梅：《沿边开放地区边民涉外婚姻管理初探》，《职大学报》2012 年第 3 期。

李乙萍、杨芳、李建华等：《云南省部分边境地区跨境重点人群感染艾滋病病毒脆弱性评估》，《卫生软科学》2015 年第 6 期。

李应子：《云南省流动人口特点及趋势分析》，《兰州教育学院学报》2016 年第 3 期。

梁海艳、代燕、骆华松：《中国流动人口通婚圈地域结构分析》，《南方人口》2017 年第 2 期。

梁海艳、代燕：《中国入境迁移人口现状与特征分析》，《云南地理环境研究》2016 年第 4 期。

梁海艳：《边疆地区流动人口基本特征及居留意愿》，《人口与社会》2017 年第 2 期。

梁海艳：《人口跨境迁移国内研究综述》，《云南地理环境研究》2017 年第 2 期。

林正文、付正汇：《中缅口岸姐告发展态势及原因分析》，《价值工程》2018 年第 9 期。

刘稚：《云南与周边国家民族和民族问题的相互关系》，《今日民族》1997 年第 3 期。

鲁刚：《中缅边境沿线地区的跨国人口流动》，《云南民族大学学报》2006 年第 6 期。

陆晶、王晓丹：《边境口岸地区入境非法移民的治理》，《中国人民公安大学学报》（社会科学版）2017年第3期。

罗淳、沈凌、晏月平：《跨境人口流动的艾滋传播风险及其防范——基于云南边境口岸调研问卷的实证分析》，《昆明理工大学学报》2012年第2期。

罗刚：《非法移民对人口安全、国家认同的影响——基于云南边境民族地区的调查》，《云南师范大学学报》（哲学社会科学版）2012年第4期。

罗刚：《我国外来非法移民成因探析——基于云南边境民族地区的考察》，《云南民族大学学报》（哲学社会科学版）2012年第4期。

马加巍：《沿边开放地区的外籍流动人口调查研究——以缅籍印巴裔人年第黑嘎喇期为实证》，《边疆经济与文化》2015年第10期。

马宁、张帅：《政工视域下应对中缅非法出入境活动对策研究》，《特区经济》2018年第5期。

马骍：《流动人口家庭化迁移对女性就业影响研究——基于云南省动态监测数据的分析》，《北京师范大学学报》（社会科学版）2017年第4期。

马振超、李丽：《中越边民跨国流动：国家语境与边民视角》，《广西社会科学》2018年第1期。

马正录：《民族关系视域中城市少数民族流动人口研究述评》，《青海师范大学学报》（哲学社会科学版）2015年第6期。

梅英、李红军：《沿边开放地区跨境婚姻发生动因追溯》，《云南开放大学学报》2015年第4期。

梅英：《沿边开放地区跨境婚姻家庭子女社会化困境审视》，《普洱学院学报》2015年第5期。

梅英：《沿边开放地区难民事务管理体系建设》，《云南行政学院学报》2017年第6期。

穆智：《沿边开放地区跨界民族发展面临的问题及对策》，《大理大学学报》2017年第7期。

全信子：《论跨国民族认同的场景与差异——以中国朝鲜族婚姻移民

女性为例》,《延边大学学报》(社会科学版) 2012 年第 45 期。
沈君:《云缅跨境婚姻的现状研究——基于云南省芒市年第四个边境镇期人口状况分析》,《商》2015 年第 27 期。
沈寿文:《云南边境民族地区外来非法移民的规制——罗刚教授关于"非法移民"研究的贡献》,《安顺学院学报》2013 年第 3 期。
宋倩倩:《跨界民族人口流动对边疆稳定发展的影响》,《红河学院学报》2018 年第 2 期。
王东旭:《中越边境地区"三非"问题分析及治理对策》,《云南警官学院学报》2019 年第 6 期。
王化波、王鑫:《延边朝鲜族人口迁移的影响因素研究》,《人口学刊》2011 年第 2 期。
王璐、孟晓军、丁国伟等:《云南省跨境人口艾滋病病毒感染状况及影响因素调查》,《中华疾病控制杂志》2010 年第 10 期。
王卫平:《欧盟移民管理机构》,《现代世界警察》2018 年第 6 期。
王艳玲、殷丽华、董树英:《沿边开放地区缅籍学生跨境入学现象研究——基于云南省德宏傣族景颇族自治州的调查》,《学术探索》2017 年第 12 期。
席婷婷:《边境人口流动:一个文献综述》,《石家庄学院学报》2018 年第 20 期。
肖震宇:《云南跨境民族地区防控人口非法流动的法律对策研究》,《云南大学学报》(法学版) 2010 年第 2 期。
肖震宇:《云南省边境地区境外边民入境就业管理机制初探——以公安出入境管理为视角》,《武汉公安干部学院学报》2018 年第 1 期。
谢金萍:《云南腾冲边境地区人民币跨境流动及其影响研究》,《现代商贸工业》2016 年第 4 期。
谢唯祎、江悠畅:《澳大利亚边境管理机构改革述评》,《海关与经贸研究》2019 年第 40 期。
谢雪莲:《桂越边境民族地区农村"留守群体"问题分析——基于社会化背景下》,《广西民族师范学院学报》2015 年第 5 期。
杨杰:《跨境流动就业提高了劳动者的工资水平吗——基于云南边境

地区微观调查数据的实证研究》,《财经科学》2017年第11期。

杨雪、王化波、刘伟江等:《吉林省边境地区人口跨境流出及影响因素分析》,《人口学刊》2013年第5期。

尤伟琼:《沿边开放地区中国外流边民回迁现象研究——以沿边开放地区怒江段为中心》,《云南师范大学学报》(哲学社会科学版)2017年第1期。

张爱华:《滇缅边境地区非法居留问题思考——以德宏州边境地区为例》,《云南警官学院学报》2013年第5期。

张爱华:《中缅边境云南段外籍流动人口服务管理探析——以德宏边境地区为例》,《云南警官学院学报》2012年第5期。

张家忠、章春明:《创新中缅边境外籍流动人口服务管理工作的路径分析——以德宏傣族景颇族自治州为例》,《云南警官学院学报》2014年第1期。

张家忠:《瑞丽市外籍流动人口的特点》,《湖北警官学院学报》2014第1期。

张金鹏、保跃平:《云南边疆民族地区跨境婚姻与化会稳定研究》,《云南民族大学学报》(哲学社会科学版)2013年第1期。

张凌华、王卓:《户籍制度改革的财政压力研究——基于流动人口市民化的空间分布视角》,《农村经济》2017年第7期。

张尧:《沿边开放地区多发性侵财犯罪问题研究》,《江苏警官学院学报》2016年第5期。

赵春虎、张骁、苏杨:《〈境外边民证〉使用与管理中存在的问题探讨——以〈云南省边境地区境外边民出入境证〉使用与管理为例》,《云南警官学院学报》2018年第1期。

赵雷:《利比里亚移民和边境管理工作特点》,《现代世界警察》2018年第6期。

钟小勇、余继平:《新中国成立以来滇西中缅跨境族群研究文献综述》,《民族音乐》2018年第1期。

周平:《国家视阈里的中国边疆观念》,《政治学研究》2012年第2期。

周平:《我国的边疆与边疆治理》,《政治学研究》2008年第2期。

周平:《我国少数民族地区开发过程中的政治问题》,《政治学研究》2002年第1期。

朱立波、陆洁清:《瑞丽市缅籍务工人员现状分析》,《世界家苑》2018年第9期。

朱要龙、刘培培:《边疆民族地区流动人口的人口社会学特征分析——以云南为例》,《云南民族大学学报》(哲学社会科学版)2017年第6期。

子志月、沈彭:《云南边境地区跨国人口流动研究述评》,《学术探索》2018年第5期。

宗宏、杨临宏:《在华外国人管理政策的多源流分析》,《南京政治学院学报》2014年第5期。

学位论文类

蔡新会:《中国城市化过程中的乡城劳动力迁移研究——根据人力资本投资的视角》,博士学位论文,复旦大学,2004年。

陈辉:《广西西南边境地区外籍流动人口社会风险管理研究》,博士学位论文,广西师范大学,2015年。

范芳艳:《西南边境地区"三非人员"治理的法律问题研究》,博士学位论文,广西师范大学,2016年。

高轩:《当代中国政府组织协同问题研究》,博士学位论文,中央党校,2011年。

关苘苘:《西南边境民族地区非法移民法律治理研究》,硕士学位论文,广西师范大学,2016年。

鸿鸣:《当代中国入境非法移民问题研究》,博士学位论文,中央民族大学,2011年。

李剑峰:《云南边境外籍移民社会融入的法治方式研究》,硕士学位论文,云南财经大学,2016年。

罗刚:《云南边境民族地区非法移民问题及其治理调查研究——以中越边境河口瑶族自治县为例》,博士学位论文,云南大学,2011年。

吕朝辉：《当代中国陆地边疆治理模式创新研究》，博士学位论文，云南大学，2015年。

吕怀玉：《边疆民族地区减贫战略研究》，博士学位论文，云南大学，2013年。

潘军：《云南省边境地区"三非"人员管理存在的问题及对策研究》，硕士学位论文，云南财经大学，2013年。

冉小毅：《中国大陆的人口国际迁移》，博士学位论文，华东师范大学，2007年。

宋勇梁：《云南边境地区外籍移民法律规制问题研究》，博士学位论文，云南财经大学，2016年。

汤佳丽：《跨国主义视角下赴韩务工者的身份认同研究——以东北地区为例》，博士学位论文，华东师范大学，2019年。

田步伟：《东北边境地区经济社会状况和人口流动研究》，博士学位论文，吉林大学，2015年。

王哲：《中国陆地边境地区人口流出及对流出地的影响分析》，博士学位论文，吉林大学，2013年。

阳茂庆：《中国西南边境地区人口空间格局演变研究》，博士学位论文，云南师范大学，2016年。

杨菁：《外籍学生跨境入学对云南边境教育的影响研究》，硕士学位论文，云南师范大学，2017年。

游珍：《基于人地关系视角的中国边境城市协调发展路径研究》，博士学位论文，华南农业大学，2017年。

余燕云：《艾滋病抗病毒治疗者高血压患病及影响因素研究》，硕士学位论文，昆明医科大学，2018年。

张清：《勐宋缅甸籍布朗族采茶女工的跨国流动及其文化适应》，硕士学位论文，云南大学，2016年。

张庆武：《青年流动人口社会融入测量与实证研究》，博士学位论文，北京交通大学，2017年。

张巍方：《大数据时代北京市流动人口治理研究》，博士学位论文，首都经济贸易大学，2018年。

赵红娟:《云南省中缅边境跨境婚姻 HIV 感染者生育意愿及影响因素研究》,硕士学位论文,昆明医科大学,2018 年。

赵书:《中国大陆地区外籍人口管理研究》,博士学位论文,西南财经大学,2013 年。

周建华:《中缅金融合作研究》,硕士学位论文,云南师范大学,2013 年。

宗宏:《云南边境地区非法移民治理研究》,博士学位论文,云南大学,2015 年。

外文文献类

Andreas P., Snyder T., "State Borders and Immigration Controls in North America and Europe", *Political Geography*, 2003, 22 (3).

Arango, Joaquín, "Explaining Migration: A Critical View", *International Social Science Journal*, 2010.

Barsky R., "Open Borders: The Case Against Immigration Controls", *Feminist Review*, 2003, 73 (73).

Betsey Stevenson, Justin Wolfers, "Economic Growth and Subjective Well-Being: Reassessing the Easterlin Paradox", *Brookings Papers on Economic Activity*, 2008 (1).

Borjas G. J., "Economic theory and international migration", *Int Migr Rev*, 1989.

Castles S., "The Factors that Make and Unmake Migration Policies", *International Migration Review*, 2004.

Dewhurst E., "The Right of Irregular Immigrants to Outstanding Remuneration under the EU Sanctions Directive: Rethinking Domestic Labour Policy in a Globalised World", *European Journal of Migration & Law*, 2011, 13 (4).

Douglas Massey, Joaquin Arango, Graeme Hugo, Ali Kouaouci, Adela Pellegrino, J. Edward Taylor, *Worlds in Motion: Understanding International Migration at theEndoftheMillennium*, Oxford: Clarendon Press, 1998.

Kahn R. "Spheres of Justice: A Defense of Pluralism and Equality. By Walzer, Michael.", *Journal of Midwifery & Women's Health*, 2011, 31 (1).

Martiniello M., "Migration Between States and Markets," *International Migration Review*, 2004.

Massey D. S., "Espinosa K. E. What's Driving Mexico – U. S. Migration? A Theoretical, Empirical, and Policy Analysis", *American Journal of Sociology*, 1997.

Mehta S. K., "The New Chosen People: Immigrants in the United States by Guillermina Jasso; MarkR. Rosenzweig", *International Migration Review*, 1990, 26 (4).

Ravenstein E. G., "The laws of migration", *Journal of the Statistic Society*, 1976.

SJAASTAD L. A., "The costs and returns of human migration", *Journal of Political Economy 70S*, 1962.

Stanton B. F., Schultz, Theodore W., *Agriculture in an Unstable Economy*, 1988, 70 (2).

Stark O., Taylor J. E., "Migration Incentives, Migration Types: The Role of Relative Deprivation", *Economic Journal*, 1991.

Todaro M. P., "A Model of Labor Migration and Urban Unemployment in Less Developed Countries", *American Economic Review*, 1969, 59 (1).

Wallerstein I., "The Modern World – System I: Capitalist Agriculture and the Origins of the European World – Economy in the Sixteenth Century", *American Historical Review*, 2011, 80 (5).

Wilbar Zelinsky, "The Hypothesis of the Mobility Transition", *The Geographical Review*, Vol. 61, 1971.

附录

瑞丽市缅籍跨境流动人员
状况调查问卷

您好！我是云南大学政府管理学院的学生，目前正在做关于瑞丽市缅籍跨境流动人员的状况调查，请您提供宝贵的意见，它将有助于我接下来的研究工作的开展。该问卷将采用匿名调查的方式进行，并且我将对所有结果严格保密，所以不会对您的相关信息和隐私造成影响。非常感谢您的合作！

填写说明：请您在每一个问题后适合您自己情况的答案序号上打钩，或在横线处填上适当的内容。

1. 您的性别是？_____
   A、男性　B、女性
2. 您的年龄是？_____
3. 您来自缅甸的哪个省？_____
4. 您是什么民族？_____
5. 您的婚姻状况是？_____
   A、已婚　B、未婚
6. 您的宗教信仰是？_____
7. 您家中有兄弟姐妹吗？_____
   A、独生子女　B、一个　C、两个　D、三个及以上
8. 您的学历是什么？_____
   A、未接受过教育　B、小学　C、初中　D、高中
   E、大学本科　F、硕士及以上

9. 您来瑞丽多久了？_____

A、半年以内　B、半年到一年　C、一年到三年　D、三年以上

10. 您是通过哪种途径进入瑞丽的？_____

A、口岸　B、便道、小道　C、渡口　D、其他方式

11. 您为什么来瑞丽？_____

A、做生意　B、务工　C、上学　D、探望亲人　E、和中国人通婚　F、求医　G、旅游　H、避难　I、其他

12. 您在瑞丽做的工作是什么？_____

A、经商　B、木材加工　C、农作物种植　D、珠宝加工　E、餐厅服务　F、建筑与装潢　G、娱乐行业　H、保洁类　I、其他　J、没有工作

13. 您参加过职业培训吗？_____

A、参加过　B、正在参加　C、未参加

14. 您的职业培训是如何组织开展的？_____

A、自费寻找培训班　B、外籍人员服务管理中心　C、工作单位　D、无

15. 你是否与您的工作单位签订了劳动合同？_____

A、自己经营　B、签了1—3年合同　C、签了3年以上合同　D、未签合同

16. 您每个月的平均收入是多少人民币？_____

17. 您每个月是否剩余一些钱？剩余多少？_____

A、有剩余，每月平均_____人民币　B、没有剩余

18. 您通常如何处理自己剩余的钱？_____

A、自己储存　B、寄给家人　C、自己消费　D、没有剩余

19. 您对您目前的收入状况的评价是？_____

A、非常满足　B、基本满足　C、不太够用　D、完全无法维持生活

20. 您的雇主和老板是否拖欠过您的工资？_____

A、自己经营　B、从未拖欠　C、偶尔拖欠　D、经常拖欠　E、未工作

21. 您每个月平均工作多少天？

　　A、28—30 天　B、20—25 天　C、10—19 天　D、10 天以内　E、未工作

22. 您每天平均工作多少个小时？_____

　　A、12 小时以上　B、8—11 小时　C、8 小时以下　D、未工作

23. 您是否已经办理了"三证"，即 1.《国际旅行健康检查证明》、2.《境外边民入境务工登记证》、3.《云南省边境地区境外边民临时居留证》？

　　A、都办理了　B、办理了其中的（填写序号）　C、都没办理

24. 您如何评价瑞丽市外籍人员服务管理中心对您的服务和帮助？_____

　　A、很好，非常周到　B、有帮助，但帮助不大　C、没有帮助

25. 您是否有保险？_____

　　A、不清楚　B、工作单位或所在学校提供　C、自己购买　D、没有保险

26. 您现在居住在瑞丽的哪一个地区？_____

　　A、勐卯镇　B、姐告边贸区　C、姐相乡　D、弄岛镇　E、瑞丽农场　F、畹町镇　G、户育乡　H、勐秀乡　I、其他地区

27. 您觉得，相比自己的故乡，瑞丽有哪些方面吸引您？（可多选）_____

　　A、繁荣的市场　B、优良的居住环境　C、安全稳定的社会状况　D、稳定良好的工作和收入　E、较好的医疗条件和教育资源　F、相近的社会文化与风俗　G、可口的饮食

28. 您在瑞丽期间是否与其他民族或中国的伙伴发生过矛盾？_____

　　A、发生过　B、没发生过

29. 您认为，如何能够有效地解决和他人的矛盾？_____

　　A、耐心劝解　B、喝酒娱乐　C、武力征服　D、有意躲避　E、不清楚

30. 您认为，缅甸和中国之间的关系怎么样？_____

A、非常融洽　B、总体较好　C、比较冷清　D、关系紧张

31. 如果您会一些中文，您愿意和中国人聊天吗？_____

A、非常愿意　B、比较愿意　C、一般　D、不愿意

32. 您喜欢和中国人一起工作吗？_____

A、非常喜欢　B、比较喜欢　C、一般　D、不喜欢

33. 您愿意和中国人通婚吗？_____

A、非常愿意　B、比较愿意　C、一般　D、不愿意

34. 您觉得中国人对您的态度怎么样？_____

A、非常友好　B、比较友好　C、有点排斥　D、非常排斥

35. 您对瑞丽市的社会治安是否满意？_____

A、非常愿意　B、比较愿意　C、一般　D、不愿意

36. 您对瑞丽市的医疗服务是否满意？_____

A、非常愿意　B、比较愿意　C、一般　D、不愿意

37. 如果您对瑞丽市政府的管理有不满意的地方，您是否愿意向政府相关部门反映？_____

A、会、并且反映过　B、会，但尚未反映　C、反映未见成效　D、不会，因为想回国了　E、不太清楚

38. 您觉得目前瑞丽政府对待缅甸人的服务和管理工作还有哪些需要进一步改善的地方？_____

感谢您的支持与合作！

后　　记

　　本书的研究紧扣沿边开放地区外籍流动人口治理这一议题。笔者在充分借鉴国内外研究成果的基础上，对包括历史资料、文献数据以及实证案例等不同层面的大量论证材料进行了客观和系统分析，提出了化解外籍流动人口所带来不利影响的途径和条件，并进一步得出了包括法律体系完善、管理体制健全与效能保障、"软治理"模式的功能运用、合作治理模式的有效形成以及对三者的有机结合等治理建议，这也是本书的主要创新。然而，任何治理模式都不可能"包治百病"，即使表面看上去已经非常完善的治理模式和体系也依然会存在"治理失灵"的问题，对沿边开放地区外籍流动人口的治理也不例外。近年来，随着边境地区内部与外部状况动态化、多元化态势的持续发展，复杂的问题也必然层出不穷。而且，由于沿边开放地区许多问题较为敏感，数据的搜集和走访调研工作也常会出现针对某些问题无法触及的情况，但这并不代表问题和隐患就不存在。其中最值得关注的便是边境内外可能存在的"泛民族主义"状况，比较典型的就是包括"文蚌同盟"在内的一批分裂势力通过人员跨境流动对中国西南边境地区乃至内地的渗透。由于对相关问题的信息和进展情况掌握不够，加之笔者在人口流动和边疆治理方面研究经历以及理论功底的限制，对这些复杂而重要的现实问题只能点到为止，无法做出更深刻的认识和分析。笔者希望自己在今后对沿边开放地区外籍流动人口及其他相关领域能够有更多更完善的研究，也期待在沿边开放地区流动人口治理的研究上有更多更为系统、全面且深刻的研究成果出现。